本丛书由中国社会科学院俄罗斯东欧中亚研究所与社会科学文献出版社共同组织出版

当代俄罗斯东欧中亚
研究丛书

中国社会科学院创新工程学术出版资助项目

当代俄罗斯东欧中亚研究丛书

# 俄罗斯民生制度
## 重构与完善

RUSSIAN SOCIAL SYSTEM:
RECONSTRUCTION AND IMPROVEMENT

高际香◎著

社会科学文献出版社
SOCIAL SCIENCES ACADEMIC PRESS (CHINA)

CONTENTS 目 录

# 序

　　民为邦本，本固邦宁。民生作为广大民众最为根本、最为普遍的利益诉求，关系到经济社会安全稳定运行和持续健康发展。实现经济增长、社会进步和民生改善"三位一体"协调发展，确保经济发展成果为广大民众共享，已经成为各国的共识。

　　改革开放30多年来，在加快推动经济发展的同时，党和国家对民生问题高度重视，做出了一系列重大战略部署，出台了一系列惠及民生的政策措施，使广大民众的生活保障得到了极大的改善。然而必须清醒地认识到，我国民生保障还存在一些亟待解决的突出矛盾和问题。如何通过全面深化改革，进一步推进民生制度的健全和完善，使广大民众更为广泛地共享改革开放成果，已经成为当前和今后一段时期民生工作的重点。

　　民生制度建设是一项艰巨而复杂的系统工程，在立足本国国情的同时，充分借鉴国外相关经验和教训，无疑十分有益，也十分必要。1991年苏联解体之后，俄罗斯即着手在市场经济基础上进行民生制度的重构。俄罗斯民生制度在不断试错与调整中寻求完善，时至今日，已走过20余年的历程。审视俄罗斯民生制度的渊源以及重构与完善过程，评估其民生制度改革的绩效，特别是对其存在的问题进行剖析，对其进一步改革的方向做出判断，对于在社会主义市场经济条件下更好地推动我国民生制度建设具有重要的借鉴意义。

　　正是在这种背景下，本书综合运用财政经济学、人口学、社会学、管理学等研究方法，以俄罗斯人口问题和人口与移民制度为基础，对俄罗斯民生四大制度——养老、医疗、住房、教育制度的设计和演进过程进行了系统研究，提出了俄罗斯民生制度建设对我国的三大启示：一是必须坚持把保障民生作为国

1

家发展的优先方向；二是必须注重夯实民生保障制度的法律基础；三是民生保障水平必须与国家经济发展水平和财政承受能力相适应。

　　本书作者高际香长期从事俄罗斯经济社会问题研究，并且曾在中国驻俄罗斯大使馆工作，具有坚实的理论基础和丰富的实践经验。本书是国内首次以经济社会转型为背景，对俄罗斯民生制度重构和完善进行综合性的研究与分析，相关研究成果具有重要的理论价值和实践价值，既可为从事俄罗斯问题研究的相关人员提供借鉴，也可为我国民生制度的顶层设计与深化完善提供相应的参考。

中华人民共和国驻俄罗斯联邦特命全权大使

李　辉

2014 年 3 月 31 日

# 前　言

## 一　研究背景

"老有所养、病有所医、学有所教、住有所居"是人类共同的追求，是各国促进经济社会发展、实现公平正义的根本保证。改革开放 30 多年来，我国经济成就斐然，民生制度建设也有了长足的进展，但与广大民众的期望相比，仍有较大的差距。当前，民生作为广大民众最根本、最普遍的利益诉求，已经成为关系到整个社会稳定运行，甚至关系到党的执政基础的重大问题。党和国家对此高度重视，做出了一系列重大战略部署，出台了一系列惠及民生的政策措施，特别是在 2013 年 2 月，国务院《关于深化收入分配制度改革的若干意见》提出了"十二五"期间民生制度改革目标。一是完善基本养老保险制度：全面落实城镇职工基本养老保险省级统筹；"十二五"期末实现基础养老金全国统筹；分类推进事业单位养老保险制度改革；研究推进公务员养老保险制度改革；提高农民工养老保险参保率；健全城镇居民和新型农村社会养老保险制度；建立兼顾各类人员的养老保障待遇确定机制和正常调整机制；发展企业年金和职业年金，发挥商业保险补充性作用；扩大社会保障基金筹资渠道，建立社会保险基金投资运营制度。二是加快健全全民医保体系：提高城镇居民基本医疗保险和新型农村合作医疗筹资和待遇水平，整合城乡居民基本医疗保险制度；稳步推进职工医保、城镇居民医保和新农合门诊统筹；"十二五"期末基本医疗保险政策范围内医保基金支付水平达到 75% 以上，明显缩小与实际住院费用报销支付比例的差距；建立城乡居民大病保险制度，完善城乡医疗救助制度；全面实现统筹区域和省内异地就医即时结算；逐步增加人均基本公共卫生服务经费，提高基本公共卫生服务水平。三是加大保障性住房供给：建立市场配置和政府保障相结合的住房制度，加强保障性住房建设和管理，满足困难家庭基本需求；"十二五"期末全国城镇保障性住房覆盖面达到 20% 左右，按质量标准完成农村困难家庭危房改造 1000 万户以上，实现全国游牧民定居目标。四是加大促进教育公平力度：合理配置教育资源，重点向农村、边远、贫困、民族地区倾斜；全面落实九年义务教育免费政策，严格规范教育收费行为；进一步完善普通高中、普通本科高校、中等职业学校和高等职业院校家庭经济困难学生国家资助政策，逐步提高补助标准；为家庭经济困难儿童、孤儿和残疾儿童接受学前教育提供补助；切实解决农民工随迁子女平等接受义务教育和参加当地中考、高考的问题。

民生制度建设是一项艰巨而复杂的任务，在立足本国国情的同时，借鉴国外的经验和教训，无疑十分有益。1991 年苏联解体之后，俄罗斯开始着手在市场经济基础上进行民生制度的重构。俄罗斯民生制度在不断试错与调整中寻求完善，时至今日，已走过 20 余年的历程。审视俄罗斯民生制度的渊源以及重构与完善进程，评估其民生制度改革的绩效，特别是对其存在的问题进行深入剖析，并判断其进一步改革的方向，对于在社会主义市场经济背景下更好地推动我国民生制度建设具有重要的借鉴意义。

# 二　相关研究综述

俄罗斯国内研究民生制度、协助政府对民生制度进行顶层设计的主要研究机构有：俄罗斯科学院社会学研究所[①]、俄罗斯科学院社会政策研究所[②]、俄

---

[①]　Институт социологии РАН. 该研究所出版《社会学研究》（《Социологические исследования》）和《社会学杂志》（《Социологический журнал》）两本杂志。

[②]　Институт социально-политических исследований РАН.

罗斯科学院人口社会经济研究所①、盖达尔经济政策研究所②、高等经济学校③、战略研究中心④、社会政策独立研究所⑤、莫斯科卡内基中心⑥、城市经济研究所⑦、社会学独立研究中心（圣彼得堡）⑧等。

如上机构的很多学者在俄罗斯民生制度的重构和完善领域著述颇丰，有的成为政府智库成员，有的甚至成为学者型政府官员，在政府工作与学术研究之间"穿梭"，他们的大量研究成果不仅被政府采纳，而且具有很强的操作性。

综合研究俄罗斯民生问题与制度的专家主要有：E. 亚辛、Γ. 安德鲁沙克、A. 伊万特尔、H. 科萨列娃、Л. 奥芙恰罗娃、A. 波诺马连科、B. 法捷耶夫等研究俄罗斯民生各个领域 20 年的转型成果⑨；П. 罗曼诺夫、E. 雅尔斯卡娅 - 斯米尔诺娃等则主要从微观层面以及纵向比较角度分析现代俄罗斯民生政策，着重探讨民生政策的决策主体、决策方向、制度基础、理论基础和价值取向⑩；E. 阿芙拉莫娃等从民生各领域，即劳动报酬、养老保障、医疗改革、教育和住房公用事业改革的法律法规演进视角，阐释后苏联时期俄罗斯民生改革的法制基础⑪；A. 扎拉达廖娃等从国际经验、俄罗斯现状和地区实践三个

---

① ИСЭПН РАН（Институт социально-экономических проблем народонаселения РАН）.

② Институт экономической политики имени Е. Т. Гайдара，即过去的转型经济研究所：Институт экономики переходного периода（ИЭПП）.

③ НИУ-ВШЭ（Национальный исследовательский университет-Высшая школа экономики）.

④ Центр стратегических разработок.

⑤ Независимый институт социальной политики，关注贫困、教育、残疾人等问题，出版杂志《SPERO》.

⑥ Московский Центр Карнеги，出版杂志 Pro et Contra，其中经常涉及民生政策问题，特别是移民政策.

⑦ Институт экономики города，主要研究俄罗斯住房公用事业改革.

⑧ Независимый центр социологических исследований（Санкт-Петербург），致力于贫困问题、民族政策、环保政策研究.

⑨ Е. Ясин，Г. Андрущак，А. Ивантер，Н. Косарева，Л. Овчарова，А. Пономаренко，В. Фадеев，Социальные итоги трансформации，или двадцать лет спустя，Вопросы экономики. 2011 № 8.

⑩ П. Романов，Е. Ярская-Смирнова，Социальная политика в современной России：реформы и повседневность. М.：ООО «Вариант»，ЦСПГИ，2008.

⑪ Е. Авраамова и др.，Эволюция нормативной базы социальных реформ. М.：ИСЭПН РАН，2011.

层面研究俄罗斯民生保障问题[①]；M. 罗马谢夫斯卡娅和B. 波奇卡列瓦夫从地区生活水平和生活质量视角探讨俄罗斯民生问题与民生制度建设[②]。

此外，还有许多专家研究人口与移民、养老、医疗、住房、教育等单项民生问题和制度。如下仅介绍其中的几位代表人物。

在人口与移民政策领域：A. 维什涅夫斯基、M. 杰尼先科、H. 姆科特强和E. 秋留卡诺娃主要分析人口变化与经济发展之间的相互关系[③]；E. 秋留卡诺娃从俄罗斯吸纳外来移民和对外移民双向角度对俄罗斯人口减少问题进行研究[④]；E. 安德烈耶夫、Л. 达尔斯基和T. 哈里柯娃研究1927～1959年的人口史[⑤]；Ж. 扎约奇科夫斯卡娅、E. 秋留卡诺娃和Ю. 弗洛琳斯卡娅研究俄罗斯外来劳动移民问题，并对俄罗斯吸纳外来劳动移民政策提出相应建议[⑥]；M. 杰尼先科研究俄罗斯对外移民问题，对俄罗斯对外移民的构成、接纳国、移民目的进行了系统分析，对高素质人才流失对俄罗斯未来发展的影响进行了综合判断[⑦]。

研究俄罗斯养老制度改革的专家不胜枚举。B. 罗伊克著作颇丰，在强制养老保险制度研究方面较有建树[⑧]；B. 纳扎罗夫作为盖达尔经济政策研究所的青年骨干，在养老制度改革研究方面独树一帜，观点新锐，提出结合"后工

---

[①] *А. Золотарева и др.*, Состояние и перспективы развития системы социальной защиты в России. М.: Институт Гайдара, 2011（Научные труды № 156）.

[②] *М. Римашевская, В. Бочкаревав*, Региональные особенности уровня и качества жизни. М.: ООО «М-Студио», 2012.

[③] *А. Вишневский, М. Денисенко, Н. Мкртчян, Е. Тюрюканова*, Демографические изменения и экономика// Демоскоп Weekly. 2010/№ 431 - 432. http://demoscope.ru/weekly/2010/0431/tema01.php.

[④] *Е. Тюрюканова*, доклад на тему «Миграция-двусторонний процесс» на юбилейной конференции АНЦЭА, 1 октября 2010.

[⑤] *Е. Андреев, Л. Дарский, Т. Харькова*, Демографическая история России: 1927 - 1959. М.: Информатика, 1998.

[⑥] *Ж. Зайочковская, Е. Тюрюканова, Ю. Флоринская*, Трудовая миграция в Россию: как двигаться дальше. М.: МАКС Пресс, 2011.

[⑦] *М. Денисенко*, Эмиграция из России в страны дальнего зарубежья, Демоскоп-Weekly, № 509 - 510, 2012 / http://demoscope.ru/weekly/2012/0513/demoscope513.pdf.

[⑧] *В. Роик*, К формированию в стране современного института обязательного пенсионного страхования // Российский экономический журнал. 2009 №1 - 2.

业化社会"特点设计养老保障制度，不必坚持30% ~ 40%的养老金替代率标准等主张①；E. 贡特马希尔对2002年改革之后的俄罗斯养老保障体系存在的问题进行分析，对进一步改革方向提出了相应的主张②；E. 古尔维奇分析2010年的养老保障体系改革，主张提高退休年龄③；M. 德米特里耶夫等对俄罗斯把养老金替代率提升至40%的可行性进行了研究④；A. 索罗维耶夫和 T. 奥梅利丘克从宏观经济分析视角对养老保障体系的长期稳定性进行了研究⑤；O. 西尼亚夫斯卡娅对养老保障体系的未来走向进行了展望⑥；Я. 沃尔科夫则主要分析养老保障体系的隐性负债，即对养老保障体系未来的给付困难进行研究⑦。

在医疗制度改革领域：Г. 乌卢姆别科娃从医疗实践和国际比较的层面对俄罗斯医疗体系现存问题进行分析，对制定《2020年前俄联邦医疗发展战略》提出了建设性意见⑧；A. 奥里霍夫斯基和 C. 吉洪诺夫评价俄罗斯医疗体系20年的发展，基本结论是制度演进缓慢，是缺乏改革的20年⑨；高等经济学校的 C. 希什金在医疗改革领域的研究成果丰硕，著述涉及俄罗斯医疗体系现代

① *В. Назаров*, Будущее пенсионной системы: параметрические реформы или смена парадигмы? // Вопросы экономики. 2012 №9.
*В. Назаров*, *С. Мурылев*, О стратегии совершенствования российской пенсионной системы/ http://www.iet.ru/files/text/other/nazarov – sinelnikov.pdf.
② *Е. Гонтмахер*, Российская пенсионная система после реформы 2002 года: проблемы и перспективы // Журнал Новой экономической ассоциации. 2009 №3 – 4.
③ *Е. Гурвич*, Принципы новой пенсионной реформы//Вопросы экономики, 2011 №4.
④ *М. Дмитриев*, *С. Дробышевский*, *Л. Михайлов*, *Т. Омельчук*, *Л. Сычева*, Можно ли повысить пенсии до 40% зароботной платы// Экономическая политика. 2008 № 3.
⑤ *А. Соловьев*, Макроэкономический анализ пенсионной системы// Экономист, 2013 №3.
*Т. Омельчук*, Обеспечение долгосрочной устойчивости пенсионной системы России// Вопросы экономики. 2011 №11.
⑥ *О. Синявская*, Российская пенсионная система: куда идти дальше? // SPERO. 2010 №13.
⑦ *Я. Волков*, Моделирование пенсионных реформ и оценка неявного пенсионного долга// Вопросы экономики. 2009 №4.
⑧ *Г. Улумбекова*, Здравоохранение России. Что надо делать: научное обоснование «Стратегии развития здравоохранения РФ до 2020 года». М.: ГЭОТАР-Медиа, 2010.
⑨ *А. Ольховский*, *С. Тихонов*, Здравоохранение России: 20 лет реформ, которых не было. СПб.: Нестор-История, 2010.

化、居民就医便利化和医疗体系筹资等问题①；И. 科特里阿诺夫和 А. 巴拉绍夫研究俄罗斯药品价格调控政策，对政策的自相矛盾等问题进行分析，并提出了相应的改进建议②；О. 契尔古诺夫主要研究医疗体系管理问题③。

　　研究住房领域问题和住房制度改革的专家主要有：А. 阿甘别基扬深入研究了住房建设在经济社会发展中的重要作用④；В. 贝尔金和 В. 斯达拉热科分析了住房建设对人口发展的影响⑤；Н. 科萨列娃等更多关注住房建设，对俄罗斯住房建设市场现状与前景、住房建设中的行政壁垒、住房按揭贷款等问题进行了研究⑥；Н. 杰尼索夫和 Т. 科诺瓦洛娃研究了俄罗斯当今的住房政策⑦；С. 西瓦耶夫、Э. 特鲁特涅夫和 В. 普罗科菲耶夫研究了国家的住房支持政策和建设住房公用基础设施问题⑧；А. 库里科夫和 В. 亚宁的研究重点在于住房发展战略⑨。

---

① *И. Шейман，С. Шишкин*，Модернизация здравохранения：новая ситуация и новые задачи，М：．Издательство «Дело»，РАНХ，2010；*С. Шишкин*．，Анализ различий в доступности медицинской помощи для населения России．М. Независимый институт социальной политики，2007.
　　*С. Шишкин，Л. Попович*，Анализ перспектив развития частного финансирования здравоохранения．М．：ИЭПП，2009.

② *И. Котляров，А. Балашов*，Противоречия госдарвтенной политики в области регулирования цен на лекарственные средства：проблемы и пути их решения// Вопросы экономики．2011 №10.

③ *О. Чиркунов*，Управление мотивами в здравоохранении // Вопросы экономики．2011．№10.

④ *А. Аганбегян*，Строительство жилья-локомотив социально-экономического развития страны // Вопросы экономики．2012 №5.

⑤ *В. Белкин，В. Стороженко*，Жилищное строительство как фактор демографической динамики，Вопросы экономики，2009 №10.

⑥ *Н. Косарева，Т. Полиди，А. Пузанов*，Рынок жилищного строительства в России：современное состояние и перспективы развития// Вопросы экономики．2013 №3.
　　*Л. Бандорин，Н. Косарева，Т. Полиди，В. Фадеев，К. Холопик*，Мониторинг административных барьеров в жилищном строительстве в России．М．：Национальное объединение строителей（НОСТРОЙ），2012.
　　*Н. Косарева，А. Копейкин，Н. Рогожина，Д. Сиваев，А. Туманов*，Развитие ипотечного кредитования в Российской Федерации．М．：Издательство «Дело»，РАНХ，2010.

⑦ *Н. Денисов，Т. Коновалова*，Жилищная политика в современной ситуации// Экономист．2009 №6.

⑧ *С. Сиваев，Э. Трутнев，В. Прокофьев*，Государственная поддержка жилищного строительства и развития коммунальной инфраструктуры．М．：Издательство «Дело»，2009.

⑨ *А. Куликов，В. Янин*，О стратегии развития жилищной сферы // Экономист．2013 №1.

探究教育制度改革的专家主要有：А. 巴拉金娜研究俄罗斯高等教育问题[①]；А. 叶戈尔什侧重教育管理研究[②]；В. 马乌等研究俄罗斯教育发展趋势和面临的挑战[③]；Г. 安德鲁夏克和М. 达布良科娃分析 2010 年俄罗斯国立大学招生情况，对大学主要专业的生源状况、专业设置等对未来经济社会发展的影响进行研究[④]；М. 阿格拉诺维奇研究高等教育国际化，探讨俄罗斯高等教育与国际接轨问题[⑤]；В. 加尔金对未来十年俄罗斯教育现代化面临的挑战进行了探索[⑥]；В. 西姆别尔松和 Р. 卡别留什尼科夫从就业人口角度，研究分析了教育与劳动力市场以及职业选择等因素的相关关系[⑦]；М. 卡尔别克研究教育与人口流动和人口分布的关系[⑧]；Р. 卡别留什尼科夫从劳动力市场高素质人才的需求和供给角度探讨俄罗斯高等教育与劳动力市场的互动均衡关系[⑨]。

西方对俄罗斯民生制度进行研究的机构主要有世界银行、国际货币基金组织等国际组织，比较关注俄罗斯人口问题的专家主要有美国企业研究所第一副所长哈得逊·恩德斯·维布什（Hudson Enders Wimbush）和教授尼古拉斯·艾伯斯塔德（Nicholas Eberstadt）、哥伦比亚大学转轨经济国家研究中心主任帕德玛·德赛（Padma Desai）、博思艾伦咨询公司高级顾问马克·阿多马尼斯（Mark Adomanis）等。

我国对俄罗斯民生问题与民生制度的研究主要侧重于人口与移民政策、养

---

① *А. Балакина*, Высшее образование современной России. М.：ВГНА Минфина России, «Экономика», 2012.

② *А. Егоршин*, Управление российским образованием. М.：НИМБ, 2012.

③ *В. Мау и др.*, Российское образование：тенденции и вызовы. М.：Цзоателство «Дело», 2009.

④ *Г. Андрущак*, *М. Добрякова*, Прием в российские государственные вузы в 2010：увидеть, чтобы задуматься // Вопросы образования. 2010 №4.

⑤ *М. Агранович*, Интернационализация высшего образования：тенденции, стратегии, сценарии будущего. М.：Логос, 2010.

⑥ *В. Галкин*, Модернизация российского образования：вызовы нового десятилетия, М.：Издательство «дело», РАНХ, 2010.

⑦ *В. Гимпельсон*, *Р. Капелюшников*, Российский работник：образование, профессия, публикация. М.：Издательский дом ВШЭ, 2011.

⑧ *М. Карпенко*, Образовательная геодемография России. М.：Издстелство СГУ, 2011.

⑨ *Р. Капелюшников*, Спрос и предложение высококвалифицированной рабочей силы в России：кто бежал быстрее? ЧастьII // Вопросы экономики. 2012 № 3.

老制度、医疗制度、住房制度、教育制度等单项制度，主要文章刊载于《俄罗斯中亚东欧研究》《俄罗斯东欧中亚市场》《俄罗斯研究》《西伯利亚研究》《俄罗斯学刊》《东北亚论坛》等杂志上。在一些专著中也有个别章节涉及俄罗斯民生制度，如陆南泉教授等主编的《苏东剧变之后——对119个问题的思考》《俄罗斯经济二十年（1992~2011）》，郑羽教授主编的《普京八年：俄罗斯复兴之路》等。

# 三 研究思路与框架结构设计

民生制度涵盖的范围较为广泛，包括养老、医疗、住房、教育、收入分配、就业、环境保护、食品安全、社会管理等多个领域。但因精力和水平所限，本书运用经济学、社会学、管理学等综合研究方法，以俄罗斯人口问题与基本政策为背景，仅对俄罗斯民生四大制度——养老保障制度、医疗制度、住房制度、教育制度进行研究。研究内容包括对改革进程的追溯、对改革绩效的评估、对现存问题的分析以及对进一步改革方向的判断。

鉴于此，本书的章节设计如下。

第一章研究俄罗斯人口问题与基本政策。该章以俄罗斯人口状况为切入点，对俄罗斯人口问题产生的历史与现实原因进行分析，阐释了人口问题可能产生的四个方面影响：劳动力短缺问题、对预算体系的压力、对民生政策的影响、对俄罗斯地缘安全观和民族关系的影响。为抑制人口持续减少带来的负面影响，俄罗斯主要采用鼓励生育政策、区际移民政策，以及不断调整外来移民政策予以应对。对上述政策的演变轨迹进行追踪归纳，对政策现存问题进行分析，并予以切实评价是本章的重点所在。

第二章探究俄罗斯养老保障制度。本章对苏联时期的国家保险型养老保障制度进行简要概述，对俄罗斯养老保障制度的历史沿革进行全面的回顾：2001年之前实行由多方负担的现收现付制；2002年之后建立"三支柱"型养老保险制度；2010年启动以"税"改"费"为主要内容的养老保障制度改革，并在其后进行适当微调。该章对各个时期养老保障制度改革的主要内容和具体特点进行系统概述，对俄罗斯养老保障体系发展前景进行深入思考，也对俄罗斯养老保障制度进一步改革的方向做出了大体判断。

第三章探讨俄罗斯医疗制度。该章第一节以苏联时期医疗制度为起始点，简要回顾苏联时期的全民免费医疗救助制度，即预算统一拨款和医疗救助统一管理的医疗保障模式；回溯俄罗斯医疗制度改革历程：叶利钦时期基本形成了强制医疗保险制度框架，2000~2004年间对强制医疗保险制度进行完善，2005年之后，多项纲要的推出凸显了俄罗斯医疗改革的"民生"导向。第二节针对各项医疗改革措施推出后，医疗体系发展并不尽如人意的状况，对俄罗斯医疗体系现存问题进行剖析。第三节阐释俄罗斯医疗体系进一步改革的方向。

第四章阐述俄罗斯住房制度。第一，系统回顾了住房制度改革历程：针对苏联时期住房制度存在加重国家财政负担、住房分配不公平等弊端，叶利钦时期俄罗斯的住房私有化改革为建立房地产市场创造了条件；2000年之后，在完善有关住房法律体系，持续推进住房私有化的同时，俄罗斯强化了对低收入者和特定人群的住房保障义务；2008年世界金融危机发生后，俄罗斯把住房保障作为反危机政策中民生项目的主要方向之一，同时着眼于建立长效机制，力促住房市场健康发展。第二，概述了俄罗斯住房市场现状：经过20多年的改革，俄罗斯居民住房条件得到一定程度改善，住房产权结构发生较大变化，收入房价比基本在合理区间之内，住房按揭贷款市场获得了一定发展，但住房供给和有效需求不足、供需结构不平衡、住房基础设施老化、危房所占比重较高、住房公用服务费大幅上涨等问题依旧比较突出。第三，评价了俄罗斯住房制度改革绩效：住房制度改革虽然使俄罗斯建立了不动产市场制度，但是只有一部分收入较高的居民通过购房改善了居住条件，大多数受收入水平所限而难以购房的人群被排斥在国家住房政策之外；尽管致力于住房公用事业改革，但住房公用事业尚未成为能够按市场经济客观规律自主运行的经济部门，对私人投资者来说，投资吸引力不足；存量住房虽然已经进行了所有权转移，但是所有权人未承担相关的责任，一部分所有权人无力进行住房公用设施的维修与维护，特别是单元房；未来俄罗斯住房制度改革的重点是在坚持对低收入者和特定人群的住房保障义务的同时，通过刺激需求、增加供给和减少行政障碍等途径对住房市场的发展施以影响，尽快弥补住房供给与潜在需求之间的巨大缺口。

　　第五章阐释俄罗斯教育制度。首先，从教育与人口流动的关系、教育与受教育者未来收入的关系、教育与居民职业选择的关系、教育与就业的关系以及教育与居民健康和寿命关系等五个方面阐述教育对民生的影响。其次，从教育战略调整、教育管理体制改革、教育经费改革、高等教育改革、私立教育改革等方面分析俄罗斯教育改革实践和基本改革思路，即从改革初期追求急速市场化，到市场性与福利性兼顾，直至把教育视为实现经济创新发展的主要动力之一。再次，从教育支出结构、居民受教育程度、教育机构变化、师资队伍变化、职业再培训体系发展、人力资本发展等方面对教育改革成果进行总结。最后，在分析教育体系现存问题的基础上，结合经济发展需要和长期发展战略调整，判断俄罗斯教育体系进一步改革的方向。

# 第一章 俄罗斯人口问题与基本政策

对于俄罗斯来说，日益严峻的人口问题已经不仅是普通的社会问题，更是事关国家前途和民族命运的重大政治与经济问题。为此，本章在对俄罗斯人口状况与存在问题系统梳理的基础上，对俄罗斯人口问题产生的深层次原因及所带来的影响进行了深入研究，并且对俄罗斯人口政策的效果做出了综合评价。

## 第一节 人口状况与存在问题

俄罗斯人口状况整体呈现几个鲜明特征：数量持续缩减；性别结构失衡加剧；老龄化现象严重；预期寿命较短，且性别之间和地区之间差距较大；地区人口分布严重不均衡；民族构成中斯拉夫等民族所占比重下降；外来移民局限性较大；人口跨区域流动不足等突出问题。

### 一 人口数量持续减少

苏联解体之初，1992 年俄罗斯人口总数为 1.487 亿，1995 年减至 1.476 亿，1998 年为 1.463 亿，2002 年为 1.452 亿。最新人口普查结果显示，截至 2010 年 10 月 14 日，俄罗斯常住人口为 1.429 亿，在世界排名第八①。与 2002 年相比，俄罗斯人口减少 230 万（其中城市人口减少 110 万，农村人口减少 120 万），与 1992 年的人口统计数据相比则减少了 580 万。2002~2010 年间与 1992~2002 年间相比，人口数量年均降幅显著，其中 1992~2002 年间人口年

---

① 俄罗斯人口总数居于中国（13.35 亿）、印度（12.1 亿）、美国（3.09 亿）、印度尼西亚（2.38 亿）、巴西（1.91 亿）、巴基斯坦（1.65 亿）和孟加拉国（1.47 亿）之后。

均降幅 0.09%，2002～2010 年间年均降幅为 0.2%。

从地区视角看，2002～2010 年间俄罗斯大多数地区人口呈逐渐减少趋势。俄罗斯八大联邦区中，人口增加的仅有中央联邦区和北高加索联邦区。其中，中央联邦区人口增加了 1.2%，主要缘于莫斯科市、莫斯科州和别尔哥罗德州的人口净流入超过人口自然损失。北高加索联邦区人口增加幅度最大，达 6.3%。该联邦区除了卡巴尔达－巴尔卡尔共和国和印古什共和国，其他联邦主体的人口数量均有所增加，卡巴尔达－巴尔卡尔共和国人口减少主要因为其人口净流出超过了人口自然增长。其他六个联邦区均出现不同程度的人口减少。其中，西北联邦区人口减少 2.8%，在该联邦区各联邦主体中，仅有圣彼得堡市、列宁格勒州和涅涅茨自治区人口增长，圣彼得堡市和列宁格勒州人口增长缘于其人口净流入超过人口自然损失，而涅涅茨自治区人口增加主要因为其人口净流入和人口自然增长双重作用的结果，包括科米共和国、普斯科夫州和摩尔曼斯克州在内的其他西北联邦区的各联邦主体，人口数量均在逐渐减少，主要因为人口净流出和人口自然损失双重作用的结果。南方联邦区人口减少 0.8%，仅有克拉斯诺达尔边疆区和阿斯特拉罕州因人口净流入超过人口的自然损失而使人口总量有小幅增加。乌拉尔联邦区人口减少 2.4%，其中仅有秋明州、汉特－曼西自治区和亚马尔－涅涅茨自治区因人口净流入和人口自然增加而出现人口增长。伏尔加河沿岸联邦区人口减少 4%，该联邦区唯有鞑靼斯坦共和国因人口净流入超过人口自然损失而使人口增长 0.2%。西伯利亚联邦区人口减少 4%，该联邦区各联邦主体中，仅有阿尔泰共和国和图瓦共和国人口出现增长，其中阿尔泰共和国人口增加是人口净流入和人口自然增长双重作用的结果，而图瓦共和国的人口增长则是因为人口净流入超过了人口的自然减少。远东联邦区人口数量在八年间减少了 6%，人口总量降至 629 万人，仅有萨哈（雅库特）共和国因人口净流入超过人口自然损失而使人口数量有所增加。

具体到各联邦主体，则大多数联邦主体的人口均逐渐减少。2002～2010 年间，共有 63 个联邦主体人口减少，20 个联邦主体的人口有所增加。人口减少最多的是马加丹州（降幅达 14%）、普斯科夫州和科米共和国（降幅均为 11.5%）、摩尔曼斯克州、基洛夫州、库尔干州（各减少 11%）。20 个人口增加的联邦主体中，人口增幅较大的是达吉斯坦共和国、车臣共和国、莫斯科市、卡拉恰耶夫－切尔克斯共和国、莫斯科州、汉特－曼西自治区，分别为15.6%、15%、11%、8.9%、7.2%和6.9%。

地区人口数量变化是人口自然变化与人口流动交互作用的结果。俄罗斯大多数地区的人口减少是由于人口自然损失与人口净流出的双重作用所致。

## 二 性别结构失衡加剧

测度人口性别结构有两个指标：一是总人口的性别比例；二是各年龄段的性别比例。从总人口性别比例看，俄罗斯男性人口少于女性人口的问题日益严重，2002年男女性别比例为1000∶1147，到2010年则为1000∶1163，男性在总人口中所占比重从2002年的46.6%下降到2010年的46.2%，其中城市居民中男性所占比例下降较为明显，从2002年的46.2%降至2010年的45.7%（见表1-1）。从各年龄段的性别比例看，2002年33岁以上女性人口超过男性人口，2010年则为30岁以上女性人口超过男性人口。人口年龄越大，男女比例失衡越严重，其主要原因是男性早死率较高。性别失衡造成了女性寡居人口比例严重过高，截至2009年年底，年龄在20岁以上的俄罗斯妇女中，寡妇占了20%[①]。

表1-1 俄罗斯人口性别结构

| | 单位：万人 | | | | 2010/2002年(%) | | 男性人口在总人口中比例(%) | |
| | 男 性 | | 女 性 | | 男性 | 女性 | | |
| | 2002年 | 2010年 | 2002年 | 2010年 | | | 2002年 | 2010年 |
|---|---|---|---|---|---|---|---|---|
| 所有居民 | 6760 | 6610 | 7760 | 7680 | 97.7 | 99.0 | 46.6 | 46.2 |
| 城市居民 | 4910 | 4810 | 5730 | 5720 | 97.9 | 99.9 | 46.2 | 45.7 |
| 农村居民 | 1850 | 1800 | 2030 | 1960 | 97.1 | 96.7 | 47.6 | 47.8 |

资料来源：俄罗斯国家统计局数据。

具体到各个联邦主体，截至2010年年底，诺夫哥罗德州、伊万诺沃州、图拉州、雅罗斯拉夫尔州、特维尔州、弗拉基米尔州、斯摩棱斯克州、下诺夫哥罗德

---

[①] Социальный атлас российских регионов 2009, http：//www.socpol.ru/atlas/index.shtml.

3

州、圣彼得堡市的性别比例失衡严重，男女比例为 1000∶1246～1221。只有堪察加边疆区和楚科奇自治区的女性人口相对较少，男女比例为 1000∶986～949。

## 三　人口老龄化现象日益严重

国际上通常认为，当一个国家 60 岁以上的老年人口占到总人口的 10%，或者 65 岁以上的老年人口占到总人口的 7%，就意味着这个国家开始进入老龄化社会。1990 年初，苏联 60 岁以上老年人口为 1588.9 万，约占总人口的 10.8%；65 岁以上老年人口为 986.4 万，约占 9.9%，意味着当时的苏联就已经进入了老龄化社会。苏联解体以后，俄罗斯人口老龄化速度明显加快，到 1996 年，60 岁以上老年人口已达 2465.7 万，占 16.6%；65 岁以上老年人口为 1781.5 万，占 12%。进入 21 世纪，俄罗斯人口老龄化问题进一步加剧，2002 年，60 岁以上人口达 2980 万，占总人口的 20.5%，到 2010 年，则分别达到 3170 万和 22.2%（见表 1 - 2），65 岁以上人口在总人口中占比为 12.9%。与此同时，低于劳动年龄的人口在总人口中所占比重逐年下降，1990 年初为 23%，1996 年为 21%，2002 年为 18.1%，2010 年为 16.2%。从绝对数量上看，2002～2010 年低于劳动年龄的人口减少了 12%，适龄劳动人口减少了 1%，而退休年龄人口则增加了约 6.4%。62 个联邦主体的老年人口数量超过 16 岁以下人口数量，其中有些联邦主体的老年人口数量与 16 岁以下人口数量比例严重失衡，如图拉州和圣彼得堡市为 2∶1，梁赞州和沃罗涅日州为 1.9∶1、坦波夫州、列宁格勒州、伊万诺沃州、奔萨州、普斯科夫州、雅罗斯拉夫尔州、莫斯科市为 1.8∶1。而且莫斯科市和圣彼得堡市 16 岁以下人口在总人口中占比较低，仅为 12.9%～13%，远低于全俄 16.1% 的平均水平。16 岁以下年龄段的人口在总人口中占比较低，其主要原因是 1990～2007 年 16 岁以下人口数量连续 18 年减少，直至 2008 年之后，因为生育人口增加，16 岁以下年龄段的人口才开始出现小幅增加，如 2008 年增加了 4.4 万人，增幅为 0.2%，2009 年增加 31.3 万人，增幅达 1.4%。从年龄中位数①看，2010 年俄

---

① 将全体人口按年龄大小排列，位于中间的人的年龄。也称为中位年龄，可用来代表整个人口的年龄水平。

罗斯居民平均年龄中位数为 39 岁（2002 年为 37.7 岁），其中男性平均年龄中位数为 36.2 岁，女性为 41.2 岁，虽然其人口老龄化程度尚不及大部分发达国家（见表 1-3），但远远高于中等发达国家，并且俄罗斯欧洲部分各联邦主体人口老龄化问题严重，如图拉州、梁赞州、坦波夫州、沃罗涅日州、普斯科夫州、特维尔州、奔萨州、圣彼得堡市、莫斯科市等，其人口平均年龄中位数为 41.1~42.2 岁，已经与西方发达国家十分接近。

表 1-2　2002 年与 2010 年俄罗斯人口年龄结构

单位：万人

| | 2002 年 | | | 2010 年 | | | 在总人口中占比（%） | |
| | 男女合计 | 其　中 | | 男女合计 | 其　中 | | | |
| | | 男人 | 女人 | | 男人 | 女人 | 2002 年 | 2010 年 |
|---|---|---|---|---|---|---|---|---|
| 各年龄段人口 | | | | | | | 100 | 100 |
| 　低于就业年龄 | 2630 | 1340 | 1290 | 2310 | 1180 | 1130 | 18.1 | 16.2 |
| 　就业年龄 | 8900 | 4480 | 4420 | 8800 | 4530 | 4270 | 61.3 | 61.6 |
| 　退休年龄 | 2980 | 930 | 2050 | 3170 | 890 | 2280 | 20.5 | 22.2 |
| 各年龄段城市人口 | | | | | | | 100 | 100 |
| 　低于就业年龄 | 1800 | 920 | 880 | 1610 | 820 | 790 | 16.9 | 15.3 |
| 　就业年龄 | 6730 | 3340 | 3390 | 6580 | 3340 | 3240 | 63.2 | 62.5 |
| 　退休年龄 | 2100 | 640 | 1460 | 2340 | 650 | 1690 | 19.8 | 22.2 |
| 各年龄段农村人口 | | | | | | | 100 | 100 |
| 　低于就业年龄 | 830 | 420 | 410 | 700 | 360 | 340 | 21.5 | 18.7 |
| 　就业年龄 | 2170 | 1140 | 1030 | 2220 | 1190 | 1030 | 56.0 | 59.2 |
| 　退休年龄 | 880 | 290 | 590 | 830 | 240 | 590 | 22.5 | 22.1 |

资料来源：根据俄罗斯国家统计局数据整理。

表 1-3　　2010 年各国人口年龄中位数

单位：岁

| 国家 | 年龄 | 国家 | 年龄 |
|---|---|---|---|
| 日　本 | 44.7 | 西班牙 | 40.1 |
| 德　国 | 44.3 | 法　国 | 39.9 |
| 意大利 | 43.2 | 英　国 | 39.8 |
| 芬　兰 | 42.0 | 挪　威 | 38.7 |
| 奥地利 | 41.8 | 俄罗斯 | 38.0 |
| 瑞　士 | 41.4 | 美　国 | 36.9 |
| 瑞　典 | 40.7 | | |

资料来源：World Population Prospects：The 2010 Revision。

## 四　预期寿命较短，性别之间、地区之间预期寿命差别较大

20世纪50年代末到60年代初，俄罗斯人均预期寿命与法国、意大利、日本、德国、美国等发达国家相当，1966年俄罗斯人均预期寿命达到69.5岁（男性64.3岁，女性73.4岁）。此后，俄罗斯与发达国家的人口预期寿命之间拉开了距离。20世纪70年代，俄罗斯人口预期寿命与欧洲国家人口预期寿命相差两岁（欧洲国家约为70岁），到20世纪80年代初，俄罗斯人口的预期寿命与70年代相比降低了一岁，虽然80年代中期反酗酒运动的结果使俄罗斯男性人口预期寿命达62.3岁，女性人口达73.3岁，但到90年代中期，按预期寿命排名，俄罗斯男性人口在世界排名第133～134位，女性人口则排在90～100位之间。1997年之后，俄罗斯人口预期寿命开始增加。到2002年，37%的女性能活到80～90岁，男性中则只有25%能活到80～90岁，2006年男性公民的预期寿命达到退休年龄。2011年，俄罗斯人口的预期寿命达70.3岁，其中男性为64.3岁，女性为76.1岁。与美国人相比，男性预期寿命低16岁，女性低9岁。在世界预期寿命排行榜中，俄罗斯仅相当于中等发达国家的水平，与世界人口寿命最高的国家，如日本等相比，很难望其项背（见表1－4）。而且男性预期寿命远远落后于女性的状况一直没有改善。1897年俄罗斯女性的预期寿命比男性长2.3岁，1959年女性比男性长8.5岁，2005年长13.5岁，2011年长11.8岁（见表1－5）。当然，世界大多数国家女性预期寿命超过男性，但如今俄罗斯差距之大实属罕见。主要原因有三个：一是历史原因，医疗卫生条件的改善、生育条件的改善以及出生率的下降使俄罗斯妇女妇科病减少；二是生物学原因，男性公民对日新月异的现代社会的飞速变化的适应能力弱于女性；三是社会原因，现代社会男女的社会角色定位存在差别[1]。

从地区视角看，俄罗斯各地区间预期寿命差距较大。北高加索联邦区预期寿命较长，南方联邦区次之，预期寿命最短的是远东联邦区和西伯利亚联邦区。2010年，联邦主体之间预期寿命的差距，最大超过18岁。印古什共和国

---

[1]　*Л. Ефимова*, Продолжительность жизни в России: динамика и перспективы // Региональная экономика. 2012. №39. С. 51－56.

表 1-4　2009 年各国人口预期寿命列表（较长和较短国家）

单位：岁

| 国　家 | 所有人口 | 男性 | 女性 |
|---|---|---|---|
| 预期寿命较长国家 | | | |
| 日本 | 83 | 79 | 86 |
| 澳大利亚 | 82 | 79 | 84 |
| 冰岛 | 82 | 80 | 83 |
| 意大利 | 82 | 79 | 84 |
| 瑞士 | 82 | 80 | 84 |
| …… | …… | …… | …… |
| 俄罗斯 | 68 | 62 | 74 |
| 预期寿命较短国家 | | | |
| 斯威士兰 | 48 | 48 | 48 |
| 中非共和国 | 48 | 49 | 48 |
| 莱索托 | 47 | 44 | 49 |
| 安哥拉 | 46 | 45 | 48 |
| 乍得 | 46 | 46 | 47 |

资料来源：根据世界卫生组织 2010 年统计数据整理。

表 1-5　俄罗斯人口预期寿命变化

单位：岁

| 年份 | 所有居民 | 男性居民 | 女性居民 | 男女预期寿命之差 |
|---|---|---|---|---|
| 1897 | 30.5 | 29.4 | 31.7 | 2.3 |
| 1927 | 42.9 | 40.2 | 45.6 | 5.4 |
| 1939 | 43.5 | 40.4 | 46.7 | 6.3 |
| 1959 | 67.9 | 63.0 | 71.5 | 8.5 |
| 1965 | 69.6 | 64.6 | 73.3 | 8.7 |
| 1970 | 68.9 | 63.2 | 73.6 | 10.4 |
| 1975 | 68.6 | 62.8 | 73.4 | 10.6 |
| 1980 | 67.6 | 61.5 | 73.1 | 11.6 |
| 1985 | 68.1 | 62.3 | 73.3 | 11.0 |
| 1990 | 69.2 | 63.7 | 74.3 | 10.6 |
| 1995 | 64.5 | 58.1 | 71.5 | 13.4 |
| 2000 | 65.3 | 59.0 | 72.3 | 13.3 |
| 2005 | 65.3 | 58.9 | 72.4 | 13.5 |
| 2006 | 66.6 | 60.4 | 73.2 | 12.8 |
| 2007 | 67.5 | 61.4 | 73.9 | 12.5 |
| 2008 | 67.5 | 61.8 | 74.2 | 12.4 |
| 2009 | 68.7 | 62.8 | 74.7 | 11.9 |
| 2010 | 69.0 | 63.0 | 74.9 | 11.9 |
| 2011 | 70.3 | 64.3 | 76.1 | 11.8 |

资料来源：Е. Андреев，Л. Дарский，Т. Харькова，Демографическая история России: 1927 - 1959. М.: 1998；Л. Ефимова，Продолжительность жизни в России: динамика и перспективы // Региональная экономика. 2012. №39. С. 52。

人口的预期寿命最长，平均达 75 岁，紧随其后的是达吉斯坦共和国和莫斯科市，为 74 岁。最低的是北方各联邦主体，如楚科奇自治区、阿尔泰共和国、图瓦共和国、犹太自治州、堪察加边疆区、马加丹州、萨哈林州，其次是西北联邦区的卡累利阿共和国、诺夫哥罗德州和普斯科夫州，这些地区的人口预期寿命为 54～57 岁。俄罗斯地区间人口预期寿命之所以存在较大差距，主要取决于以下三个因素：一是自然气候条件，受其影响，俄罗斯人口预期寿命的地区排名体现西南高、东北低的梯度特征；二是生活方式，北高加索联邦区各共和国居民普遍信仰伊斯兰教，很少酗酒，从而有着较高的预期寿命；三是收入水平、教育水平和经济发展水平，受其影响，莫斯科市男性人口的预期寿命比临近的中央联邦区各州男性人口的预期寿命平均高 5～8 岁，秋明州尽管气候条件恶劣，但居民的预期寿命比俄罗斯中部地区各州高 3～6 岁。

## 五　人口地区分布严重不均衡

总体看，俄罗斯大约有 90% 的人口居住在自然气候条件相对舒适的区域，涵盖俄罗斯欧洲板块的中部和南部地区，绵延至西伯利亚和远东的南部狭长地带，即北起圣彼得堡市，南至新罗西斯克市，东到伊尔库茨克市。从欧亚大陆分野看，俄罗斯 80% 的人口生活在欧洲地区，而占俄罗斯国土面积 75% 的亚洲地区仅居住着 20% 的人口①。从城乡结构看，截至 2010 年年初，俄罗斯共有城市人口 1.037 亿，农村人口 3820 万，分别占人口总量的 73.7% 和 26.3%。从各联邦区拥有的人口数量来看，截至 2010 年年初，人口最多的是中央联邦区、伏尔加沿岸联邦区和西伯利亚联邦区，这三个联邦区居住着全俄 61.3% 的人口（见表 1－6）。近 1/5 的全俄居民和超过 1/3 的城市人口聚集在莫斯科市、圣彼得堡市、新西伯利亚市、伏尔加格勒市等 13 座大城市之中。截至 2010 年年初，两个联邦直辖市——莫斯科市和圣彼得堡市集中了全俄 11.3% 的人口，其中莫斯科市常住人口达到 1151.4 万，占全俄人口的 8%；圣彼得堡市人口达 484.8 万，占全俄人口总数的 3.4%。

---

① *Т. Малева，О. Синявская，*Социальное и демографическое развитие России. Каирская программа действий：15 лет спустя. М.：ЮНФПА，2010.

从人口密度指标看，地区间人口分布不均衡的现象更为突出。一是东部和西部地区的人口密度差异较大，欧洲部分的人口密度为31人/平方公里，亚洲部分仅为3人/平方公里；二是南方与北方的人口密度差异较大，北方有很多无人区，而南方地区的人口较为密集；三是人口密度呈现中心–外围特点，各个地区的人口多集中在为数不多的中心城市、大城市及其城郊，外围地区的人口相对较少。中央联邦区的人口密度最高，为57人/平方公里，其次是北高加索联邦区，人口密度为54人/平方公里，人口密度最低的是远东联邦区，其面积占全俄国土面积的36.1%，而人口仅占全俄总人口的4.4%（见表1–6），其中，人口最为稀少的是萨哈（雅库特）共和国、堪察加边疆区、马加丹州、涅涅茨自治区、楚科奇自治区和亚马尔–涅涅茨自治区，截至2010年年初，这些地区的人口密度仅为1人/平方公里。

表1–6　截至2010年年初俄罗斯各联邦区人口数量与土地面积

| | 总人口（万人） | 在全俄总人口中占比（%） | 土地面积在全俄占比（%） |
|---|---|---|---|
| 俄联邦 | 14290.52 | 100 | 100 |
| 中央联邦区 | 3843.86 | 26.9 | 3.8 |
| 西北联邦区 | 1358.38 | 9.5 | 9.9 |
| 南方联邦区 | 1385.67 | 9.7 | 2.5 |
| 北高加索联邦区 | 949.68 | 6.6 | 1.0 |
| 伏尔加沿岸联邦区 | 2990.04 | 20.9 | 6.1 |
| 乌拉尔联邦区 | 1208.27 | 8.5 | 10.6 |
| 西伯利亚联邦区 | 1925.43 | 13.5 | 30.1 |
| 远东联邦区 | 629.19 | 4.4 | 36.1 |

数据来源：根据俄罗斯国家统计局数据整理。

农村人口分布极度不均衡。随着农村居民点人口的锐减，多数地区农业人口分布零落。2002~2010年间，农村居民点人口的降幅为城市人口降幅的三倍，农村居民点数量减少了8500个。截至2010年年初，有1.94万个村庄无人居住，与2002年人口统计时相比，无人村庄增加了48%。农业人口多集中在适合农业发展的南方地区和大城市周边地区，南方联邦区和北高加索联邦区聚集了俄罗斯1/4的农业人口。上述地区的村庄规模相对较大，人口年龄结构也较为均衡，拥有能够与大城市稳定联系的交通系统，社会服务体系也较为发达，可以较好地满足农业人口对社会服务的基本需求，并能较好缓解劳动力流动的压力。而在非黑土区，即中央联邦区和西北联邦区的大部分地区，农业人口分布则较为零落。这里历史上形成的乡村格局虽然较为密集，但是各个村庄的人口偏少，特别是随着农业人口向城市的加速迁移，很多村庄逐渐萧条。2010 年的数据显示，农村衰落比较严重的地区，如伊万诺沃州、特维尔州、普斯科夫州等，人口不足 50 人的村庄分别占 81.2%、86.7% 和 91.9%，人口不足 10 人的村庄分别占 55.3%、61% 和 69.5%，无人村分别占 21%、23.4% 和 23%。而在人口稀少的东部和北方地区，农村居民点之间的距离较远，交通不便。整体而言，2010 年全俄 29.7% 的农村人口生活在 3000 人以上的村庄，比 2002 年增长了近四个百分点。

城市人口则向大城市（50 万~100 万人）和特大城市（100 万人口以上）集中。2002~2010 年，特大城市人口在城市总人口中占比从 28.6% 增至 28.9%，大城市（50 万~100 万人）人口占比从 12.9% 增至 16.2%，较大城市（10 万~50 万人）人口占比从 29.6% 降至 26.9%，小城市（10 万人以下）人口占比则从 28.9% 降至 28%（见表 1-7）。

表 1-7　2002~2010 年俄罗斯城市人口分布

单位：%

| 年　　份 | 2002 | 2003 | 2004 | 2005 | 2006 | 2007 | 2008 | 2010 |
|---|---|---|---|---|---|---|---|---|
| 小城市(10 万人以下) | 28.9 | 28.9 | 29 | 28.6 | 28.5 | 28.6 | 28.9 | 28 |
| 较大城市(10 万~50 万人) | 29.6 | 29.4 | 29.2 | 29.2 | 29.2 | 28.6 | 28.3 | 26.9 |
| 大城市(50 万~100 万人) | 12.9 | 12.9 | 14.1 | 15.6 | 15.6 | 16.1 | 16.1 | 16.2 |
| 特大城市(100 万人口以上) | 28.6 | 28.8 | 27.8 | 26.6 | 26.7 | 26.7 | 26.8 | 28.9 |

资料来源：根据俄罗斯国家统计局数据整理。

## 六　人口的民族构成中斯拉夫等民族所占比重下降

从 2002 年和 2010 年人口统计结果比较看，俄罗斯人口的民族构成发生了较大变化。首先是斯拉夫民族在总人口[①]中所占比例下降，乌克兰人从占总人

---

① 明确指出民族归属的人口。

口的 2.05% 降至 1.41%，白俄罗斯人占比从 0.56% 降至 0.38%；其次是高加索民族所占比重增加，如车臣人占比从 2002 年的 0.95% 增至 2010 年的 1.04%，印古什人从 0.29% 增至 0.32%，奥塞梯人从 0.36% 升至 0.39%；再次是信仰伊斯兰教的人口占比增加，如哈萨克人从 0.46% 增至 0.47%，阿塞拜疆人从 0.43% 增至 0.44%，卡巴尔达人从 0.36% 增至 0.38%，库梅克人从 0.29% 增至 0.37% 等；最后是信奉东正教的人口占比下降，如楚瓦什人从 1.14% 降至 1.05%，莫尔多瓦人从 0.59% 降至 0.54%，乌德穆尔特人从 0.44% 降至 0.4%，马里人从 0.42% 降至 0.4% （见表 1 - 8）。之所以出现上述情况，其主要原因是伊斯兰教支持信众拥有多子女大家庭，并且相比东正教，伊斯兰教对信众生活方式的影响力更大[1]。在达吉斯坦共和国、印古什共和国，生育二胎和三胎的现象较为普遍，但是在俄罗斯族的主要聚居地区，像欧洲国家一样，生育二胎和三胎的诉求几近丧失殆尽[2]。以 2004 年为例，俄罗斯的生育与堕胎比例是 100：122，而在达吉斯坦共和国和印古什共和国这一比例分别为 100：29 和 100：13[3]。目前，俄罗斯有些地区在人口民族构成上出现了十分明显的本地化和单一化以及宗教信仰上的伊斯兰化、文化取向上的去俄罗斯化。俄罗斯人口专家担心，这种状况将使原本尖锐的民族问题更加错综复杂。

表 1 - 8　俄罗斯联邦人口民族构成

| | 居民人数（万人） | | 在明确指出民族归属居民中占比（%） | |
|---|---|---|---|---|
| | 2002 年 | 2010 年 | 2002 年 | 2010 年 |
| 所有居民 | 14517 | 14286 | | |
| 其中明确指出民族归属的居民 | 14371 | 13723 | 100.0 | 100.0 |
| 俄罗斯人 | 11589 | 11102 | 80.64 | 80.90 |
| 鞑靼人 | 555 | 531 | 3.87 | 3.87 |
| 乌克兰人 | 294 | 193 | 2.05 | 1.41 |
| 巴什基尔人 | 167 | 158 | 1.16 | 1.15 |
| 楚瓦什人 | 164 | 144 | 1.14 | 1.05 |

---

① *В. Пациорковский*, Сельско-городская Россия. М.：ИСЭПН РАН. 2010. С. 169.

② *В. Пациорковский*, Сельско-городская Россия. М.：ИСЭПН РАН. 2010. С. 164.

③ Регионы России. Социально-экономические показатели 2005. М.：ФСГС, 2005.

续表

| | 居民人数（万人） | | 在明确指出民族归属居民中占比（%） | |
|---|---|---|---|---|
| | 2002 年 | 2010 年 | 2002 年 | 2010 年 |
| 车臣人 | 136 | 143 | 0.95 | 1.04 |
| 亚美尼亚人 | 113 | 118 | 0.79 | 0.86 |
| 阿瓦尔人 | 81 | 91 | 0.57 | 0.66 |
| 莫尔多瓦人 | 84 | 74 | 0.59 | 0.54 |
| 哈萨克人 | 65 | 65 | 0.46 | 0.47 |
| 阿塞拜疆人 | 62 | 60 | 0.43 | 0.44 |
| 达尔金人 | 51 | 59 | 0.35 | 0.43 |
| 乌德穆尔特人 | 64 | 55 | 0.44 | 0.40 |
| 马里人 | 60 | 55 | 0.42 | 0.40 |
| 奥塞梯人 | 51 | 53 | 0.36 | 0.39 |
| 白俄罗斯人 | 81 | 52 | 0.56 | 0.38 |
| 卡巴尔达人 | 52 | 52 | 0.36 | 0.38 |
| 库梅克人 | 42 | 50 | 0.29 | 0.37 |
| 雅库特（萨哈）人 | 44 | 48 | 0.31 | 0.35 |
| 列兹根人 | 41 | 47 | 0.29 | 0.35 |
| 布里亚特人 | 45 | 46 | 0.31 | 0.34 |
| 印古什人 | 41 | 44 | 0.29 | 0.32 |
| 其他民族的人 | 485 | 481 | 3.40 | 3.51 |
| 未指出民族归属和资料不详者 | 146 | 563 | — | — |

资料来源：根据俄罗斯国家统计局数据整理。

## 七　外来移民存在较大的局限性

按照俄罗斯联邦移民署的界定，"外来移民"是对在俄罗斯境内外国人的统称。"外来劳动移民"是指为从事劳动工作而迁移的人口，即为获得劳动机会、就业安置和个人发展而进行迁移的适龄劳动人口。当前，俄罗斯外来移民在规模、国别结构、区域分布、教育程度以及职业构成等方面存在较大的局限性。

一是相对人口数量缺口，外来移民规模仍然不足。根据联合国 2013 年 9 月发布的相关报告，从世界各国吸纳外来移民的数量上看，俄罗斯排名第二，达到 1100 万人，仅次于美国（4580 万人）①。俄罗斯联邦移民署的数据与联合国的数据基本吻合。根据俄罗斯联邦移民署的数据，截至 2013 年 10 月，约有 1100 万名外国公民在俄罗斯境内工作和生活。俄罗斯移民中约有一半是劳动移民，而且其中约有 400 万非法劳动移民。从外来移民占总人口的比例看，2010 年俄罗斯的外来移民占总人口的 9%，低于法国（为 11%）②。

虽然俄罗斯外来移民人口总量排名世界第二，但与其人口数量缺口相比，仍显不足。1992～2009 年间，仅有 1992 年、1994 年到 2009 年外来净移民数量超过人口自然减少的数量，其他年份均无法弥补人口自然减少量（见图 1-1）。

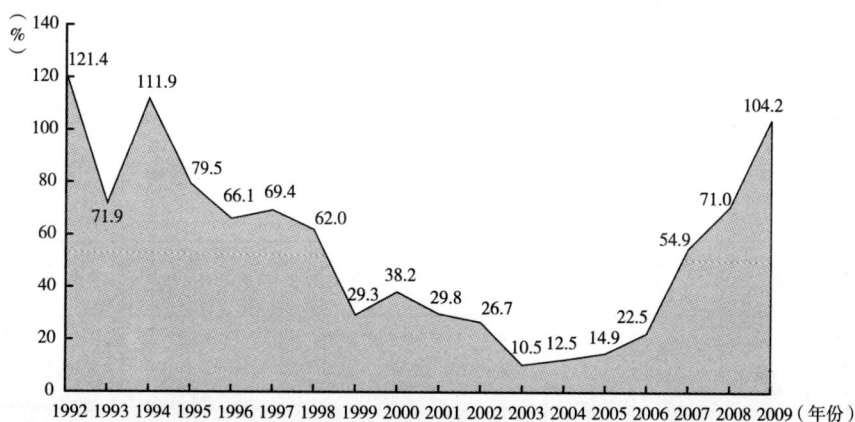

图 1-1　外来净移民弥补人口自然减少的比例（%）

资料来源：根据俄罗斯国家统计局数据整理。

二是外来移民国别结构趋于单一，与俄罗斯的民族文化传统差异加大。俄罗斯吸纳的外来移民来自世界多个国家③，但主要来自与俄罗斯建立了免签证

---

① 排在俄罗斯之后的依次有德国（980 万人）、沙特阿拉伯（910 万人）、阿拉伯联合酋长国和英国（分别为 780 万人）、法国（740 万人）、加拿大（730 万人）和澳大利亚（650 万人），引自：United Nations, Economic and Social Council. New trends in migration: demographic aspects/Report of the Secretary - General. E/CN. 9/2013/3.

② 联合国数据。

③ Билет в город. По материалам национального доклада к 15-й Европейской Конференции Министров, ответственных за региональное/пространственное планирование（CEMAT）, 8 - 9 июля 2010 года, Москва/ http: //www. opec. ru/1298772. html.

制度的独联体国家（格鲁吉亚和土库曼斯坦除外）。近年来，来自独联体国家的移民所占比重逐年增加，如2006年来自乌克兰、乌兹别克斯坦、塔吉克斯坦、摩尔多瓦、吉尔吉斯斯坦、亚美尼亚、阿塞拜疆等七个独联体国家的移民在俄罗斯外来移民中占52%，到2009年更是增至74%。与此同时，来自独联体国家的移民分布也发生了变化，来自塔吉克斯坦和乌兹别克斯坦的移民所占比例逐年增加，而来自乌克兰的移民比例逐渐下降，如2006年来自塔吉克斯坦和乌兹别克斯坦的移民仅占20%，而到2009年，则已占近一半（见表1-9）。从民族结构看，首先是外来移民中俄罗斯族所占比重逐步下降，如1990~1995年间，俄罗斯族在外来移民中约占60%[①]，而到2008年，根据俄罗斯移民研究中心的调查，仅有40%的外来移民把俄语作为主要的交际语言。其次是来自伊斯兰国家信奉伊斯兰教的外来移民增加，2010年约占劳动移民的一半[②]。

表1-9　2006~2009年俄罗斯外来劳动移民的国别结构

单位：%

| 国别/年份 | 乌克兰 | 乌兹别克斯坦 | 塔吉克斯坦 | 摩尔多瓦 | 吉尔吉斯斯坦 | 亚美尼亚 | 阿塞拜疆 | 中国 | 越南 | 土耳其 |
|---|---|---|---|---|---|---|---|---|---|---|
| 2006 | 17 | 10 | 10 | 5 | 3 | 4 | 3 | 21 | 7 | 10 |
| 2007 | 12 | 20 | 15 | 5 | 6 | 4 | 3 | 13 | 5 | 8 |
| 2008 | 10 | 26 | 16 | 5 | 8 | 4 | 3 | 12 | 4 | 5 |
| 2009 | 9 | 30 | 16 | 5 | 7 | 4 | 3 | 12 | 4 | 3 |

资料来源：俄罗斯联邦移民署公布的数据。

　　三是吸引外来劳动移民的区域分布较为集中。对外来移民最具吸引力的是俄罗斯中心地区，这些地区吸纳了40%的合法外来劳动移民，其中莫斯科市和莫斯科州因劳动力市场规模大，且市场细分状况良好，分别吸纳了约33%和约6%的外来移民。对外来移民吸引力位居第二位的是乌拉尔地区，这里集中了全俄1/6的外来移民，其中石油产区亚马尔-涅涅茨自治区和汉特-曼西

---

① Л. Рыбаковский, Миграционный обмен и его влияние на демографическую динамику. М: РАН ИСПИ Центтр Демографии, 1996.
② 俄罗斯联邦移民署的估算，Мастабы нелегальной иммиграции/ http：//www.rusrand.ru/ac/cifra_356.html.

自治区对外来移民具有较强的吸引力。吸纳外来移民数量位居第三的是远东联邦区，这里吸纳了 1/10 的外来移民，其中多数集中在滨海边疆区，而哈巴罗夫斯克边疆区和阿穆尔州的外来移民相对较少。

四是外来移民受教育程度较低、职业技能不高。2008 年，俄罗斯外来移民中仅有一半受过高等、不完全高等或中等职业教育，职业技能普遍较低，在来俄罗斯工作之前这些移民 84% 属于社会贫困阶层，其中 38% 为一般贫困阶层，46% 属于赤贫阶层[①]。合法外来劳动移民多从事建筑业（占 42%）、贸易（占 17%）、加工工业（10%）、农业（7%）、住房公用事业（4%）、交通（4%）和采矿业（2%）等行业。这些行业因对劳动力素质要求不高，工作条件差，因而吸引了大量低素质的外国劳动力，只有他们能够接受较低的工资报酬[②]，并且不计较社会保障水平。特别是建筑行业，2008 年仅合法外来劳动移民就占整个行业劳动力总量的 11.8%，如果加上非法劳动移民，上述比例更高。

五是多数外来劳动移民没有在俄罗斯定居的打算。2010 年 11 月，盖洛普公司按移民吸引力指数[③]对有关国家进行排名[④]。吸纳外来移民数量居前的国家排名都比较靠前[⑤]，只有俄罗斯例外。俄罗斯虽然在吸纳外来移民数量上排名第二，但是其移民吸引力指数仅排在第 42 位，而且得分为负，具体数据如下：新加坡排名第 1（219 分）、新西兰第 2（184 分）、加拿大第 3（160 分）、英国第 9（62 分）、法国第 10（60 分）、美国第 11（60 分）、德国第 21（14分）、俄罗斯第 42（-7 分）。之所以出现上述情况，其主要原因是俄罗斯外

---

① А. Вишневский, Население России 2009. Семнадцатый ежегодный демографический доклад. М：. ИД Вышшей школы экономики, 2012. С. 266.

② 外国移民平均收入水平低于俄罗斯本国居民，而且来自不同国家移民的收入水平也存在较大差距。以莫斯科市为例，2010 年莫斯科市外国移民的平均月工资为 28321 卢布，远远低于莫斯科市平均月工资 39000 卢布的水平。2010 年莫斯科市外国移民最高收入水平和最低收入水平的差距为六倍。

③ 移民吸引力指数是根据外国公民希望移民到某国的数量和该国希望出国的居民数量之差计算得出。

④ 排名是在 2007~2010 年对 148 个国家居民进行问卷调查的基础上得出的，涵盖了被调查地区 95% 以上的人口。各国问询的问题是如果有可能，你希望移民哪个国家。进入排名的有 133 个国家。

⑤ 沙特阿拉伯未被列入排名。

来移民大多为劳动移民。调查显示，40%的外来移民希望在俄罗斯工作和生活几年后回国；30%的外来移民只是将俄罗斯作为周期性或者短期打工和快速挣钱的平台；仅有1/4的外来移民打算在俄罗斯长期定居①。

## 八　人口跨区域流动不足

俄罗斯联邦独立后，人口地区间移动出现了人口流出区域扩大，流进区域缩小的趋势。

20世纪90年代初，长期以来人口向东部和北方地区流动的趋势戛然而止，取而代之的是人口向西部和南方地区的流动，欧洲部分自然气候条件相对较好、基础设施完善、适宜人类居住地区是国内移民的优先选择。20世纪90年代上半期是北方和东部地区，特别是北方地区人口流失较严重的时期。向市场经济转型后，国家对北方地区的补贴停止，由于无法承担高额的生活成本和交通成本，很多居民纷纷离开，大量年富力强的适龄劳动人口外迁，导致北极地区老龄人口所占比重增加了近一倍，同时退休金水平低和生活成本高的巨大反差使老年贫困风险激增。

从联邦区角度看，1991~2000年，国内移民净增加的有中央联邦区、伏尔加沿岸联邦区和南方联邦区，三个联邦区十年间共吸纳了107.8万名国内移民，而远东联邦区则向其他各个联邦区输出人口。中央联邦区吸纳的人口来自各个联邦区，伏尔加沿岸联邦区吸纳的人口主要来自中央联邦区和南方联邦区之外的地区，南方联邦区吸纳的人口则主要来自中央联邦区和伏尔加沿岸联邦区之外的地区。

从联邦主体视角看，20世纪90年代，人口出现净流出的地区有：欧洲的北部地区（摩尔曼斯克州、阿尔汉格尔斯克州、科米共和国）、西伯利亚北部地区（克拉斯诺亚尔斯克边疆区、赤塔州、伊尔库茨克州、托木斯克州及周边地区、布里亚特共和国、图瓦共和国）、远东和北高加索的一些联邦主体。人口流出较多有楚科奇自治区、马加丹州、萨哈（雅库特）共和国。欧洲北部地区流出的人口主要进入了中心地区和西北地区，其中，40%进入了圣彼得

---

① *Е. Тюрюканова*, доклад на тему «Миграция—двусторонний процесс» на юбилейной конференции АНЦЭА. 1 октября 2010 г.

堡市、列宁格勒州、首都地区、克拉斯诺达尔边疆区、下诺夫哥罗德州和别尔哥罗德州。西伯利亚北部地区流出的人口主要迁入了除远东之外的其他各个地区，其中进入新西伯利亚州、欧洲部分、车里雅宾斯克州、斯维尔德洛夫斯克州、哈卡斯共和国的居多。远东流出的人口进入西伯利亚和乌拉尔联邦区（占22%）、欧洲的一些联邦区，以及南方联邦区。远东地区还存在大量的区内移民，主要是从北部地区移入南部的哈巴罗夫斯克边疆区、滨海边疆区、犹太自治州、阿穆尔州。20世纪90年代后半期，北高加索地区的人口流失了14万，流失人口中有一半迁入了斯塔夫罗波尔边疆区和克拉斯诺达尔边疆区。

从城市角度看，中心城市对国内移民的集聚效应凸显。虽然中央联邦区从其他地区吸纳人口，但在中央联邦区内，人口多集中到首都地区，首都地区①的人口又大量从莫斯科州进入了莫斯科市。20世纪90年代后半期，莫斯科市作为人口"磁石"的地位彰显（见图1-2）。1996~2000年，莫斯科市吸引

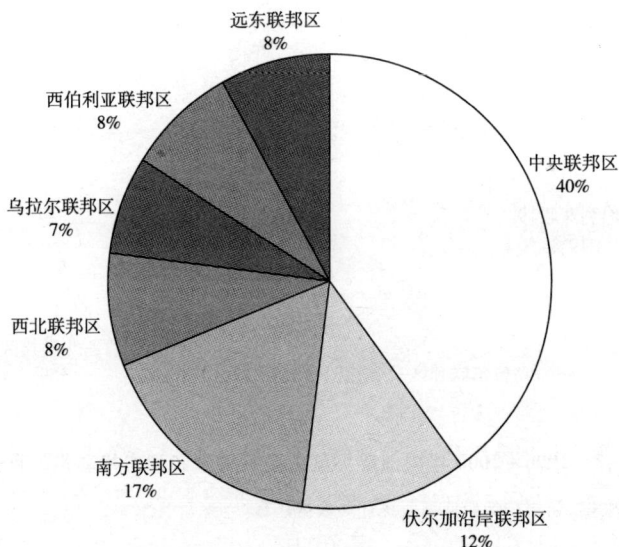

图1-2 1996~2000年内部移民流入莫斯科市的百分比

资料来源：根据俄罗斯国家统计局数据计算。

① 指莫斯科市和莫斯科州。

17

的国内净移民增加了 20.79 万，即平均每年吸纳四万多国内移民，占中央联邦区吸纳国内移民总量的 54%。到 2001 年年初，莫斯科市人口在中央联邦区总人口中的比重已高达 23.3%。莫斯科市强大的人口集聚效应，使得库尔斯克州、斯摩棱斯克州、图拉州、坦波夫州等周边地区的人口在 1996～2000 年间持续减少。

同期，圣彼得堡市和列宁格勒州也有一部分人口迁入了莫斯科市及莫斯科州，还有一小部分进入了邻近的诺夫哥罗德州，但是来自西北联邦区内部和其他地区的人口填补了这部分的人口损失。与莫斯科市相同的是，圣彼得堡市吸收的人口大多来自其所在的西北联邦区（占 35%），而与莫斯科市不同的是，圣彼得堡市还有大量来自亚洲联邦区的人口（占约 44%）（见图 1-3）。

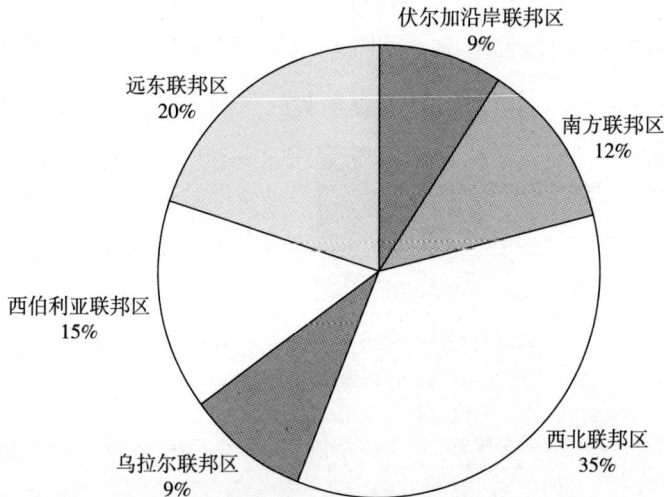

图 1-3　1996～2000 年内部移民流入圣彼得堡和列宁格勒州的百分比

资料来源：根据俄罗斯国家统计局数据计算。

可见，20 世纪 90 年代俄罗斯各地区人口跨区域流动的趋势可以被简单归纳为：人口从东部向西部迁移是人口跨区域流动的一个大的趋势；中部地区人口主要向莫斯科市和圣彼得堡市集聚；北高加索的人口主要流向当地的平原地区、地区中心城市和伏尔加地区；远东北部地区人口主要向南部地区迁移；欧洲北部地区人口主要进入圣彼得堡市和列宁格勒州；与哈萨克斯坦接壤地区的人口主要流入伏尔加和乌拉尔地区的城市集聚区①。总体而言，北方地区（秋明州的油气开发区除外）、外贝加尔地区和整个远东地区都属于人口流出区域，而人口流入区域则主要是欧洲部分和西伯利亚南部地区。

从人口跨区域流动规模②看，1990～1993 年为急速下降阶段，1994 年之后呈缓慢减少趋势。1990 年人口跨区域流动规模高达 430 万人，到 1993 年降至 290 万人，1994 年较上年有所回升，为 320 万人，但之后每年的人口流动规模持续稳定缩减，到 20 世纪 90 年代末为 250 万人左右（见图 1－4）。

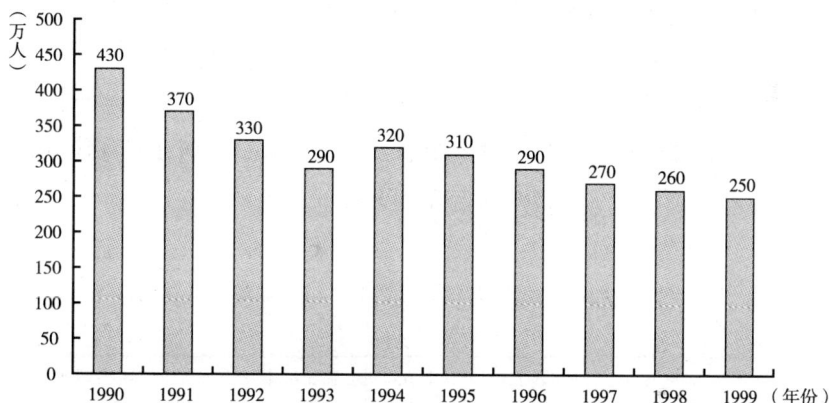

图 1－4　20 世纪 90 年代人口跨区域流动规模

资料来源：根据俄罗斯国家统计局数据整理。

2000 年之后人口的跨区域流动趋势逐渐减弱。2000 年，俄罗斯人口跨区域流动规模为 240 万人，2001～2008 年，每年基本稳定在 190 万～200 万人。2009 年同比减少 22.7 万人，下降幅度为 12%，为 170 万人。2003～2009 年，人口跨区域流动规模总计达 1500 万人，占俄罗斯总人口的 10%，占人口流动总量（包括国际移民）的 94%，其中跨联邦主体流动的人口占约 44%③。

① Н. Мкртчян, Из России в Россию: откуда и куда едут внутренние мигранты / http://antropotok. archipelag. ru/text/a028. htm.

② 指进行了居住地变更的人口。

③ Вопросы текущего учета внутрироссийской миграции в системе Росстата. Управление статистики населения и здравоохранения/ http://www. fms. gov. ru/upload/iblock/ecd/smrosstat. pdf.

从流动方向看，人口继续从东部和北方地区向中心地区流动。中央联邦区从其他各个联邦区吸纳人口，并且吸纳的人口大多集中在莫斯科市和莫斯科州。远东联邦区则向其他各联邦区输送人口。2003～2009 年，中央联邦区吸收了 86% 的跨联邦区流动人口，而西伯利亚和远东联邦区则流失了 35 万人，占跨联邦区流动人口的 52%，其中远东联邦区流失人口中的 70%，以及西伯利亚联邦区流失人口中的 40% 属于跨联邦区流动人口。西伯利亚联邦区向西部所有联邦区输送人口，从远东联邦区吸纳的人口仅弥补了其 6% 的人口流失，而来自西伯利亚、远东和伏尔加沿岸联邦区的人口则弥补了乌拉尔联邦区 60% 的人口流失。伏尔加沿岸联邦区向中央联邦区、西北联邦区和南方联邦区输送人口，吸纳来自西伯利亚联邦区和远东联邦区的人口；南方联邦区向中央联邦区和西北联邦区输出人口，从其他联邦区输入人口；西北联邦区则主要向中央联邦区输出人口，从其他联邦区输入人口（见表 1 – 10）。

表 1 – 10　2003～2009 年俄罗斯跨联邦区的人口流动规模（移民净流入）

单位：万人

| | 中央联邦区 | 西北联邦区 | 南方联邦区 | 伏尔加沿岸联邦区 | 乌拉尔联邦区 | 西伯利亚联邦区 | 远东联邦区 |
|---|---|---|---|---|---|---|---|
| 俄联邦 | 58.63 | 4.42 | - 5.77 | - 18.62 | - 3.36 | - 18.8 | - 16.5 |
| 中央联邦区 | — | - 6.29 | - 12.7 | - 16.38 | - 5.92 | - 9.48 | - 7.85 |
| 西北联邦区 | 6.29 | — | - 1.8 | - 2.03 | - 1.72 | - 2.93 | - 2.23 |
| 南方联邦区 | 12.71 | 1.8 | — | - 1.69 | - 0.4 | - 3.8 | - 2.83 |
| 伏尔加沿岸联邦区 | 16.38 | 2.03 | 1.69 | — | 1.68 | - 1.72 | - 1.45 |
| 乌拉尔联邦区 | 5.92 | 1.72 | 0.4 | - 1.68 | — | - 2.12 | - 0.89 |
| 西伯利亚联邦区 | 9.48 | 2.93 | 3.81 | 1.72 | 2.12 | — | - 1.25 |
| 远东联邦区 | 7.85 | 2.23 | 2.83 | 1.44 | 0.88 | 1.25 | — |

资料来源：根据俄罗斯国家统计局数据计算。

随着人口跨区域流动的集中化趋势进一步加剧，人口向大城市集聚的趋势也更加明显。2001～2005 年间，在俄罗斯 13 个百万人口以上的大城市中，有八个城市出现人口稳定增长，2006 年则增加到十个城市，2007 年更是高达 11 个。因大城市就业机会多，工资高，容易实现人生价值，年轻人从农村和小城市进入大城市的意愿比较强烈。一项对小城市中学毕业生的调查显示，70% 的女青年和54%的男青年打算离开生活的城市。与此同时，中型城市的居民也在减少（大城市集聚区疗养休闲中心城市和石油天然气开采中心城市除外）。

对国内移民最具吸引力的是莫斯科和圣彼得堡城市集聚区。因莫斯科市和圣彼得堡市的住房价格较高，很多内部移民选择在莫斯科州和列宁格勒州定居，并使这些地区成为吸纳内部移民的佼佼者。2008年，莫斯科州和列宁格勒州的内部移民净流入占总人口的比例为12.1‰和8.3‰，圣彼得堡市位居第四位，为7.2‰，莫斯科位居第七位，为5.2‰。此外，在吸纳内部移民方面居前列的还有别尔哥罗德州、克拉斯诺亚尔斯克边疆区和阿迪哥共和国。

尽管人口跨区域流动的集聚趋势越演越烈，导致北方和远东地区人口流失严重，但是从纵向比较看，2010年俄罗斯内部移民规模仅为1991年解体之初的约2/5，接近1897年的水平①。从国际比较看，俄罗斯内部人口流动频次与发达国家相比也有较大的差距。美国居民一生平均有13次改变居住地，英国公民为七次，而俄罗斯公民仅为1.5次。可见，内部移民作为调节俄罗斯地区间劳动力市场重要工具的作用正在逐渐减弱，很难解决多数地区劳动力不足的问题。

## 第二节 人口问题成因与影响

俄罗斯人口问题之所以演变为当前的局面，既有历史原因，又有现实原因。历史上几次重大灾难性事件对俄罗斯人口发展产生了深刻的影响，现实原因则是生育率低、死亡率高和人口流失等因素综合作用的结果。人口问题已经给俄罗斯经济社会发展带来了诸多困扰，除了对劳动力供给、预算支出和社会政策等造成直接影响以外，对地缘安全观和民族间关系的影响则更为深远。

### 一 人口问题成因

对俄罗斯人口问题成因进行追溯，不能不提及其历史原因。20世纪几次重大事件造成了人口灾难性下降。首先，第一次世界大战使沙俄人口损失惨

---

① *Л. Давыдов*, Внутренняя миграция в России как путь к выравниванию уровней социально-экономического развития регионов. Профиль, 24 мая 2010 года.

重，国内战争使苏俄人口急剧减少。1917～1922 年间，苏俄损失人口达 1200 多万。其次，20 世纪 30 年代初的大饥荒使苏联大量人口丧命。当时推行的农业集体化政策，致使乌克兰、伏尔加河沿岸、北高加索、哈萨克斯坦等地发生大面积饥荒。俄罗斯历史学家估计，饥荒造成的灾民达 3000 万人，其中饿死者为 300 万～1000 万。再次，1934～1938 年的"大清洗"使苏联人口的非自然死亡率急剧攀升。最后，卫国战争期间 2700 万苏联人殒命①。上述都是俄罗斯人口问题的历史成因。

如果仅从苏联解体之后考察，导致俄罗斯人口问题的主要原因是：出生率下降、死亡率较高、人口流失等现实因素。

近年来，俄罗斯总和生育率②仍然保持持续下降的趋势。2002 年俄罗斯总和生育率为 1.513，2010 年为 1.469，其中城市总和生育率从 2002 年的 1.35 降至 2010 年的 1.328，农村则从 1.993 降至 1.876。截至 2010 年年底，俄罗斯 15 岁以上女性中，21.5% 的人从未生育过子女。一般而言，维持人口自然增长的总和生育率最低指标应为 2.1。目前发达国家中的美国、法国、英国、挪威、瑞典等国家的总和生育率基本都在 2.0 以上。从俄罗斯各个地区总和生育率动态指标看，地区间差距正在逐渐缩小。20 世纪 60 年代，莫斯科市的总和生育率为 1.4，莫斯科州和列宁格勒州是 1.5～1.7，而北高加索各共和国和西伯利亚南部地区的总和生育率则是上述地区的三倍左右，如图瓦共和国为 4.2，达吉斯坦共和国更是高达 4.9。半个世纪之后，俄罗斯地区间生育率指标的差距大幅缩小：截至 2010 年年底，总和生育率最高的阿尔泰共和国、图瓦共和国和车臣共和国，其总和生育率在 2.3～2.4 之间，总和生育率最低的列宁格勒州，接近 1.2，最高地区与最低地区间的差距缩减至两倍左右。而在总和生育率较高的地区中，也仅仅是农村总和生育率水平较高，城市的总和生育率水平已与全俄平均水平接近。当然，从一般生育率③静态指标看，各地区差距仍然较大。一般生育率较高的多为民族地区，如北高加索各共和国和西伯利亚南部地区。2011 年俄罗斯一般生育率靠前的地区为车臣共和国（28.9‰）、图瓦共和国（27.1‰）、

① 详细内容参见马蔚云《俄罗斯人口发展及现状》，《俄罗斯中亚东欧市场》2008 年第 2 期。
② 某个国家或地区的育龄妇女人均生育子女数量。
③ 指某年每 1000 名 15～49 岁妇女的活产婴儿数，通常用千分比表示。

印古什共和国（25.9‰）、阿尔泰共和国（22.5‰）、达吉斯坦共和国（18.1‰）。排在其后的是萨哈（雅库特）共和国和布里亚特共和国，其一般生育率分别为17.1‰和16.9‰，主要原因是两个地区的原住民生育水平较高。此外，油气开发区因从其他地区吸纳大量年轻劳动力，年轻人所占比重较高，因而一般生育率也较高。如秋明州、汉特－曼西自治区和亚马尔－涅涅茨自治区的一般生育率分别为16.1‰、16.4‰和15.4‰。一般生育率最低的是中央联邦区和西北联邦区的一些地区，如图拉州（9.4‰）、坦波夫州（9.3‰）、沃罗涅日州（10.2‰）和列宁格勒州（8.7‰）等，主要是因为这些地区的人口被其他地区的大城市大量吸纳，造成人口流失严重。此外，伏尔加沿岸联邦区的一些联邦主体，如奔萨州和莫尔多瓦共和国，因人口老龄化严重和吸引外来人口乏力，一般生育率也较低，分别为10.1‰和9.5‰。总体而言，俄罗斯生育率较高的地区寥寥无几。

从死亡率指标看，俄罗斯具有以下四个特点。一是整体死亡率较高，特别是核心地区的人口死亡率较高。2012年俄罗斯死亡率位居世界第22位，为13.5‰，甚至超过了马里、布隆迪和喀麦隆等发展中国家。从地区差别看，西北联邦区和中央联邦区一些较早开发的地区，如普斯科夫州、诺夫哥罗德州、特维尔州、图拉州、斯摩棱斯克州、伊万诺沃州、弗拉基米尔州和科斯特罗马州等的死亡率较高，2011年均在16.6‰～20‰，远高于全俄13.5‰的平均水平[①]。人口结构中青年人和儿童所占比例较高的地区，如车臣共和国、达吉斯坦共和国和印古什共和国的死亡率较低，在4.1‰～5.6‰之间，另外北方地区老年人占比较低的一些联邦主体，如汉特－曼西自治区、亚马尔－涅涅茨自治区的死亡率也较低，分别为6.5‰和5.4‰。二是劳动年龄男性的死亡率较高。截至2010年，俄罗斯达到退休年龄的人口有3170万，其中男性890万，女性2280万，分别占28.1%和71.9%。可见，约有一半以上的俄罗斯男性不能活到退休年龄。三是青少年意外死亡率高。俄罗斯15～19岁的青少年意外死亡率在中东欧国家中最高（见表1－11）。主要原因是交通事故、自杀、他

① 当然，与2005年这些地区22‰～24‰的死亡率相比，还是有了较大的改善，但这些地区依然是俄罗斯死亡率最高的地区。

杀。专家认为，青少年在追求自我实现的过程中碰壁和普遍酗酒是导致意外死亡率较高的主要因素。四是边远地区新生儿死亡率较高。多年来，新生儿死亡率较高的地区是北高加索联邦区和西伯利亚南部欠发达的共和国，如 2006～2008 年间，印古什共和国新生儿死亡率平均为 22‰，车臣共和国为 17‰，达吉斯坦共和国、图瓦共和国和阿尔泰共和国为 14‰～15‰。此外，少数民族原住民所占比重较高的地区，如楚科奇自治区和涅涅茨自治区等，新生儿死亡率平均为 14‰～17‰。到 2011 年，虽然俄罗斯新生儿死亡率较前些年有了较大幅度的降低，但上述七个地区的指标依旧较高，分别为 13.6‰、17.5‰、15‰、14‰、11‰、12.8‰和 10.7‰。总之，俄罗斯新生儿死亡率较高的地区多为气候条件相对恶劣的边远欠发达和就医困难的地区。

表 1 - 11  2008 年中东欧及中亚各国 15～19 岁青少年死亡率

单位：‰

| 国　　家 | 自然死亡 | 意外死亡 | 国　　家 | 自然死亡 | 意外死亡 |
|---|---|---|---|---|---|
| 捷　　克 | 1.34 | 2.63 | 塞尔维亚 | 1.84 | 2.23 |
| 匈牙利 | 2.0 | 2.29 | 马其顿 | 2.34 | 1.01 |
| 波　　兰 | 1.39 | 3.78 | 白俄罗斯 | 1.35 | 4.79 |
| 斯洛伐克 | 1.84 | 2.87 | 摩尔多瓦 | 1.66 | 4.01 |
| 斯洛文尼亚 | 1.25 | 3.40 | 俄罗斯 | 2.70 | 7.86 |
| 爱沙尼亚 | 1.87 | 4.90 | 乌克兰 | 2.30 | 4.93 |
| 拉脱维亚 | 2.04 | 5.07 | 亚美尼亚 | 1.77 | 2.45 |
| 立陶宛 | 1.79 | 4.31 | 阿塞拜疆 | 2.87 | 2.14 |
| 保加利亚 | 2.07 | 3.86 | 格鲁吉亚 | 2.88 | 2.27 |
| 罗马尼亚 | 2.67 | 3.54 | 哈萨克斯坦 | 3.58 | 7.01 |
| 阿尔巴尼亚 | 2.01 | 2.36 | 吉尔吉斯斯坦 | 3.22 | 2.96 |
| 克罗地亚 | 1.25 | 3.15 | 塔吉克斯坦 | 3.44 | 1.37 |
| 黑　　山 | 1.50 | 3.65 | | | |

资料来源：Trans MONEE 2010 DATABASE. UNICEF Innocenti Research Centre. ∕ http：∕∕www. unicef - irc. org∕。

如上可见，俄罗斯同时遭遇了两个问题，一是与发达国家类似的低出生率问题，二是发展中国家特有的高死亡率问题[1]（见图 1 - 5）。

---

[1]　*В. Стародубров*，*А. Иванова*，Анализ изменений и прогноз смертности населения в связи с мерами демографической политики. Социальные аспекты здоровья населения. 2009. №1.

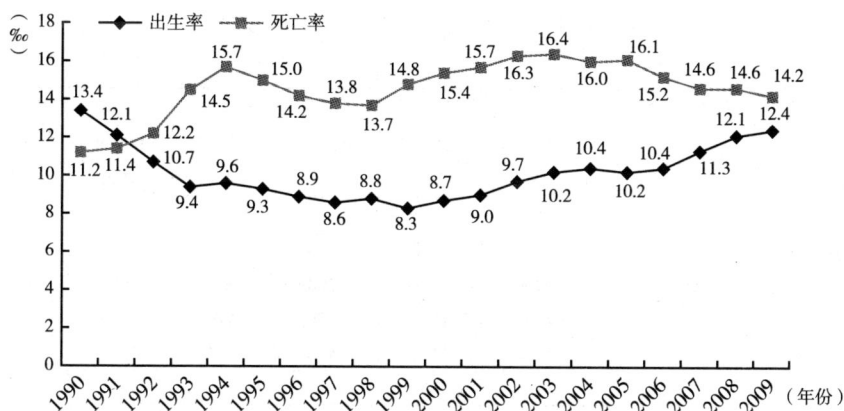

**图 1－5  1990～2009 年俄罗斯出生率和死亡率**

资料来源：根据俄罗斯国家统计局历年数据整理。

　　俄罗斯出生率低和死亡率高的更深层次原因在经济、社会和文化层面。20世纪 90 年代苏联解体后出现的社会动荡、政局不稳和经济衰退使很多人陷入生存困境，加剧了对未来的担忧，从而导致出生率骤降，成为第二次世界大战后出生率最低的时期。1999 年全俄一般生育率平均只有 8.3‰。婚姻家庭观念也是导致出生率较低的主要原因之一。俄罗斯人选择非婚同居情况的比较多，多年来结婚率持续下降，离婚率节节攀升，从 2002 年和 2010 年 16 岁以上人口婚姻状况变化情况可见一斑。2010 年俄罗斯共有 3300 万对夫妇，与 2002 年相比减少 100万对，其中 440 万对未正式登记结婚，占 13.3%，而 2002 年未正式登记结婚有330 万对，占 9.7%。2010 年 16 岁以上人口中，已婚者（包括正式登记和未进行婚姻登记的）占 57.3%，与 2002 年相比下降了 0.5 个百分点（其中 2010 年和2002 年，未进行婚姻登记者分别占 7.6% 和 5.6%），正式登记离婚或事实离婚者占 10.0%，比 2002 年提高了 0.46 个百分点（见表 1－12）。婚姻家庭观念趋于淡薄势必对生育动机产生不良影响。事实上，俄罗斯家庭规模偏小，2010 年每个家庭的平均人数为 2.6 人（2002 年为 2.7 人），一口之家和两口之家在所有家庭中占比超过 50%。2010 年，在两口以上的家庭中，44% 的家庭（1790 万个家庭）有低于 18 岁的未成年子女（2002 年的数据为 52%）。在 2002 年与 2010年两次人口统计之间，没有未成年子女的家庭增加了 15%。

表1-12  俄罗斯16岁以上人口婚姻状况

单位：万人

| | 男女合计 | | 男  性 | | 女  性 | |
|---|---|---|---|---|---|---|
| | 2002 年 | 2010 年 | 2002 年 | 2010 年 | 2002 年 | 2010 年 |
| 16 岁以上居民 | 11870 | 11970 | 5410 | 5420 | 6460 | 6550 |
| 其中 | | | | | | |
| 从未结过婚 | 2490 | 2400 | 1360 | 1320 | 1130 | 1080 |
| 已婚(包括登记和未登记婚姻) | 6790 | 6650 | 3390 | 3320 | 3400 | 3330 |
| 鳏寡 | 1350 | 1380 | 190 | 200 | 1160 | 1180 |
| 登记离婚或事实离婚 | 1120 | 1160 | 410 | 400 | 710 | 760 |
| 不详 | — | — | — | — | — | — |

资料来源：俄罗斯国家统计局数据。

从对堕胎的态度上可见上述因素的影响。2009 年俄罗斯平均每千名 15 ～ 44 岁的妇女中，有 41 例堕胎[①]，虽然比 1967 ～ 1968 年间有了大幅下降（当时曾达到 168 例），但堕胎依旧是造成俄罗斯人口减少的重要因素之一。2010 年国立社会大学进行的调查显示，堕胎的主要原因是经济状况不佳和住房问题困扰，被调查者中，提出如上两项原因的分别占到 37% 和 33%。整体而言，如上两项原因导致堕胎的比例高达 40%。物质条件越差的人越能接受堕胎。此外，对堕胎的态度与婚姻状况有关：已婚的被调查者中，24% 反对堕胎；同居者中，20% 反对堕胎；拥有长期婚外性关系的人员中，12% 反对堕胎；离婚者中，14% 反对堕胎。

生活方式也是影响生育率的因素之一。在俄罗斯不足 15 岁的青少年中，1/3 有过性体验。这对生殖健康产生了不良影响，导致 70% 的少女和 50% 的少男有生殖健康方面的问题[②]。更有甚者，根据专家的预测，1/5 的青少年未来将不能生育[③]。

---

① *B. Сакевич, Б. Денисов*, Перейдет ли Россия от абортов к планированию семьи? //Демоскоп weekly. 2 – 22 мая 2011 г.

② *A. Баранов, А. Щеплягина, Ф. Ильин, В. Кучма*, Состояние здоровья детей как фактор национальной безопасности, Российский педиатрический журнал, 2005.

③ *Н. Русанова*, Репродуктивное здоровье детей—основа будущей рождаемости. Доклад, представленный на интерне-конференции/ http: //ecsocman. edu. ru/db/msg/308041/print. html.

26

世界卫生组织有关专家对预期寿命和经济状况相关性所做的研究表明，人均国民收入每增加 1000 美元，平均预期寿命就增加 0.5 岁[①]。俄罗斯相关学者的研究也显示：预期寿命与人均国民生产总值呈正相关关系，死亡率与人均国民生产总值呈负相关关系[②]。公众健康 85% 的因素取决于整体社会经济因素和国家的医疗保健制度。其中，最主要的因素是国家福利状况和公民福利状况。正是这些因素决定了公民的生活方式、饮食、受教育程度、接受的医疗服务水平等。

对外移民也是造成俄罗斯人口减少的原因之一。20 世纪 80 年代末到整个 90 年代，俄罗斯对外移民规模约为 110 万人[③]。对外移民中很多人受过高等教育，具有硕士和博士学位，其中有许多工程师、专家、教师以及著名运动员。

2000～2010 年，根据俄罗斯的统计，离开俄罗斯的永久移民有 80.5 万人，但每年对外移民的数量呈下降趋势，从 2000 年的 14.6 万人降至 2009 年的 3.2 万人[④]。然而俄罗斯的统计数据与主要移民接纳国的统计数据存在较大差异。如 2002～2008 年，澳大利亚的统计数据显示，这期间来澳的俄罗斯移民有 1.61 万人，而俄罗斯的统计数据仅为 700 人，两者差距高达 23 倍；接纳俄罗斯移民最多的德国，这一统计数据也是俄罗斯统计数据的 1.3 倍（见表 1－13）。

根据世界银行统计手册《移民与汇款》的数据，截至 2011 年，分布在世界各地的俄罗斯移民总共有 1105.5 万人，占俄罗斯总人口的 7.9%，按移民占总人口比例，俄罗斯位居世界第 81 位。该数据不仅包括从 1991 年成立的俄罗斯联邦迁移到国外的俄罗斯公民，而且把苏联时期迁移到其他加盟共和国的俄罗斯联邦社会主义共和国的公民也计算在内。此外，这中间还有所谓的

① World Population Prospects, the 2010 Revision. UN. 2011.
② Е. Молчанова, Оценка влияния уровня и качества жизни на общественное здоровье населения, Качество и уровень жизни населения в современной России: состояние, тенденции и перспективы. Сборник материалов Международнойнаучно-практической конференции, ОАО ВЦУЖ, ИСЭПН РАН. М.: ООО «М-Студио», 2012. С. 200－201.
③ 其中 57 万人去了德国，25.6 万人去了以色列，11.2 万人奔赴美国，2 万人定居捷克。
④ Доклад Госкомстата «Современная демографическая ситуация в Российской Федерации», 2010.

表 1 – 13　2002～2009 年俄罗斯对外移民规模

单位：万人

| 俄罗斯移民接纳国 | 时　期（年） | 俄罗斯数据 | 移民接纳国数据 | 移民接纳国数据与俄罗斯数据之比（倍） |
|---|---|---|---|---|
| 以 色 列 | 2002～2009 | 1.28 | 3.26 | 2.5 |
| 加 拿 大 | 2002～2009 | 0.43 | 2.19 | 5.1 |
| 美　　国 | 2002～2009 | 1.85 | 9.19 | 5 |
| 法　　国 | 2002～2008 | 0.13 | 2.14 | 16.5 |
| 德　　国 | 2002～2008 | 10.99 | 14.46 | 1.3 |
| 西 班 牙 | 2002～2009 | 0.23 | 4.35 | 18.9 |
| 意 大 利 | 2002～2008 | 0.17 | 1.64 | 9.6 |
| 芬　　兰 | 2002～2009 | 0.51 | 1.43 | 2.8 |
| 澳 大 利 亚 | 2002～2008 | 0.07 | 1.61 | 23 |
| 瑞　　士 | 2002～2009 | 0.05 | 0.21 | 4.2 |
| 荷　　兰 | 2002～2009 | 0.07 | 0.41 | 5.9 |
| 丹麦、挪威、瑞典 | 2002～2009 | 0.28 | 2.01 | 7.2 |
| 总　计 | | 16.06 | 42.9 | 2.7 |

　　资料来源：*М. Денисенко, Миграция：тенденции и модернизация политики. Институт демографии НИУ-ВШЭ на заседании 5 марта 2011 г.*

　　"隐性移民"：一类是在国外购买住房的俄罗斯公民[①]，一年中他们仅部分时间住在国外，其他时间仍住在俄罗斯；另一类是用留学签证和劳务签证出国的知识分子，他们虽然还保留着俄罗斯国籍，但已不打算再回俄罗斯。由于如上这两类移民无法被列入统计数据，因此被称作"隐性移民"。俄罗斯有关专家认为，世界银行的数据远远高估了俄罗斯的移民数量，比较现实的估算应该为550 万人左右[②]，即 200 万～250 万加上约 350 万的"隐性移民"。

　　俄罗斯移民进入的国家多为发达国家。绝大多数俄罗斯移民选择了德国、以色列、加拿大、美国、澳大利亚和荷兰等对移民的素质和技能有明确要求的国家，其中到德国、以色列、美国和芬兰的移民占俄罗斯对外移民数量的

---

① 截至 2011 年 2 月，俄罗斯人在英国购买的房产约有 40 万套、在德国有 35 万套、在法国有 25 万套。

② *М. Денисенко, Если смотреть с другого берега// Миграция XXI век. 2011. №14. С. 36 – 39.*

40%。俄罗斯移民对德国情有独钟，与那些俄罗斯移民开始减少的国家不同，德国俄罗斯裔的"新德国人"在稳定增加。当然，受移民接纳国移民政策和经济安全形势等因素影响，俄罗斯对外移民的目的国也开始出现多元化趋势。首先是对传统移民接纳国的移民有所减少。如 2007～2010 年俄罗斯人向美国移民的人数减少了一半；从 2000 年至今，对以色列的移民大幅下降；2000～2010 年十年间俄罗斯每年向芬兰的移民数量均在下降。其次是俄罗斯向波罗的海国家和中东欧国家的移民在增加。尽管俄罗斯与波罗的海国家政治和外交冲突不断，但是这些国家来自俄罗斯的移民数量却在稳定增长。每年向捷克的新增移民也从 2000 年的 200 人增加到 2010 年的 400 人。2007～2010 年间已有超过 15 万俄罗斯人在保加利亚购买房产①。2010 年，俄罗斯人选择移民的国家主要有加拿大、澳大利亚、美国、德国、新西兰、捷克、芬兰、瑞典等（见图 1-6）。

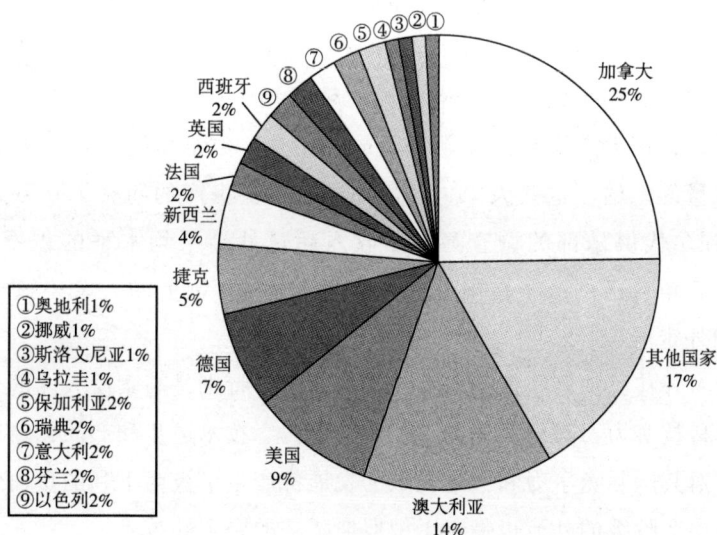

**图 1-6  2012 年俄罗斯人移民目的国**

资料来源：Эмиграция из России в 2012 году/ http：//znatnado. ru/-kolonki_ page_ 1198。

---

① Россияне готовят новую волну эмиграции / http：//www. gdeetotdom. ru/news/estate/1818736/, 01. 09. 2010 г.

2000 年之后，俄罗斯对外移民的素质较高。2003～2008 年俄罗斯的对外移民（包括永久移民、工作移民和教育移民）中，受过高等教育的专家占 39%。其中，高级工程师和技术工作者占 9%，学者占 8%，商人占 5%，法律工作者占 2%[1]。移民的年龄多在 30～50 岁之间。移民目的则呈现多元化趋势：寻找新工作和追求自我实现的移民占 39%，难民占 22%，教育移民占 20%，婚姻移民占 15%，其他原因移民占 4%。

现在俄罗斯居民的移民意愿依旧较为强烈。2011 年全俄舆情研究中心的民意调查结果显示，21% 的俄罗斯人想到国外定居，与 1991 年相比增长了 16%。希望到国外工作的俄罗斯人从 1991 年的 13% 增加到 20%，而希望到国外留学的人数从 1991 年的 5% 增加到 13%。出于对孩子未来发展[2]、个人事业发展和安全等方面原因的考虑，中产阶级中有一半人希望移民海外，30% 的企业家打算离开俄罗斯。而且移民地区出现了"分散化"趋势。之前对外移民的俄罗斯人大多来自莫斯科市和圣彼得堡市等大城市，现在全俄各地都有人打算移民海外，来自莫斯科市和圣彼得堡市的移民占比已很小。此外，潜在移民更趋年轻化。希望移民的俄罗斯人中，75% 在 35 岁以下。有关专家估计，俄罗斯又在酝酿新一轮的移民潮，数量是近十年官方统计的对外移民数量的三倍。这些人中，已经在国外购买房产的约有 250 万人。2012 年 12 月瓦尔代俱乐部的调查显示，收入超过社会平均水平的俄罗斯人中，70% 的人希望自己的孩子在国外工作和学习，1/3 以上的人希望孩子离开俄罗斯到国外定居[3]。

大量对外移民加剧了俄罗斯人口的负增长，特别是高素质人才的外流削弱了俄罗斯科技实力，对俄罗斯的整体研发能力、技术进步和产品创新产生了重要影响，对其国际竞争力和其他领域的发展都产生了极为不利的负面效应。此外，大量中产阶级的外流也带走了俄罗斯稀缺的资金和技术。

---

[1] Д. Пыльнова, Д. Шкрылев, 440 тысяч человек уехали из России за последние пять лет// Новая газета. 01.12.2008.

[2] 2011 年列瓦达中心的调查显示，被问询者中，有 63% 的人希望孩子在国外学习和工作。

[3] В. Мау, Четыре долгосрочные проблемы развития// Ведомости. 20 февраля 2013 г.

## 二 人口问题影响

人口问题对俄罗斯的影响主要体现在如下几个方面。

### （一）对劳动力供给的影响

俄罗斯未来人口发展潜力堪忧。联合国人口组织预测，到 2050 年，俄罗斯人口数量将减少到 1.21 亿，2050～2060 年间俄罗斯老年人口数量将达到 3900 万（2010 年是 3170 万）的最高值，适龄劳动人口将降至 6400 万的最低值（2010 年是 8800 万）[①]。2011 年初标准普尔对全球人口发展趋势的一份调查报告则显示，到 2050 年，俄罗斯人口将从 2010 年的 1.4 亿下降到 1.16 亿；65 岁以下的适龄工作人口将从 2010 年的占 72% 下降到占 60%。有的俄罗斯专家甚至做出了最糟糕的预测，到 2040 年俄罗斯人口将会降至一亿[②]。

实际上，劳动力不足的问题现在已经显现，特别是在远东和西伯利亚地区的石油、天然气和木材等资源开发领域，青壮年劳动力严重不足。俄罗斯政府也正在采取措施应对劳动力不足的问题。2013 年 9 月俄罗斯副总理戈洛杰茨在路透社俄罗斯投资峰会上表示，俄罗斯政府已决定，在未来三年将从国家教育经费预算中拨款 450 亿卢布（约合 14 多亿美元），解决部分地区的劳动力短缺问题。

### （二）对预算支出的影响

2001 年经合组织对人口年龄与预算支出的相关性计算显示，2000 年经合组织国家因人口年龄问题而产生的预算支出占 GDP 的 21.2%（占国家支出的一半），其中 GDP 的 15%，或者说国家支出的 35%，用于老年人口。其中，用于老年人口的养老支出占 GDP 的 9%，医疗支出占 GDP 的 6%（见表 1 - 14）。

欧洲统计局 2009 年的统计报告显示，2007 年欧盟国家与年龄有关的预算支出平均占 GDP 的 23.1%。其中，最发达国家平均占 26.4%，转型国家占 17.1%（见表 1 - 15）。

---

[①] World Population Prospects, the 2010 Revision. UN. 2011. 转引自：А. Кудрин, Е. Гурвич, Старение населения и угроза бюджетного кризиса// Вопросы экономики. 2012. № 3. С. 54.

[②] Доклад о вызовах и сценариях развития демографической политики РФ. Д. Халтурины и Е. Юрьева из Института научно-общественной экспертизы в рамках Гайдаровских чтений, посвященных политической демографии и макросоциологической динамике на 13 декабря 2013.

表 1-14  2000 年经合组织国家与人口年龄有关的预算支出

单位：%

| 支出类别 | 占 GDP 的比重 | 占与人口年龄有关预算支出的比重 | 占国家支出的比重 |
|---|---|---|---|
| 养老金 | 9.0 | 42 | 21 |
| 医 疗 | 6.0 | 28 | 14 |
| 教育和儿童津贴 | 6.2 | 29 | 15 |
| 共 计 | 21.2 | 100 | 50 |

资料来源：T. Dang，P. Antolin，H. Oxley，*Fiscal implications of ageing：projections of age-related spending // OECD Economics department working papers.* 2001. №305。

表 1-15  2007 年欧盟国家与年龄有关的预算支出占 GDP 的比重

单位：%

| 支出类别 | 所有欧盟国家平均 | 其中 | |
|---|---|---|---|
| | | 最发达国家 | 转型国家 |
| 养 老 金 | 10.2 | 11.4 | 8.0 |
| 医 疗 | 6.7 | 7.7 | 4.9 |
| 社 会 关 怀 | 1.2 | 1.7 | 0.3 |
| 教 育 | 4.3 | 4.6 | 3.8 |
| 失 业 补 助 | 0.8 | 1.2 | 0.2 |
| 总 计 | 23.1 | 26.4 | 17.2 |

资料来源：根据欧洲统计局 2009 年数据整理。

　　2010 年标准普尔选取了 25 个发达国家和 24 个转型国家进行研究。研究结论是：发达国家与老年人口有关的预算支出占 GDP 的 17.2%，转型国家占 10%。转型国家与发达国家相比，社会关怀和失业补助所占比例较低（见表 1-16）。

表 1-16  2010 年发达国家与转型国家与老年人口有关的预算支出占 GDP 的比重

单位：%

| | 养老金 | 医疗 | 社会关怀 | 失业救助 | 总计 |
|---|---|---|---|---|---|
| 所有选取国家 | 7.3 | 5.2 | 1.0 | 0.5 | 13.7 |
| 发达国家 | 8.7 | 6.4 | 1.4 | 0.7 | 17.2 |
| 转型国家 | 5.9 | 3.9 | 0.3 | 0.1 | 10.0 |
| 金砖五国 | 4.6 | 3.0 | — | — | 7.6 |

资料来源：根据标准普尔 2010 年统计数据整理，Standard & Poor's。

在上述研究中，标准普尔预测，如果俄罗斯政府不采取有效的改革措施，俄罗斯老年人口比例上升将对预算支出造成巨大压力。俄罗斯的老年抚养比[①]将从 2010 年的 18% 增加到 2050 年的 39%，与老年人口相关的预算支出将相应地从占 GDP 的 12.5% 增至 25.5%，养老支出也将从占 GDP 的 9.4% 增加至占 GDP 的 18.8%。

俄罗斯联邦国库的数据则显示，2011 年俄罗斯与年龄有关的预算支出占 GDP 的 16.4%，剔除教育支出部分，为 12.3%（见表 1 - 17），与标准普尔的数据吻合度较高。该比例低于发达国家，但高于大多数转型国家。

上述研究结果显示，老龄化持续恶化将对俄罗斯预算体系产生较大影响。

表 1 - 17 2011 年俄罗斯与年龄相关的预算支出

| 支出类别 | 支出金额（亿卢布） | 占 GDP 的比重（%） |
| --- | --- | --- |
| 养老保障 | 47040 | 8.7 |
| 医 疗 | 19330 | 3.6 |
| 教 育 | 22320 | 4.1 |
| 总 计 | 88690 | 16.4 |

资料来源：俄罗斯联邦国库数据。转引自 А. Кудрин, Е. Гурвич, Старение населения и угроза бюджетного кризиса // Вопросы экономики. 2012 № 3, С. 59.

### （三）对社会政策的影响

老年人口的增加将对俄罗斯的养老保障体系和医疗保障体系产生较大的冲击，而出生率下降导致儿童减少，对教育体系也将产生负面影响。特别是在人口稀少的东部和北方地区，农村居民点之间的距离较远，交通不便。为实现社会服务均等化目标，国家不得不在大多数农村居民点保留社会服务机构，如学校、医疗护理站或者小型医院等，导致地区财政负担较重。2000 年之后，为减少财政压力，俄罗斯开始对农村的学校和初级医疗机构进行合并，并且通过为学校和医疗机构配备现代化设施，来进一步提高社会服务质量，但是偏远地

---

[①] 国际上一般将 60 岁或 65 岁以上老年人口与 15～59 岁或 15～64 岁适龄劳动人口之比称为老年抚养比。按照俄罗斯劳动法规，俄罗斯老年抚养比为男 60 岁、女 55 岁以上老年人口与男 16～59 岁和女 16～54 岁适龄劳动人口的比率。

区就学难、就医难的问题却依旧较为严重。可见，人口减少和人口分布的极度不均衡，在一定程度上已经成为制约俄罗斯社会服务均等化目标的主要障碍之一。

**（四） 对俄罗斯地缘安全观和民族关系的影响**

俄罗斯部分地区因人口减少，大量村庄变成"无人村"，田园荒芜，城市间距离越来越远。截至目前，西伯利亚地区城市间的平均距离在 200 公里以上，欧洲部分城市间的平均距离为 45～75 公里。城市之间的区域是社会与经济的荒漠地区，被有关专家称为"俄罗斯的黑洞"，边远地区尤甚。目前远东地区人口密度为 1.1 人/平方公里，相当于东北亚国家的 1%；远东与中国接壤的边境地区的人口仅相当于中国边境地区人口的 1/63。正因为如此，有些俄罗斯人担忧中国会把远东地区作为消化剩余劳动力的场所，臆测中国强大后会利用人口优势，谋求远东地区领土。俄罗斯领导人也多次提到"有失去远东的危险"。这种安全担忧正是基于对人口不足与国土广袤之间深刻矛盾的忧虑，特别是对将来因兵力不足，难以保卫辽阔疆域的担忧。

俄罗斯人口问题引起的安全忧虑还体现在对民族构成和民族关系的担忧上。2010 年人口普查结果显示，俄罗斯民族在总人口中所占比重为 80.9%，仍是主体民族。但是俄罗斯族人的生育意愿和生育能力远远低于少数民族，特别是穆斯林各民族。而且信奉伊斯兰教的民族人口在俄罗斯总人口中所占比重的上升引起了有关人口学家的担忧。他们认为，按照目前的人口发展趋势，俄罗斯民族有可能成为"少数民族"。为强调斯拉夫血统和东正教传统的正统性，对其他民族及文化传统的排斥极易引起民族矛盾和冲突。

# 第三节　人口与移民政策

在 20 世纪 90 年代，人口问题对俄罗斯社会经济和地缘政治的影响一直未能引起俄罗斯高层的重视。直到 2003 年，普京总统的国情咨文才第一次提到人口问题："因出生率下降和死亡率提高而引发的人口减少问题是俄罗斯社会面临的最严峻的问题之一。"自此，每年总统所做的国情咨文都离不开人口问题。2007 年 10 月，俄罗斯政府批准了《2025 年前俄罗斯联邦人口政策构想》

（以下简称《构想》），以鼓励生育、降低死亡率和适当吸纳外来劳动移民为主要特点的人口政策全面铺开。《构想》确定了俄罗斯的人口政策目标：2015 年前人口数量稳定在 1.42 亿~1.43 亿，2025 年人口增长至 1.45 亿；提高生命质量，使预期寿命在 2015 年前达到 70 岁，2025 年增至 75 岁。人口政策的主要任务是改善妇女、儿童和青少年的健康状况，把母婴死亡率降低一半，维持人口的生殖健康状况。有关降低死亡率的措施将在本书医疗改革一章中述及，本节主要阐释俄罗斯的鼓励生育政策、国内区际移民政策和吸纳外来移民政策。

## 一　鼓励生育政策

俄罗斯政府用经济补偿方式引导和鼓励生育。除了发放一次性生育津贴、每月的育儿补贴（到婴儿一岁半）之外，还有其他比较有特色的措施。一是从社会福利基金中拿出部分资金用于发放"保育票证"。从 2006 年开始，在"健康"国家优先项目下，开始发放保育票证。妇女怀孕 30 周（多胎妊娠 28周）起就可以领到保育票证。保育票证由三个票证组成，票证 1 价值 3000 卢布，用于支付医疗机构的孕期检查费；票证 2 价值 6000 卢布，用于支付产妇在生产住院期间的服务费；票证 3 价值 1000 卢布，用于支付一周岁前婴儿的诊所检查费。二是设立"多子女鼓励基金"（也称"母亲基金"）。从 2007 年起为生育第二个孩子的家庭设立"多子女鼓励基金"。"多子女鼓励基金"可以用于改善居住条件（买房或者自建住房）、子女教育支出、用于母亲的养老储蓄金积累，对于生活有困难的多子女家庭，还可以一次性支取 1.2 万卢布用于必要的日常开销。"多子女鼓励基金"根据每年的通胀水平实行指数化，截至目前，未曾使用过该基金项目的多子女家庭，基金余额为 408960 卢布（约合人民币 8.3 万元）。三是地区政府各出奇招，旨在鼓励生育、支持年轻和多子女家庭。如奔萨州实施了十项规划，乌里扬诺夫斯克州设定了孕妇社会支持统一标准，奥伦州为每个新生儿设立了名义账户，由地区预算向这些账户拨款，莫尔多瓦共和国向多子女家庭提供利息为 5% 的住房按揭贷款①。从 2013 年起，大多

---

① *В. Брендин*，Кому-бесплатный проезд，а кому молоко с булочкой // Сельская жизнь，2008 №13.

数地区政府加大力度鼓励生育，并根据政府自身财力向生育第三胎或更多子女的家庭提供每月 5000~11000 卢布 （合 1041~2300 元人民币）的资金支持。

## 二　国内区际移民政策

内部人口迁移在俄罗斯原则上不受行政限制。公民的自由迁徙权受宪法和基础性法规如《民法典》《住宅法典》《劳动法》等相关法律保护，有关人口内部流动的专门法有《俄罗斯联邦公民在俄罗斯境内自由迁徙、自由选择定居地权利法》（1993 年 6 月 25 日 No5242 - 1）。一直以来，俄罗斯主要通过地区经济政策，以及对特定种类移民、个别地区和地方自治机构提供专项支持等措施，对地区吸纳移民和移民融入当地社会等进行间接调控。可以说，从联邦国家层面上讲，俄罗斯一直以来并未考虑把内部人口流动纳入统一的国家直接调控范畴。2000 年之后，因为劳动力日渐短缺，来自独联体国家的讲俄语的移民越来越少，而俄罗斯本身又不愿意接纳文化差异较大国家的移民，内部人口流动问题开始进入政府视野，苏联时期优先向东部地区移民的思路又重新回归。面对民众集中流向个别地区而造成的人口分布更加不均衡，以及东部地区和北方地区人口日益减少的问题，2003 年俄联邦政府批准了《俄罗斯联邦移民进程调控构想》，其中提到了鼓励俄罗斯本国公民向东部和北方地区迁移。

从地区层面看，20 世纪 90 年代至今，俄罗斯实施了几项地区间移民计划。

首先是北极地区人口迁出计划。20 世纪 90 年代，在世界银行的支持下，俄罗斯实施了北极地区人口迁出计划，目的是减少在市场经济条件下这里已显过剩的劳动力。该计划在几个试点城市展开，如沃尔库塔和诺里尔斯克等。计划制定了鼓励人口迁出的机制，并对迁出北极地区的人口给予部分补偿。该计划在试点地区较为成功，但是因计划支出额度较高而未能得到大范围推广，离开北极地区的居民大多还是出于自愿并自行承担费用。

其次是产业单一城市居民就业安置计划。2008 年金融危机发生后，促进人口跨区域流动的政策又被提上日程，成为降低失业率的主要工具。俄罗斯为此实行了产业单一城市居民就业安置计划。具体是迁移陶里亚蒂市的大量失业人口到列宁格勒州的季赫温市。计划规定，按日拨给最高不超过 550 卢布的房屋租金，租金提供时间不超过三个月，到新安置地区的往返费用为每天 100 卢布。但是该计划实施效果并不理想。一方面因为补偿资金捉襟见肘，另一方面是产业单一城市居民的迁出意愿不强。2010 年，通过该计划框架迁移到新地区工作和生活的居民仅有 9000 人。社会调查结果显示，这些地区的居民大多数只愿意迁往莫斯科市。2010 年，根据当地人事部门的资料，仅有 7% 的人因生活所迫愿意到其他城市找工作，65% 的人乐意迁居的条件是：给予安置资金、签订长期劳动合同、提供住房。

再次是远东的稳定和吸纳人口计划。2009 年俄罗斯联邦政府批准的《2025 年前远东和贝加尔地区经济社会发展战略》明确指出："稳定远东和贝加尔地区人口数量的一个补充措施，是为居住和愿意在该地区居住的本国公民一次性无偿提供不超过 0.3 公顷的土地来建造私人住房。"远东的个别地区正在制定或实施相关计划，效果尚待观察。

最后是北高加索地区的失业安置计划。2010 年秋天，北高加索联邦区总统全权代表亚历山大·赫罗波宁参与制定了一项内部移民计划。计划重点针对北高加索居民，目的是降低北高加索地区年轻人的高失业率[①]，消除恐怖主义隐患。具体措施是：将这一地区的年轻人安置到国家级或相当于国家级的大型建筑工程工地工作，为其提供年利率为 5%、贷款期限为 20 ~ 40 年的优惠购房贷款。2011 年 5 月，卫生与社会保障部[②]向国家杜马提交议案，鼓励高失业率地区居民向急需劳动力的地区迁移，特别是鼓励北高加索失业的年轻人向俄罗斯中心地区迁移，以此缓解北高加索联邦区的社会紧张局势，并使其他地区获得劳动力资源。鼓励措施是向迁居到其他地区工作的每个失业人员提供 4 万 ~ 12 万卢布的安置资金，同时向其家庭成员再提供 1.5 万 ~ 4 万卢布的资金。资金提供标准按迁入地区的经济社会发展水平确定。根据卫生与社会保障部的预测，这项计划每年需要 20 亿卢布的资金。

与萧条地区不同，莫斯科市为缓解人口大量流入给城市带来的巨大压力，一直实施限制人口流入的相关措施，但是因其劳动力市场的强劲吸引力，政策

---

① 2011 年第一季度根据俄罗斯国家统计局数据，北高加索联邦区平均失业率为 16.5%，车臣共和国失业率达 38.9%，印古什共和国高达 48.8%，北高加索联邦区有 30 万失业人口。

② 2012 年 5 月拆分为卫生部、劳动与社会保障部。

并没有达到预期效果，移民净流入持续增加。

2012 年 6 月，俄罗斯总统普京批准了《2025 年前俄罗斯联邦国家移民政策构想》，其中有关国内地区间人口流动政策的思路是：简化俄联邦公民改变居住地登记手续，消除行政障碍；按实际居住地为公民提供应有的社会、医疗等服务；为居民提供异地就业信息；鼓励临时性异地就业；支持教育移民，其中包括为适应就业市场需要，以接受教育和提高职业技能为目的的移民；促进劳动力在地区中心城市、小城市和农村之间流动；在公私伙伴关系基础上为内部移民和教育移民提供基础居住条件；对采取积极措施吸纳内部移民的地区给予支持，包括联邦纲要框架下的支持；发展廉价住房租赁市场；促进国家就业中心与俄联邦居民就业问题私人机构在异地就业领域的合作；完善联邦和地区就业信息库，建立地区和地区间的就业信息交换系统；设立基金，采取一系列措施鼓励公民移居到其他地区工作，其中包括移居远东地区；提高远东、西伯利亚、边境和战略地位重要地区的投资吸引力，为居民移居建立必要的社会服务和交通基础设施，降低这些地区与俄罗斯中心地区在交通上的隔离程度；发展地区和地区间客运交通基础设施；为东部和西部地区之间的航空客运提供补贴。[①]

## 三　吸纳外来移民政策

苏联解体至今，俄罗斯吸纳外来移民政策调整轨迹如下。

20 世纪 90 年代前半期，俄罗斯在国家公约框架下侧重接纳被迫移民。苏联解体之初，俄罗斯移民政策的重点是吸纳被迫移民。1992 年俄罗斯加入联合国《1951 年难民地位公约》和《1967 年议定书》，并于当年夏季成立了联邦移民署，负责移民的接收安置等事宜。1993 年俄罗斯通过了《被迫移民法》和《难民法》，并确定了国家对这些移民的义务。按照俄罗斯的概念界定，被迫移民主要来自独联体国家和波罗的海国家，而难民则来自独联体和波罗的海之外的国家。1993～1994 年间是俄罗斯接纳被迫移民的高峰期，1993 年登记的被迫移民达 32.3 万人，1994 年接纳的 119.14 万外来移民中，多数是被迫

---

① http://www.kremlin.ru/news/15635.

移民①。与此同时，面对纷至沓来的独联体国家的非法移民，俄罗斯采取与独联体国家签署双边协议的方式对移民进行规范化管理。1992～1995 年间，俄罗斯先后与塔吉克斯坦、土库曼斯坦、格鲁吉亚、吉尔吉斯斯坦签署了移民过程调控和保护移民权利的双边协议，分别同亚美尼亚、白俄罗斯、摩尔多瓦和乌克兰签署了双边劳动移民协议。由于独联体国家间素有"有约不履"的通病，俄罗斯对移民实行规范化管理的目标并未实现②。

20 世纪 90 年代后半期，俄罗斯吸纳外来移民政策有所调整。首先是 1997 推出《新难民法》，开始对《1951 年难民地位公约》义务有所保留，特别是在涉及难民安置问题上更是如此。此外，难民身份认定依据和程序更加复杂，给予难民身份的数量也大幅减少，从 1997 年的 5751 人降至 1998 年的 510 人。在限制难民数量的同时，针对外国人和无国籍人士的临时避难所制度实际上也推进乏力。在联邦移民规划（1997 年）项下，1998～2000 年因受金融危机影响，仅为 1.72 万名被迫移民提供了住房，为 6.33 万人提供了建房长期贷款，为 3.45 万人提供了补助，为 6000 人实施了心理康复治疗，建立了 92 个临时安置中心，接收了 3500 人，同时协助建立了 24 个配套移民安置点。时至今日，部分被迫移民尚未解决入籍问题，甚至连常住居民资格都没有获得。特别是几千名阿富汗人的情况堪忧，他们逃离自己的国家来到俄罗斯，但是既没有获得难民资格，也未得到居留证。

其次是规范出入境管理。1996 年 7 月，俄罗斯颁布了新的《俄罗斯联邦出入境程序法》，对外国公民和无国籍人士进出俄罗斯国境的签证制度作了更加明确的规定：外国公民和无国籍人士一律凭俄联邦承认的有效证件，在持有俄罗斯签证的情况下进出俄罗斯国境；在原苏联各加盟共和国范围内，只有与俄罗斯缔结免签证协议国家的公民，才有资格免签进入俄罗斯。

2000 年之后俄罗斯吸纳外来移民政策进行了一系列调整，调整方向如下。

第一，永久移民、入籍政策更加严格，倾向于吸收临时劳动移民。2002 年出台的《俄罗斯联邦国籍法》对外国人获得俄罗斯国籍的程序作了更加严

---

① Т. Малева, О. Синявская, Социальное и демографическое развитие России. Каирская программа действий: 15 лет спустя. М.: ЮНФПА, 2010.

② 戴桂菊：《俄罗斯的人口问题和外来移民政策》，《东欧中亚研究》2004 年第 3 期。

格的规定。根据新国籍法，希望加入俄罗斯国籍的外国人必须掌握俄语，具有合法的收入来源，并且在获得居留权后至少应在俄罗斯连续生活五年，而按照之前的国籍法，外国人只要在俄罗斯连续生活三年就可以申请俄罗斯国籍。

第二，优先吸引来自独联体国家的移民，并鼓励侨民返回俄罗斯且定居到亟须移民的地区。2001年12月出台的《俄罗斯联邦2015年前人口政策构想》提出："实行选择性的移民政策，首先吸引来自独联体国家的移民……"2006年6月，俄联邦总统普京签发第637号总统令，正式批准《同胞自愿移居俄罗斯国家纲要》（以下简称《纲要》）。《纲要》在2009年3月、6月和2010年1月又陆续进行过修订。根据《纲要》，自愿移民俄罗斯的同胞可以享受的待遇包括：联邦预算负担补偿迁往未来定居地的路费、运费以及在俄联邦境内办理身份证明所缴纳的国家规费；联邦预算出资提供一次性安置补贴；在获得俄联邦国籍前，如果没有来自劳务、经营等渠道的收入，每月可以获得由联邦预算资金支付的补贴，补贴额度参照相应联邦主体的最低生活标准确定，期限不超过六个月；享受无限期的一揽子社会福利：国家和市政学前教育机构、普通和专业教育机构、社会服务机构、保健机构的服务及国家就业局提供的服务，有关费用由相应的地区预算支付。

《纲要》将所有接收移民的地区分为三类。每类地区接纳的移民享有不同的待遇。A类地区主要是指对俄罗斯具有重要战略意义且人口数量正在下降的边疆地区。选择该类地区的移民及其家庭成员，将获得《纲要》规定的全额国家担保和社会福利支持。B类地区是正在实施大型投资项目且由于劳动力短缺而需要大量吸引移民的地区。这些地区所处的联邦主体具有社会经济发展高于全俄平均水平且移民负荷低于全俄平均水平的特点。选择该类地区定居的移民及其家庭，除失业补贴外，《纲要》规定的其他国家担保和社会福利支持均可以享受。C类地区的是社会经济状况稳定且在最近三年以上时间段内出现人口总量减少和（或）人口外流的地区。选择这类地区的移民，除了安置补贴和失业补贴不能获取外，《纲要》规定的其他国家担保和社会福利皆可以获得①。2011年新修订的第115号联邦法——《俄罗斯联邦外国公民法律地位

① http：//www.fms.gov.ru/programs/fmsuds/.

法》规定，对《纲要》项下移居俄罗斯的永久移民及其家庭成员，个人所得税税率从30%降至13%。

2006年11月，普京签署总统令，修改2002年《俄罗斯联邦国籍法》，简化原苏联各加盟共和国公民获得俄罗斯国籍的程序，规定2002年7月1日以前在俄罗斯联邦正式注册，或者获得在俄罗斯联邦临时居留权①的原苏联公民，能够按照简化程序加入俄罗斯国籍，他们不再需要提供有关生活来源的信息，也不需要掌握俄语。

第三，加强出入境管理，特别是外籍劳务人员的出入境管理。2003年2月普京总统签署的《俄罗斯联邦出入境程序法的修改和增补法》正式生效，其中明确规定："当外国公民和无国籍人士进入俄罗斯联邦国境时，必须领取和填写入境卡。当外国公民和无国籍人员离开俄罗斯联邦边境时，需将入境卡交回海关。"2013年4月，俄罗斯国家杜马一读通过《俄罗斯联邦外国公民法律地位法》和《俄罗斯联邦进出境秩序法》修正案。外籍劳务人员出入境管理更加严格：外籍人员在劳务许可过期后五日内必须离境，否则将被遣送回国，在被俄罗斯雇主解聘或聘用合同到期的情况下，劳务许可自动作废。2013年5月，俄罗斯移民局向杜马提交相关修正案，对非高技术人员暂停发放五年期入境工作许可，对独联体来俄人员实施邀请入境制度。

第四，本着优先解决本国居民就业的原则，对外来劳动移民实行配额和劳动许可证管理制度。俄联邦政府每年公布各地区下一年度引进外国劳动力的配额。计划下一年雇佣外国公民②的雇主应在当年5月1日之前向联邦移民局提交引进外国劳动力的申请。提交申请之前的一个月，该雇主应在就业中心公示现有职务空缺信息。如果就业中心推荐俄罗斯公民应聘，雇主应与被推荐的公民进行座谈，这对将来就业中心确认有没有合适的俄罗斯公民从事该职务工作

---

① 《俄罗斯联邦外国公民法律地位法》把俄罗斯境内的外国公民分成三类：临时逗留人员、临时居住人员和常住人员。临时来俄旅游、访友和工作的外国公民被称为临时逗留人员，规定他们在俄罗斯逗留的时间不得超过三个月；临时居住人员是指在俄罗斯联邦临时居住并等待定居的外国公民，他们需要办理期限为三年的居留证；常住外国公民是指在俄罗斯联邦境内不间断居住期限超过5年的外国公民，他们的权利接近俄罗斯公民，可以自由出入俄罗斯国境。

② 俄罗斯与引进外国公民所在国建立了免签制度或外国公民是高技能专家的情况除外。

是必需的。收到雇主提交的申请后，联邦移民署向就业中心提出质询，就业中心在收到质询之日起十个工作日内签发关于引入外国员工合理性的结论。自收到雇主提交的所有必要文件之日起 30 个日历日内，联邦移民署签发引进和使用外国劳动力许可。

第五，加大打击非法移民的力度。2006 年在对移民管理法规进行进一步修订及完善基础上，从 2007 年起，俄罗斯加大了打击非法移民的力度。从 2007 年 4 月 1 日起，禁止外国人从事零售业。此外还规定，对于违反移民登记规定的外国公民，将处以 2000～5000 卢布的罚款，情节严重者将移交法院判决并予以遣返；非法滞留俄罗斯境内的外国公民将被限期离境并在一定年限内拒绝再次入境；对于在俄境内因违反移民法规被处罚超过两次以上的外国公民将拒发签证和居住手续；对于非法雇佣外国移民的负责人处以 25000～50000 卢布的罚款，对法人处以 25 万～80 万卢布的行政罚款或者勒令停业 90 天以下。从 2013 年开始，对被俄罗斯有关机构禁止入境，但经伪造身份再次入境的外籍人员实施刑事处罚。同时，俄罗斯移民局加大对莫斯科市、圣彼得堡市、莫斯科州和列宁格勒州违法移民的处罚力度，在上述地区违反俄罗斯出入境管理、注册登记和居留规定的外国移民将被处以 7000 卢布罚款并被驱逐出境（在其他地区有上述违法行为的罚款额仍为 5000 卢布）。对违反移民法的外国移民，一律给予罚款和驱逐出境的双重处罚（此前只进行罚款或驱逐出境的单一处罚）。2014 年初，俄罗斯杜马议员向杜马提交一项修正案。修正案提议，俄联邦移民署将有权通过查封房产、冻结账户等司法手段向非法移民接收方（俄罗斯公民、外国在俄罗斯常住居民、法人、俄罗斯政府各级权力机关及其他俄罗斯及外国机构等）征收遣送费，以减少国家财政负担。根据俄罗斯现行法律，非法移民遣送费由非法移民及其雇主负担，当以上两者无力负担时，由俄联邦预算出资，目前由俄联邦预算出资遣返的非法移民比例约为 20%。

此外，还对可能产生非法劳动移民的领域进行规范化管理。从 2010 年 5 月开始实行有偿劳动执照制度。对于来自独联体国家的移民，即与俄罗斯签订免签协议国家的公民，如果其从事家政服务，诸如保姆、家庭教师、保安和园艺工人等，可以申请价值为 1000 卢布（约合 30 美元）的有偿劳动执照，执照有效期为 1~3 个月，且在一年的时间内可以多次续签。实际上 1000 卢布对外来劳动移民只是象征性收费，目的是对这些可能产生非法劳动移民的领域进行规范管理。

第六，配合创新发展战略，注重移民质量。从 2010 年 7 月 1 日起，雇主引进高技能专家时无须取得引进和使用外国劳动力许可。高技能专家是指在特定领域具有工作经验、技能和取得相关成就的外国人。具体包括如下三类人员：一是作为科学工作者或教师的高级专业人才，他们被邀请到俄罗斯的目的是从事科研或教学活动，并拥有国家高等教育机构、国家级科学院或其地区分院、国家科研中心或国家科学中心的相关认证，且年工资收入不低于一百万卢布；二是根据《"斯科尔科沃"创新中心联邦法》，参与实施"斯科尔科沃"项目的外国公民，年工资收入额度不限；三是年工资收入不低于两百万卢布的其他外国公民。2011 年 8 月签署的第 654 号联邦政府令对《俄罗斯联邦外国公民和无国籍人士移民登记实施办法》进行修订，其中规定，高技能外国专家在俄罗斯境内工作不超过三个月的，无须登记，其随行家属（包括配偶、直系亲属）也可获得三年居留权。2013 年 12 月，俄罗斯国家杜马三读通过的一项法案规定，世贸成员国驻俄罗斯公司高管在办理工作许可时无须申请工作配额，但公司高管必须在当地公司担任领导职务（关键人物），而且在俄罗斯工作期间需办理医疗保险或与医院签订医疗合同。关键人物的定义由俄罗斯政府根据外国工作人员的专业知识进行确定。这是俄罗斯作为世界贸易组织成员，根据签订的《马拉喀什协定》要求，对本国相关法律做出的相应修改。

提高外籍劳务人员语言门槛的政策也开始实施。2013 年 3 月，俄罗斯科学与教育部网站公布了外国劳务移民俄语水平测试细则。根据规定，测试内容包括单词和语法、阅读、听力、写作、口语等五个部分，外国劳务移民应至少掌握 850 个俄语单词。俄语基础水平证书有效期为五年，高级水平证书长期有效。2013 年 4 月，国家杜马一读通过的《俄罗斯联邦外国公民法律地位法》和《俄罗斯联邦出入境秩序法》修正案规定，赴俄外国劳务人员在办理签证和暂住手续时需提交俄语考试证书和劳务合同，并于 2015 年 1 月 1 日起实施。

第七，试图将移民纳入俄罗斯医疗和养老体系，从而实现移民合法化。2009 年初，国家杜马开始讨论将外来劳动移民保险由过去的要求用人单位在保险公司办理，改为强制险。2011 年 11 月，国家杜马批准的《2012～2013 年向预算外基金的缴费法案》规定，从 2012 年开始，按劳动合同（合同期为六个月以上）在俄罗斯工作的外国人和无国籍人士也必须向养老基金缴费，即由雇主按雇佣俄罗斯籍员工的标准缴费。但是高技术移民①不在缴费之列。与俄罗斯公民不同（俄罗斯公民的劳动退休金由基本养老金、养老保险金和养老储蓄金三部分构成），外来劳动移民的养老金账户中仅有养老保险金一项，对于申请俄罗斯国籍或者永久居住权的外国员工，其养老金账户余额的核算是在其成为俄罗斯公民或者获得了永久居住权之后，而对于工作结束之后回国的外国员工，俄罗斯养老保险基金将会通过与其派出国签订双边协议的方式解决②。

第八，严格移民登记制度、限制外国劳务移民的工作范围。2014 年初，俄罗斯对移民登记违规行为增大了处罚力度。主要内容包括：对假报居住登记信息的俄罗斯公民和外国公民，将处以 10 万～50 万卢布、拘役或入狱三年的处罚；对不进行居住登记的房主和租住人员，将分别处以 2000～5000 卢布的罚款（对莫斯科市和圣彼得堡市的房主处以 5000～7000 卢布罚款，对租住人员处以 3000～5000 卢布罚款）；如法人违反居住登记规定，将被处以 25 万～75 万卢布罚款（在莫斯科市和圣彼得堡市处以 30 万～70 万卢布罚款）。此外，国家杜马正在审议一项法案，法案规定：俄罗斯雇主不按劳务许可规定的工种雇佣外国劳务，将被处罚款 80 万卢布，跨工种工作的外国劳务人员将被罚款 2000～5000 卢布并被驱逐出境。

由上可见，俄罗斯移民政策 20 年的调整路径呈现四个特点：一是移民规范化管理从 20 世纪 90 年代的双边协议框架向统一政策管理过渡；二是永久移民政策趋严，从 2005 年之后重在吸收临时劳动移民；三是对移民素质的要求越来越高；四是优先吸纳来自独联体国家移民的政策从面向所有独联体国家向侧重与俄罗斯文化更具亲缘性的国家倾斜。总体而言，俄罗斯移民政策在逐步"趋紧"。特别是 2013 年 10 月，莫斯科比留列沃区的民族冲突事件发生以后，

---

① 指年工资收入超过 200 万卢布的高级经理人和年工资收入超过 100 万卢布的科研人员和教师。

② И. Невинная, Маткапитал с видом на пенсию: какие изменения произойдут в пенсионной системе// Российская газета. 24. 11. 2011 /http：//www. rg. ru/tema/obshestvo/index－str5. html.

俄罗斯移民政策进一步"收紧",除了加重对非法移民的处罚力度之外,对接受非法移民的雇主和房屋出租人的处罚也日益加重。

## 四  对俄罗斯人口和移民政策的评价

### (一) 鼓励生育政策产生了一定的效果,但对其长期效应不宜盲目乐观

鼓励生育政策的效果在某种程度上得以显现。2007~2009年生育率增长明显,主要原因是生育第二胎乃至三胎或者更多孩子的母亲在增加。2009年,针对30个联邦主体所做的"家庭与生育"抽样调查结果也证实了上述的判断:2007~2009年间生育第二胎的受访妇女中,有1/4表示,鼓励生育的政策措施或多或少对她们的生育行为产生了影响。

当然,各地区生育率对鼓励生育政策的敏感程度不一。从2007年的统计数据看,鼓励生育政策在农村地区的效应较明显,农村地区总和生育率指标从1.6增加到了1.8,而对城市地区的影响相对较小,总和生育率仅从1.2增至1.3。经济发展水平较低的西伯利亚南部地区和北高加索地区对政策敏感度较高。如图瓦共和国的总和生育率提高了0.54,车臣共和国和阿尔泰共和国提高了0.36,卡拉恰耶夫-切尔克斯共和国、卡巴尔达-巴尔卡尔共和国增长幅度在0.2~0.3之间。城市化水平较高和较发达地区的生育率指标对人口政策的敏感度较低,总和生育率增幅普遍低于全俄0.11的平均增幅。

实际上,生育率受经济因素影响毋庸置疑,但更多则是综合因素决定的结果。从"多子女鼓励基金"的额度看,大体相当于15~20个月的平均工资,而父母养育一个孩子需要15~20年,因此其对生育率的长期支撑作用不应当高估。而其他因素,诸如婚姻结构、妇女受教育水平等对生育率的影响也不容忽视。从婚姻结构看,2010年俄罗斯最新人口统计结果显示,俄罗斯16岁以上人口中,正式登记结婚者不足50%;3300万对已婚夫妇中,未正式登记结婚的有440万对,占13%,比2002年高约3.3个百分点,如此的婚姻状况对生育率的影响可想而知。国际经验表明,妇女文化程度越高,生育子女数量越少。截至2010年,俄罗斯女性中受过高等教育者约占1/3,女性就业人口中,受过高等教育者占40%。从妇女受教育程度看,对俄罗斯总和生育率的影响也不容乐观。

### （二）国内区际移民政策遭遇诸多尴尬

尽管俄罗斯采取了一定措施，鼓励地区间人口流动，但俄罗斯人口跨区域流动性不足的问题不仅没有改善，在 2000 年之后反而更加突出。一般认为是受如下一些因素制约。

首先是行政壁垒。虽然早在 1991 年，俄罗斯宪法监察委员会取消了通行证制度，实行居住登记制度。但是居住登记制度仍然较为苛刻死板。首先是居住地登记必须与居所挂钩，而且必须获得居所房屋所有人的同意。很多房屋出租人不乐意租户把居住地登记在自己的房屋名下。原因一方面是日后一旦租户出现什么问题，警察会按居住登记地址找到出租人问询，容易招惹麻烦；另一方面是住房公用服务收费不是按实际使用情况计算，而是按房屋中登记居住人口的数量计算。租户搬离后若不主动取消登记，房主不仅需要为其承担公用服务费用，而且如果想再次出售现有住房还会遇到麻烦，必须经法院取消租户的登记。调查显示，1/5 未进行居住地登记的人员均是由于难以找到"居住地址"①。其次是登记办理过程中官僚习气依旧较为严重。全俄舆情研究中心资料显示，35% 的内部移民在重新登记居住地时遇到问题，45% 的被问询者声称要排长队，26% 的人认为国家机关的工作进度给他们造成了不便，23% 的人声称登记机构工作人员工作态度粗暴，12% 的人声称工作人员索贿、证件办理期限超过法律规定，10% 的人声称遭到无理由的拒绝。

其次是住房市场不发达，特别是住房租赁市场不发达。全俄仅有 5% 的房屋用于出租（莫斯科稍高，超过 15%），与发达国家存在较大的差距：西方国家用于出租的住房占住房总量的 55%～65%，而且法国还规定了房屋出租率法定水平，市政所有住房的 30% 以上应当用于出租。俄罗斯内部移民多迁往经济发达地区，这些地区的住房价格较高，立即购买住房的可能性不大，而租房又因住房租赁市场不发达而受到约束。

再次是地区间就业信息渠道不畅，迁居后不能享受应有的社会服务。人口地区间移动的主要动因多出于就业的考虑。而俄罗斯人事和招聘中介机构发育

---

① Ж. Зайончковская, Н. Мкртчян, Внутренняя миграция в России: правовая практика. Центр миграционных исследований института народнохозяйственного прогнозирования РАН, М. 2007.

不足，不能有效收集各地区劳动市场信息。就业管理部门掌握的信息有限，而且管理机构与企业的沟通渠道不畅，即国家还未建立起有效的机制来充当雇主和雇员之间的中介，双方很难依靠就业管理部门进行对接。此外，俄罗斯社会服务通常是按居住地原则设立，这涉及医疗、养老服务、子女入幼儿园和入学等问题，如果未能进行居住登记，则在享受如上社会服务时会受到某种程度的制约。

最后是因可能遭受种族歧视等原因，很多俄罗斯居民比较排斥异地迁居。非斯拉夫民族姓氏以及与斯拉夫民族长相有差异的人，即使是俄罗斯公民，在找工作和租房等事情上难度会大一些，从高加索地区来的移民经常遇到这样的尴尬。另外，俄罗斯绝大部分民众无饥饿之忧，生活在小城市和农村的居民可以靠土地吃饭，菜园子能给他们带来一部分收入，失业人员大部分有按小时计酬的灰色兼职工作。人口研究所受俄罗斯劳动部委托在 2008～2009 年间进行的调查显示，通过就业机构寻找工作的失业者中，仅有 11%～13% 的被调查者声称可以到外地工作，但明确表示愿意迁居到其他地区的仅占 4%[①]。而且他们要求的迁居条件是：在提供住房的情况下，外地的工资必须是失业前当地工资的 3～4 倍，如果迁居到西伯利亚和远东地区，则工资水平应是当地工资的 5～6 倍，且住房条件不能低于在当地的住房条件。

由此可见，俄罗斯实施的几项区际移民计划虽然在经济上投入较多，但效果不够理想，并且会屡遭尴尬的原因就在于此。

### （三）吸纳外来移民政策存在诸多问题

#### 1. 劳动力需求与外来移民管理过分严苛之间的矛盾

俄罗斯适龄劳动力状况不容乐观：自 2011 年到 2015 年，俄罗斯劳动年龄人口将减少 500 多万，到 2030 年，将减少约 1100 万（见图 1-7）。目前仅有北高加索和西伯利亚南部地区存在劳动力过剩问题，但过剩情况不是十分严重。优先解决本国居民就业的外来移民政策方向无可厚非，但依靠内部劳动力流动解决经济发展较快地区劳动力短缺问题则不太现实。如果不吸收外来移

---

[①] *В. Козлов*，Правительство обещает оплатить дорогу и выдать «подъемные» внутренним мигрантам // Московские новости. 16 ноября, 2011 г.

民，俄罗斯将面临危机，仅在未来 20 年内为完全弥补劳动资源潜力的自然损失，大概需要 2500 万以上的外来净移民。必须依靠外来移民弥补劳动力缺口，已是不争的事实。斯科尔科沃莫斯科管理学校校长 A. 沙罗诺夫甚至认为，没有外来移民，莫斯科市乃至整个俄罗斯的经济将会陷入停滞①。但俄罗斯外来劳动移民政策日益"趋紧"又与上述事实矛盾。

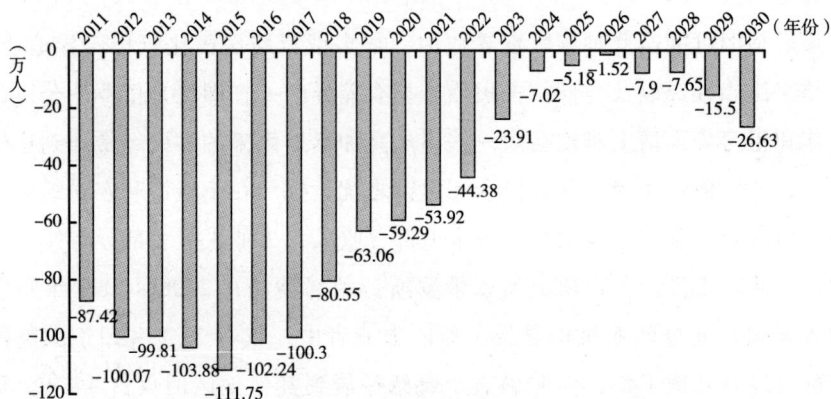

图 1 - 7 2011 ~ 2030 年俄罗斯劳动年龄人口年缩减量

资料来源：俄罗斯国家统计局预测数据。

**2. 仅把外来移民当成"匆匆过客"**

时至今日，俄罗斯移民政策仍主要定位于吸纳外来临时劳动移民。大多数外来移民仅把俄罗斯当作临时挣钱的场所，最终是"衡阳雁去无留意"。试想在一个临时挣钱的平台，一个暂时的栖身之所，谁会去在意自身形象呢？因而与外来移民有关的犯罪与日俱增也就不足为奇了②。为抑制外来移民犯罪问题，2013 年 11 月，一项有关禁止有犯罪行为的外国移民在俄务工的法案提交国家杜马审议。实际上，一些有识之士早就意识到这一问题的严重性："外国人不仅仅是劳动力，从长远看更是我们社会的一部分，是俄罗斯人

---

① A. Шаронов, Без миграции экономика Москвы и РФ может начать стагнацию // РИА Новости. 31 окт. 2013 г/ http：//ria. ru/moscow/20131031/973807714. html.

② 2010 年 2 月，莫斯科市 1/2 的犯罪都是外国移民实施的，莫斯科州的数据是 1/3。

的永久邻居。"[①] "在制定俄罗斯移民政策时,必须考虑俄罗斯是个人口密度低的国家,劳动力呈现长期减少趋势,人口持续老化。较大数量合法移民的进入可以促进经济增长、增加财政收入、增强养老体系的稳定性……俄罗斯移民政策的有效性在很大程度将决定国家的社会经济发展。"[②] 但是实际上这些观点并没对俄罗斯外来移民政策定位产生实质影响,俄罗斯外来移民地位正常化尚需时日。把外国劳动移民纳入养老体系的政策,表面上看似乎是促使外来移民融入当地社会的举措。但仔细分析后,则不难看出,政策意图不仅声东击西,甚至一石三鸟。第一是变相提高外来劳动移民的进入门槛。按照俄罗斯法律,养老保险缴费由雇主承担。该政策的出台实际上对雇主雇佣外来劳动移民产生了反向激励,因为这会增加他们的税负。第二是用外来移民养老金缴费填补养老基金的窟窿。到 2020 年,俄罗斯养老保障体系的赤字将占 GDP 的 6.2%[③]。现在向外来移民征缴养老保险费,而将来对他们又大多不涉及养老金给付,何乐而不为?第三是通过把外国劳动移民纳入养老体系,促使非法移民合法化,等于又增添了一个促使移民合法化的渠道。

**3. 外来移民理想需求与现实供给相脱节**

从俄罗斯的移民政策来看,俄罗斯更需要高素质移民,特别需要侨民返回俄罗斯并填充远东等地区,防止邻接国家移民涌入,以实现"维护国家安全的战略"。配合创新发展战略,注重移民质量的政策在理论上易于理解,但是在现实中,由于俄罗斯人不乐意从事诸如建筑业和农业等技术含量低的工作,这些行业往往需要引进大量外国劳动移民。根据俄罗斯卫生与社会发展部[④] 2011 年 11 月公布的决议草案,2012 年对非技术外来劳动移民的需求量相对较大,特别是对建筑安装、修理建造和矿山基建工人的需求最大。由此可见,如果一味强调移民质量,高楼大厦又如何拔地而起?现在力推的对劳动移民实行

---

① E. Тюрюканова, доклад на тему «Миграция — двусторонний процесс» на юбилейной конференции АНЦЭА . 1 октября 2010 г.

② E. Гайдар, Долгое время. Россия в мире: очерки экономической истории. M. : Изоатеиъство 《Дело》, 2005. C. 465 – 466.

③ В. Назаров, С. Мурылев, О стратегии совершенствования российской пенсионной системы/ http: //www.iet.ru/files/text/other/nazarov – sinelnikov. pdf.

④ 2012 年 5 月拆分为俄罗斯卫生部和俄罗斯劳动与社会保障部。

语言考核的制度，也过多渲染了"阳春白雪"的色彩。对于想要获得俄罗斯临时居住许可证、外国人永久居留证和俄罗斯国籍的人，当然需要具备一定的俄语水平。但是对于从事建筑工、清洁工等职业的外来劳动移民，严格要求具有一定的俄语水平或许就没有多少实际意义。在外来移民法规不甚健全的情况下，以俄语考核标准作为是否允许劳动移民的参考标准，只能催生新的腐败。此外，鼓励侨民返俄定居计划也存在过分理想的成分。首先，有意返俄的侨民潜力已不足。截至1989年，生活在苏联其他加盟共和国的俄罗斯族人有2530万。苏联解体之后，约550万人选择离开，其中400万人回到了俄罗斯①。余下的俄罗斯族人口中，有移民愿望的不超过400万人，而且这些人也未必全部希望"返回"俄罗斯。其次，没有充分考虑移民的经济诉求，且把安置这些移民的主要责任（如解决住房问题）推给了当地政府，政策目标难以实现。按计划，2012年之前将吸纳44.32万俄侨归国。但从2006年夏天执行至今共迁回同胞6.1万人，并且仅有1/10的人定居远东地区，大部分人则选择了俄罗斯中部地区。鉴于计划实施与预期效果存在较大差距，从2009年起，该计划开始大幅收缩，当年的补贴也降至18亿卢布，而且在一些地区的补贴额度仅相当于当初计划的1/20～1/15。有关专家认为，该项目仅有利于难民迁居俄罗斯，而对其他类型的移民则不具吸引力②。

**4. 非法移民治理常常是"治标不治本"**

俄罗斯在治理非法移民问题过程中，往往侧重行政处罚，而不是从源头上寻找原因。俄罗斯非法移民问题产生的根源首先是过分的行政调控。申请外来劳动移民配额和劳动许可证需要经过冗长繁杂的行政程序，从而进一步催生了非法移民的产生。其次是灰色经济的存在。俄罗斯灰色经济无处不在，在灰色就业条件下，正式的劳动许可并不需要。最后，有关利益方是否真的希望根除非法移民值得怀疑。现实中，非法移民是块肥肉。从雇主方面看，非法移民没有注册也没有工作许可，一旦离开雇主，等待他们的将是无休止的罚款和盘

① Социальное и демографическое развитие России: Каирская программа действий: 15 лет спустя, Москва, 2010.

② А. Козенко, Гостеприимный покой. Уезжать из России нравится больше, чем возвращаться/ http: //sia. ru/? section = 410&action = show_ news&id = 235003.

剥，甚至是拘留，他们没有跟雇主谈判的任何权利，可以接受任何条件的工作，并且只能接受雇主的压榨。虽然俄罗斯对于聘用非法移民的雇主有相关处罚规定，但是雇主大多拥有广泛的关系网，在腐败问题较为严重的俄罗斯社会，法律制裁对他们形同虚设；从中介方面看，非法移民也是其盘剥的主要对象。因非法移民难以找到工作和住所，不得不求助于中介。有关资料披露，给非法移民介绍工作和寻找住所的"黑中介"每年收入约 200 亿卢布[①]；从官方来看，联邦移民署 2011 年对违反移民法的罚款收入高达 8000 亿卢布，数目之高让人迷惑：根除非法移民到底会动了谁的奶酪？

**5. 难以走出排外心理、反移民思想和民族歧视思想的藩篱**

或许是俄罗斯民族固有的思维方式，或许是媒体宣传的推波助澜，俄罗斯民众的反移民思想和民族歧视思想比较严重。2008 年 11 月，俄罗斯高等经济学校对俄罗斯居民经济状况和健康状况的追踪调查（对 1.14 万人的问卷调查）中，有两个有关俄罗斯民众对移民态度的问题。第一个问题是：俄罗斯需要什么样的移民？回答需要永久移民的占被调查对象的 15.4%，回答需要劳动移民的占 16%，两种移民都需要的占 14.4%，两种移民都不需要的高达 37.5%。第二个问题是：如果你的邻居是一个普通的移民家庭，而且来自下列国家，你的态度会怎样？调查结果显示，被调查者对同属斯拉夫兄弟的乌克兰移民比较有好感，对来自中亚的移民较容易接受，对来自高加索地区的移民较为排斥，而对来自东南亚国家的移民则较为反感。近五年来，俄罗斯民众对外国劳动移民的排斥心理更加严重。2013 年 11 月列瓦达民调中心的民调结果显示，有 73% 的受访者建议政府利用各类行政壁垒限制外国劳动移民，仅有 15% 的受访者认为应当使移民合法化并使其融入当地社会（2006 年上述两个数据分别为 53% 和 31%），54% 的受访者认为应当限制高加索劳动移民，45% 的人认为应当限制中亚国家移民，45% 的人认为应当限制中国移民[②]。2013 年 11 月 4 日"民族团结日"当天，一些民族主义者在俄罗斯各地举行游行，高喊"俄罗斯是俄罗斯人的俄罗斯"等民族主

---

[①] В. Мукомель на Заседании экспертной группы «Рынок труда, профессиональное образование, миграционная политика» от 27 июня 2011 г.

[②] http：//www.levada.ru/05 - 11 - 2013/rossiyane o - migratsii - i - mezhnatsionalnoi - napryazhennosti.

义口号，这在一定程度上显露出俄罗斯对外来移民的排外心理之深。对移民的歧视和社会排斥将会推动移民的族群认同，造成外族移民的自我隔离，形成移民亚文化圈，在一定程度上对俄罗斯社会的经济和政治稳定构成威胁。

**6. "单赢"思想作祟**

俄罗斯联邦移民署数据显示，来自独联体国家的移民每年绕过国家监管体系汇回国的款项超过 100 亿美元。联邦税务局表示，非法移民逃税给俄罗斯带来的经济损失每年超过 80 亿美元。这些数据一经媒体渲染，俄罗斯人对移民的负面印象更加强烈，认为移民给俄罗斯带来的只是经济损失。不仅如此，俄罗斯吸引外来移民政策中有优先解决本国居民就业的政策导向，更给公众造成了外来移民会抢夺俄罗斯人就业机会的假象。实际上，外来移民抢夺当地居民就业岗位的推断在现实中并不成立，相反却创造了新的就业岗位。如莫斯科市虽然接纳了大批的外来移民，但对其就业状况并没造成任何冲击。外来移民从事的是莫斯科人不能或不愿从事的工作，特别是工资水平较低的工作[1]，莫斯科市民因而获得双重收益：低工资促进了经营者的业务发展和城市经济的繁荣，同时消费者也可以享受价格较为低廉的住房、家政和其他服务。事实上，俄罗斯外来移民在就业人口中所占比重并不高。2009 年正式登记的移民数量仅占俄罗斯就业人口的 3.1%，加上非法移民也不会超过10%。根据俄联邦移民署数据进行的计算结果也证实，俄罗斯外来移民在总就业人口中所占的比重远远低于经合组织国家。如果加上非法移民（是正式登记移民数量的 2～3 倍），则外来移民也仅占就业人口的 7%～9%，低于欧洲的移民吸纳国。外国员工占总人口的比重在英国是 7.2%，西班牙为 9%，德国为 9.4%，比利时为 9.5%，奥地利为 13.1%，瑞士为 21.3%[2]。对移民为俄罗斯经济社会发展做出的贡献视而不见，希望移民 "不吃草而挤出的是奶"，离开的时候 "挥挥手不带走一片云彩"，至今这仍是很多狭隘人士的思维。

---

[1] 有关专家的调查显示，低技能外国移民的工作强度很大，每月工作时间为 240 小时，小时工资仅为 70 卢布，而俄罗斯人每月工作 141 小时，小时工资为 122 卢布。

[2] Е. Тюрюканова，Миграция — двусторонний процесс. / http：//www. opec. ru/1323969. html. 14. 10. 2010.

### 7. 吸纳外来移民政策被注入太多的外交政策内涵

利用移民选择权为外交政策服务一直是俄罗斯的习惯做法。第三世界国家目前都存在巨大的人口压力，对外移民的需求较为强劲，特别是独联体国家中的阿塞拜疆、吉尔吉斯斯坦、乌兹别克斯坦、塔吉克斯坦、土库曼斯坦等国，国民收入在很大程度上依赖在俄罗斯工作的劳动移民的汇款。2012 年，旅俄移民汇款占塔吉克斯坦 GDP 的一半，占吉尔吉斯斯坦 GDP 的 30%，占摩尔多瓦 GDP 的 15%。利用移民选择权，即俄罗斯拥有与某国签订劳动移民协定的话语权，来为外交政策目标服务，某种程度上在俄罗斯就成为顺理成章的事情。从 2010 年开始，利用移民选择权为外交政策服务的范畴有所拓展，不仅限于独联体国家。当年 11 月，总统梅德韦杰夫访问首尔期间，与韩国签署了双边劳动移民协议。协议不仅大大简化了韩国劳动移民及其家属的居留与工作手续，而且对劳动移民的社保、医保、征税和出入境等问题进行了规定，韩国员工的人身权利、人身自由和人身安全将受俄罗斯法律保护。2011 年移民政策也被用于"外交斗争"领域。同年 11 月，俄罗斯联邦移民署宣布驱逐 297 名塔吉克斯坦非法移民，以此作为对塔吉克斯坦判处一名俄罗斯飞行员八年半监禁事件的回应。同样是在 11 月，科索沃塞族人向俄罗斯驻贝尔格莱德使馆递交了申请俄罗斯国籍的签名册（2.17 万人签名），俄罗斯外交部部长拉夫罗夫随即称，俄罗斯正在研究科索沃塞族人申请俄罗斯国籍的问题，包括从法律角度，以此作为对塞族民众与科索沃维和部队爆发冲突的声援。移民政策为外交政策服务本无可厚非，但这是一把双刃剑，在广度和深度的掌控上需要技巧。

# 第二章　养老保障制度

本章以苏联时期为起点，对俄罗斯养老保障制度的历史沿革进行全面的回顾，对各个时期养老保障制度改革的主要内容和具体特点进行系统的概述，并且对俄罗斯养老保障体系发展前景进行了深入思考。

## 第一节　苏联时期的养老保障制度

谈及俄罗斯的养老保障制度，就必须对苏联时期的养老保障制度进行简要的回顾。1917 年 11 月，苏维埃政权成立之初，先后颁布了一系列社会保障条例，规定国家对劳动者和为国家做出贡献的战争伤残人员负有发放养老金和伤残抚恤金的义务。1956 年，苏联《国家退休法》开始生效，其中规定，退休养老基金来源于企业上缴的税金，由国家统一负责养老金的发放，但此时苏联的养老保障覆盖面仅限于国有企业和国家机关的员工。1965 年，苏联通过《集体农庄庄员养老金和补助费法》，将养老保障的覆盖范围扩大到集体农庄庄员。1973 年和 1974 年苏联政府又分别提高了残疾人和丧失赡养者家庭的优抚金以及伤残军人和阵亡者亲属、子女的优抚金。1987 年，苏联颁布了《进一步改善集体农庄庄员老残抚恤金待遇法》，以缩小集体农庄庄员与国有企业员工在享受社会保障待遇方面的差距。苏联的退休金分四类：职工退休金、集体农庄庄员退休金、科学工作者退休金和有特殊贡献者退休金。职工退休金额度按退休前月工资的一定比例计算，从 50% 到 100% 不等。工资越高，退休金占工资的比例越少；工资越少，比例越大。从事危险、高温、有害健康和特别繁重工作的，其退休金比一般职工高 5%。科学工作者的退休金为本人职务工资的 40%。科学院院士、通讯院士超过退休年龄而继续工作的可领取全额退休金和部分职务工资。这种建立在高度集权的中央计划经济体制基础上的国家保险型养老保障制度很快遭遇到危机。随着计划经济弊端日益显现、经济增长速度放缓、人口老龄化加剧和退休人员数量激增，国家财政负担日渐加重，这种养老保障制度逐渐难以为继。苏联不得不谋求对养老保障制度进行改革。1987 年，苏联部长会议和全苏工会中央理事会颁布《关于实行工人、职员和集体农庄庄员附加退休金自愿保险决议》，规定采取个人和国家共同集资的办法设立保险基金，保险基金一半来自个人缴纳的保险费，一半来自国家预算，在职人员自愿投保，按月缴纳保险费，退休后每月可领取 10 卢布、20 卢布、30 卢布、40 卢布、50 卢布不等的附加退休金①。这是苏联试图改革已有养老保障制度的尝试，但在计划经济体制下，职工的一切都依附于国家和企业，要打破由国家统揽一切的养老保障机制并非易事。这种改革尝试未能取得预期效果。

如上可见，苏联的养老保障模式属于典型的国家保险型养老保障制度。其主要特点可以归纳为：一是在宪法层面上把养老保障确立为公民应享受的权利之一，把养老保障制度确定为社会主义国家基本制度之一；二是苏联的养老保障制度建立在生产资料公有制基础上，并且与高度集中的计划经济相匹配；三是受按劳分配原则影响，养老保险享受条件和待遇标准与工龄直接挂钩；四是养老保障的资金来源于政府和企业，劳动者个人不负担任何社会保险费用；五是通过人民代表机构参与养老保障制度的实施与管理；六是养老保障只有基本养老金一个层次，而且不进行定期调整②。

苏联解体后，随着向市场经济的转型，俄罗斯经济和社会结构发生了重大变化，原有的养老保障制度逐渐失去了赖以存在的基础。在这种背景下，对养老保障制度进行重大改革成为必然。

## 第二节　叶利钦时期的养老保障制度改革

叶利钦时期的养老保障制度改革实质上起始于 1990 年，主要是建立了现收现付养老保险制度，并且对其进行了一系列调整。

---

① 王义祥：《俄罗斯的社会保障制度》，《东欧中亚研究》2001 年第 1 期。
② 阎坤：《国际养老保障模式及其对我国的启示》，《财政研究》1998 年第 7 期。

## 一 现收现付养老保险制度建立阶段 （1990～1997 年）

1990 年 11 月，俄罗斯通过《俄罗斯联邦国家养老金法》，并且于 1991 年 12 月，通过了独立以后的第一部《俄罗斯联邦养老基金法》。至此，俄罗斯从完全依赖国家拨款的养老金分配制度，逐步过渡到与市场经济原则相适应，由国家、企业和个人共同承担的养老金分配制度。其主要内容包括如下几个方面：一是养老保险同国家预算脱钩，通过俄联邦预算外自治养老基金（ PFR）进行管理，不得挪作他用，基金的日常开支列入政府财政预算；二是提高养老金的最低标准，实行养老金指数化，每三个月根据物价变化情况进行调整，以调节由于通货膨胀而引起的养老金水平下降；三是从完全由国家拨款的养老保障制度逐渐过渡到由国家、企业和个人三方共同承担：最初规定雇主按工资总额的 31.6% 缴纳费用，农场主按工资总额的 20.6% 缴纳，工人和公司职员按本人工资收入的 5% 缴纳，其他人员按工资收入的 1% 缴纳，但由于缴费负担过重，从 1993 年 1 月起改为企业按工资总额的 28%、个人按本人工资的 1% 缴纳；四是改革养老金的计算方式，延长养老金收入基数的期限，规定按照最后 15 个工作年的前五个月的平均收入计算养老金，新的养老金由两部分组成，一部分实行固定制，按平均收入或最低生活费标准的一定百分比发放，所有退休人员数额都相等，另一部分实行浮动制，与领取者的工龄和收入水平挂钩；五是实行"老人老办法，新人新办法"，国家对已退休职工的义务不变，但新的年轻职工将来退休时，可以从国家管理的养老退休基金获得 50% 的养老金，另一半则来自其个人退休金账户；六是国家强制的退休保险制度同自由的退休保险制度相结合，职工除了国家规定的养老保险外，还可以通过社会保险机构购买个人退休养老保险；七是 1992 年 7 月通过了《俄罗斯联邦非国家养老基金法》，设立了第一批非国家养老基金。

如上的改革方案实质上是把国家统揽式的现收现付制（ pay as you go）[①] 变为多方共同负担的现收现付制。现收现付制的实质是代际转移支付，有其自

---

① 用当代劳动者缴纳的养老费支付退休劳动者的养老待遇，当年提取，当年支付完毕，不做任何积累。

身的明显优势，如收支关系明确、资金无贬值风险、资金的保值增值压力较小以及社会互济功能强等。但其正常运行要求有合理的人口结构和稳定的经济状况做支撑。俄罗斯在经济转轨过程中出现了严重的人口危机和经济危机，导致现收现付制步履维艰。一是人口危机对现收现付养老保险制度产生消极影响。平均寿命降低导致逃避养老金缴费现象大量发生，养老金实际缴费率仅仅为16%～19%，远远低于养老保险制度规定的29%的水平；出生/死亡比率降低造成潜在缴费人口的减少；老年抚养比①过高加重了当期劳动者的缴费负担；劳动者早死率②过高和早死年龄结构的偏年轻化造成当期缴费人口的减少。二是宏观经济状况恶化致使失业人口激增，进一步加剧了养老金缴费人数的减少，而财政赤字的增加更是削弱了财政对养老金的转移支付能力。三是现收现付制存在其固有的弊端，容易割裂养老金缴费与支付之间的联系，弱化企业的缴费动机，不利于资金的筹集。正是由于这些原因，该时期俄罗斯国家养老基金③的缺口越来越大，养老金的给付出现了严重困难，不但经常出现拖欠养老金的现象，而且养老金的给付水平很低，许多地区退休人员领取的养老金低于最低生活保障线，从而使得养老保险制度的改革方案无法得到很好的贯彻与落实。为此，俄罗斯政府不得不考虑对养老保险制度进行进一步的改革。

## 二 谋求对原有现收现付制度进行政策性修正阶段（1997～2001 年）

1997 年，俄罗斯希望按照世界银行提出的"三支柱"模式对养老金体制进行根本性的改革，在财务机制上准备从现收现付制过渡到完全基金积累制。俄罗斯"三支柱"养老保障制度的具体构想如下：第一支柱是社会养老保险，提供给无力缴纳养老保险费的特困人群，由政府财政出资；第二支柱是强制养老保险，这是"三支柱"中最重要的部分，其资金来源于企业和职工的缴费和基金收益，它要求所有雇员必须加入并且为其建立个人账户；第三支柱是补

---

① 也称老年人口抚养系数。指某一人口中老年（65 岁及 65 岁以上）人口数与劳动年龄（15～64 岁）人口数之比。用以表明每 100 名适龄劳动人口要负担多少名老年人。老年人口抚养比是从经济角度反映人口老龄化社会后果的指标之一。

② 是指各年龄段现实死亡率与理论死亡率的差值。劳动者早死率过高和早死年龄结构的偏年轻化意味着当期缴费人口的减少，会造成当期劳动者缴费负担的加重和养老金总额的下降。

③ 即俄罗斯养老基金，为与非国家养老基金区分，本文统一称其为国家养老基金。

充养老保险，也称为职业年金计划或企业年金计划，它是私人管理的退休计划，由雇主自愿建立，所有工人都可以自愿参加，采用基金制的个人账户管理方式，使职工在得到基本生活保障之外可自行通过购买补充养老保险灵活调整退休后的收入。但是，鉴于当时俄罗斯国内市场体制不完善，完全放手让私人管理退休养老基金存在巨大风险，而且完全基金积累制还会让在职的一代职工背负双重压力，因为采用完全基金积累制意味着所有 30 岁以下的职工都要加入积累制，工资额的 11% 将用来向这一制度供款，因此，这项激进的改革提议最终未获政府批准。

1998 年俄罗斯金融危机爆发，工业生产遭受沉重打击，养老基金收入锐减，养老金发放拖欠现象严重。现收现付制的正常运转难以为继，陷入崩溃状态。俄罗斯不得不开始新一轮的养老金改革。1998 年 5 月，俄罗斯政府经反复磋商后达成一项妥协方案，决定将现收现付制和部分基金积累制相结合，渐进地实现向完全基金积累制的过渡。新方案的主要变化体现在第二支柱"强制养老保险"中。"强制养老保险"包括现收现付部分和积累部分：前者采用名义缴费确定型（NDC）账户形式，资金来源于国家财政和企业缴费；后者采用缴费确定型（DC）账户形式，资金来源于企业和个人缴费。达到退休年龄后，个人养老金账户的积累总额（DC ＋NDC）将转化为年金，按月发放。但是新的方案遭到议会的抵制而未能通过。

## 第三节　2000～2009 年间的养老保障制度改革

普京执政后，国内政治经济形势的稳定为重新启动养老保险改革提供了条件。2001 年年底，俄罗斯开始正式落实 1998 年提出的"三支柱"模式养老保险新方案，为此先后出台了一系列有关养老保险改革的法律：《俄罗斯联邦强制养老保险法》（第 167 号联邦法，2001 年 12 月 15 日）、《俄罗斯联邦劳动退休金法》（第 173 号联邦法，2001 年 12 月 17 日）、《俄罗斯联邦国家退休保障法》（第 166 号联邦法，2001 年 12 月 15 日）、《俄罗斯联邦税法及关于税收和保险缴费规定的增补与修正》（第 198 号联邦法，2001 年 12 月 31 日）等。俄罗斯的养老金保障体制改革进入了更加完备的有法律保障的发展阶段。

2002 年 1 月 1 日,"三支柱"型养老保险制度开始实施。该制度采用结合现收现付制和积累制二者特点的混合型财务模式,养老保险的缴费形式变为以统一社会税①的形式缴纳,标志着俄罗斯对原有现收现付的养老保险制度进行了根本性的变革②。

该阶段俄罗斯养老保障制度改革的主要内容体现在如下几个方面。

## 一  强化"第二支柱"强制性养老保险

根据上述法律规定,劳动退休金由基本养老金、养老保险金和养老储蓄金三部分构成。其中,基本养老金是硬性规定的固定数额,根据年龄、身体是否残疾、是否有受抚养人和赡养人以及受抚养人和赡养人的数量等来确定,从俄联邦财政预算资金中支出。基本养老金缴费由企业和国家共同承担,企业每月按职工工资总额的 14% 上缴(统一社会税中职工工资总额 28% 的一半),政府用这笔钱和部分财政拨款给退休人员发放基本养老金。基本养老金数额较低,但会随通货膨胀率的变化情况作相应调整。养老保险金因人而异,取决于个人的工作成效,其中包括其雇主向国家养老基金缴费后反映在其个人名义账户上的金额。养老保险金分两部分:一部分是 2002 年 1 月 1 日经核算个人应得的养老金数额加上日后指数化所得的数额,另一部分是 2002 年 1 月 1 日之后雇主为员工缴纳的养老保险费,这两部分都存入个人养老金账户。养老保险金缴费由企业负担。缴费比例根据职工的年龄和性别确定。45 岁以上女职工和 50 岁以上的男职工,缴费额为工资的 14%(农业职工为 10.3%);35～45 岁的女职工和 35～50 岁的男职工的缴费为工资的 12%(农业职工为 8.3%),35 岁以下的职工之前的缴费比例为 11%(农业职工为 5.3%)(2006 年下降到 8%,农业职工为 5.3%)。养老保险金存入每位职工在国家养老基金设立的

---

① 《俄罗斯联邦税法及关于税收和保险缴费规定的增补与修正》(第 198 号联邦法)规定,养老保险变为按统一社会税的形式缴纳。统一社会税属于联邦税种之一,类同于通常意义上的社会保障税,它把原来的三种国家预算外基金,即养老基金、社会保险基金、强制医疗保险基金的保险费合并到一起。当时规定统一社会税按工资总额的 35.6% 征收,其中 28% 用于养老基金,4% 用于社会保险基金,3.6% 用于强制医疗保险基金。之后统一社会税税率有所变动。

② *P. Кокорев*, Проблемы становления накопительной части системы обязательного пенсионного обеспечения. Фонд "Бюро экономического анализа" /http//: www. beafnd. org/.

个人账户。职工退休后，每月领取的养老金是个人账户上的资金总额除以领取养老金的总月数。当时俄罗斯政府暂时规定退休职工养老保险金的领取年限为14年。养老储蓄金缴费主要由个人承担。起初规定的缴费比例是35岁以上（1966年之前出生）的男女职工缴纳额为其工资的2%，35岁以下（1967年之后出生）的为3%，50岁以上男职工和45岁以上女职工免缴费。但从2005年开始，根据修改后的《强制养老保险法》，1966年之前出生的人员不再为养老储蓄金缴费，而1967年之后出生的人员，其养老储蓄金缴费比例占其工资的6%。企业最初也要按相同比例缴纳养老储蓄金，但为减轻企业负担，企业缴纳的比例逐年下降，而个人缴纳的比例逐渐增加。养老储蓄金也进入职工在国家养老基金中的个人账户，其中还包括这部分资金的投资收益。截至2009年年底，俄罗斯的养老保险缴费规定见表2-1。

表2-1 截至2009年年底俄罗斯的养老保险缴费比例

单位：%

| | 养老保险金缴费 | | 养老储蓄金缴费 | | 基本养老金缴费 | 养老基金缴费 |
|---|---|---|---|---|---|---|
| | 1966年之前出生者 | 1967年之后出生者 | 1966年之前出生者 | 1967年之后出生者 | | |
| 低于28岁 | 14 | 8 | 0 | 6 | 6 | 20 |
| 28~60岁 | 5.5 | 3.1 | 0 | 2.4 | 2.4 | 7.9 |
| 60岁以上 | 0 | 0 | 0 | 0 | 2 | 2 |

资料来源：俄罗斯养老基金网数据，http://www.pfrf.ru/。

## 二 落实"第一支柱"社会养老保险

作为俄罗斯养老保障制度"第一支柱"的社会养老保险，是国家提供给不能享受退休人员养老金的老年人、残疾人和丧失赡养人的社会群体的养老金。根据《俄罗斯联邦国家养老金法》第113~116条的规定，有权享受社会养老金的人群包括一、二、三级残疾人员，残疾儿童，失去单亲或双亲的未满18周岁的未成年人。此外，不能享受退休金的人员，在到达国家规定退休年龄的五年后，即男士年满65周岁、女士年满60周岁后，可以享受社会养老金。

### 三　扩大养老保险缴费人群，确立职工对养老储蓄金投资操作机构的选择权

从 2004 年开始，养老保险缴纳人群有所扩大，法律规定，自由职业者也必须缴纳个人养老保险，但与企业职工不同的是，自由职业者退休后无权领取国家发放的基本养老金，只能领取个人养老保险金。对养老储蓄金的投资操作问题也有了明确规定。从 2004 年 1 月 1 日起，职工可以自由选择国有或私营投资机构，并与其签订合同，委托其对个人的养老储蓄金进行投资操作，投资收益将纳入职工个人养老保险账户。若职工未作选择，则养老储蓄金统一归国家养老基金代为管理。

### 四　通过指数化方式不断增加养老金

从 2002 年开始，俄罗斯通过指数化方式不断增加劳动退休金。基本养老金根据物价上涨幅度做相应调整，调整幅度和调整周期由俄联邦政府决定。养老保险金指数化比例也由俄联邦政府根据当时的物价水平决定。养老保险金指数化的有关标准如下：每季度的物价上涨幅度超过 6% 时，每三个月调整一次，分别从 2 月 1 日，5 月 1 日、8 月 1 日和 11 月 1 日开始增加；每半年物价上涨幅度超过 6% 时，每六个月调整一次，从 2 月 1 日和 8 月 1 日开始实行；半年时间内物价上涨幅度低于 6% 时，每一年调整一次，从 2 月 1 日起执行。在俄联邦月平均工资年涨幅超过养老保险金年涨幅的年份，则从下一年的 4 月 1 日起根据月平均工资年涨幅补充增加养老保险金，以弥补二者之间在年涨幅上的差异。截至 2009 年年底，养老保险金历次指数化的有关情况见表 2－2。养老储蓄金从建立之后的下一年开始，于每年的 7 月 1 日实行指数化。养老储蓄金额度取决于养老储蓄金所有人选择的管理公司的投资收益率。2009 年，劳动退休金四次实行指数化。第一次是 3 月 1 日，基本养老金增加 8.7%，4 月 1 日和 8 月 1 日养老保险金分别增加 17.5% 和 7.5%。从 12 月 1 日开始，基本养老金增加 31.4%。到 2009 年年底，平均劳动退休金达到 6280 卢布，平均社会养老金与最低生活保障持平，达 4268 卢布。根据已掌握的资料，截至 2009 年 8 月，俄联邦领取养老金人员数量和平均养老金水平见表 2－3。

表 2 - 2　截至 2009 年年底养老保险金历次指数化比例

单位：%

| 指数化日期 | 指数化比例 | 指数化日期 | 指数化比例 |
|---|---|---|---|
| 2009 年 8 月 1 日 | 7.5 | 2005 年 8 月 1 日 | 6 |
| 2009 年 4 月 1 日 | 17.5（补充增加比例） | | 4.8（补充增加比例） |
| 2008 年 8 月 1 日 | 8 | 2004 年 8 月 1 日 | 6.28 |
| 2008 年 4 月 1 日 | 7.5（补充增加比例） | 2004 年 4 月 1 日 | 9 |
| 2008 年 2 月 1 日 | 12 | 2003 年 8 月 1 日 | 8 |
| 2007 年 4 月 1 日 | 9.2（补充增加比例） | 2003 年 4 月 1 日 | 12.6 |
| 2006 年 8 月 1 日 | 6.2 | 2002 年 8 月 1 日 | 9 |
| 2006 年 4 月 1 日 | 6.3 | 2002 年 2 月 1 日 | 6.5 |

资料来源：http://www.pfrf.ru/pensionres/.

表 2 - 3　截至 2009 年 8 月 1 日俄联邦领取养老金人员数量和平均养老金水平

| 养老金领取人员分类 | 2009 年 8 月 1 日养老金领取人员数量（万人） | 2009 年 8 月 1 日平均养老金（卢布） |
|---|---|---|
| 所有养老金领取人员 | 3877.6 | 5410 |
| 劳动退休金领取者 | 3587.9 | 5564 |
| 其中： | | |
| 退休养老金 | 3052.8 | 5856 |
| 残疾人养老金 | 383.4 | 4101 |
| 失去赡养者养老金 | 151.7 | 3382 |
| 国家保障型养老金领取者 | 289.7 | 3501 |
| 其中： | | |
| 军人及其家庭养老金 | 6.3 | 4541 |
| 社会养老金 | 251.9 | 3255 |
| 备注：领取两项养老金*的人员 | | |
| 战争中伤残人员 | 14 | 12999 |
| 卫国战争参战者 | 32.3 | 12969 |
| 卫国战争殉国者遗孀 | 3.3 | 9707 |
| 牺牲军人的父母 | 4.2 | 9202 |

* 两项养老金指军人领取的家庭养老金和社会养老金。

资料来源：http://www.pfrf.ru/about/。

2002～2009 年八年间实际养老金增加了近一倍，年均增幅达 9%（见表 2 - 4）。其中 2005 年增加较为明显，主要是 2005 年实行福利货币化改革，之前的实物福利转化成货币放到养老金中发放。

表 2 - 4　2002 ~ 2009 年养老保障体系主要指标

| 分类/年份 | 2002 | 2003 | 2004 | 2005 | 2006 | 2007 | 2008 | 2009 |
|---|---|---|---|---|---|---|---|---|
| 平均养老金(卢布/月) | 1379 | 1637 | 1915 | 2364 | 2726 | 3116 | 4199 | 5191 |
| **劳动退休金** | 1396 | 1660 | 1945 | 2395 | 2770 | 3168 | 4286 | 5323 |
| 其中退休养老金 | 1589 | 1906 | 2214 | 2761 | 3096 | 3971 | 4905 | 6625 |
| 残疾人养老金 | 1157 | 1363 | 1576 | 1984 | 2186 | 2879 | 3496 | 4791 |
| 失去赡养者养老金 | 793 | 1010 | 1218 | 1494 | 1693 | 2119 | 2762 | 3740 |
| **社会养老金** | 1032 | 1180 | 1296 | 1798 | 1879 | 2724 | 3007 | 4245 |
| 实际平均养老金(2001 年为100%) | 116 | 122 | 128 | 141 | 148 | 155 | 183 | 202 |
| 平均养老金与最低生活保障线之比(%) | 100 | 102 | 106.3 | 97.8 | 99.8 | 101.6 | 115.2 | 126.6 |
| 养老金替代率*(%) | 32 | 30.2 | 28.9 | 28 | 26 | 23.3 | 24.8 | 28.3 |

　　* 养老金替代率,是指劳动者退休时的养老金领取水平与退休前工资收入水平之间的比率。它是衡量劳动者退休前后生活保障水平差异的基本指标之一。养老金替代率的具体数值,通常是以"某年度新退休人员的平均养老金"除以"同一年度在职职工的平均工资收入"所得的数值。

　　资料来源：*Е. Гурвич*, Принципы новой пенсионной реформы//Вопросы экономики. 2011. №4. С. 7。

　　从 2002 年 1 月份到 2009 年 11 月份,基本养老金增加了 333%,养老保险金增加了 268%。基本养老金的指数化,35% 根据通胀率变化,65% 根据工资的涨幅；养老保险金指数化则是 57% 取决于通胀率,43% 根据工资的涨幅[①]。

## 第四节　2010 年启动的养老保障制度改革及其后的微调

　　2010 年俄罗斯启动了以"税"改"费"为主要内容的新一轮养老保障制度改革,以下将对此轮改革的深层次原因、改革目标、改革内容和存在的问题以及 2012 ~ 2013 年进行的微调进行深入分析。

---

　　① *Е. Гурвич*, Принципы новой пенсионной реформы//Вопросы экономики. 2011. №4. С. 28。

## 一 改革原因

2010 年俄罗斯启动新一轮的养老保障制度改革有其深层次原因。

### （一）俄罗斯养老保障与世界先进国家相比仍存在较大差距

尽管历经多次改革，俄罗斯养老保障与世界先进国家相比仍然存在较大差距。从养老金水平上来看，截至 2009 年 7 月，俄罗斯养老金水平仅为世界先进国家的 1/2 ~ 1/3；60% 退休人员的养老金低于或略高于最低生活保障线，平均养老金按购买力计算仅为最低生活保障线的 1.25 倍，养老金替代率仅为 23%，甚至低于 1991 年的水平（1991 年上述两个指标分别为 2.5 倍和 55%）。如果不是一些地区和大公司动用预算补贴退休人员，则情况会更糟。有关专家分析，大多数人的养老金不能达到应有的水平主要原因有三：一是大部分居民的工资水平较低；二是养老制度本身存在问题，养老金缴费率设定过低；三是俄罗斯工资收入差距过大：10% 的高工资收入者的收入占全部工资收入的 1/3 强，10% 较低工资收入者的收入仅占全部工资收入的 1.4%。从养老保障总支出占 GDP 的比例来看，俄罗斯与世界先进国家也相去甚远。2009 年俄罗斯的养老保障总支出占 GDP 的比重为 5.8%，西欧国家在养老保障上的支出平均占 GDP 的 12%，美国人口结构中退休人员所占比例比俄罗斯要少得多，但其养老保障支出也占到 GDP 的 8%。对俄罗斯来说，要使养老保障达到可以接受的水平，其养老保障支出必须占到 GDP 的 8.4% 以上。

### （二）人口老龄化压力巨大

俄罗斯养老保障体系面临挑战的根源在于人口状况。人口持续老龄化使养老保障体系的负担越来越重。主要原因是向养老金体系供款的有劳动能力的人口持续减少，而退休人员不断增加。到 2020 年，老年抚养比将从 2010 年的 35.2 增加到 45，而且这种情况还会不断恶化，到 2050 年，老年抚养比将达到 69.2（见表 2－5）。人口老龄化趋势加上经济增长过分依赖能源等资源，如果不加快推进改革，俄罗斯未来的养老金给付将会面临更加严峻的挑战。

表 2 - 5　2007～2050 年俄罗斯老年抚养比（老年人口抚养系数）

| 年份 | 人口数量(万人) | | 老年抚养比（每 100 名适龄劳动人口要负担的老年人口） |
| --- | --- | --- | --- |
| | 适龄劳动人口 | 超过劳动年龄人口 | |
| 2007 | 8980 | 2940 | 32.7 |
| 2010 | 8750 | 3080 | 35.2 |
| 2015 | 8130 | 3260 | 40.1 |
| 2020 | 7530 | 3390 | 45.0 |
| 2025 | 7120 | 3390 | 47.6 |
| 2030 | 6770 | 3330 | 49.2 |
| 2035 | 6310 | 3290 | 52.1 |
| 2040 | 5710 | 3290 | 57.6 |
| 2045 | 5070 | 3290 | 64.9 |
| 2050 | 4580 | 3170 | 69.2 |

注：表中所列为保守的人口预测，并且假定出生率和死亡率指标为常数。

数据来源：根据俄罗斯国家统计局数据、过渡经济学研究所（现在称"盖达尔研究所"）数据计算。

### （三）养老保障体系赤字运行，财政补贴难以维系

由人口老龄化趋势引发的俄罗斯养老保障体系赤字问题十分严重，如果不进一步深化改革，而是按《2020 年前俄罗斯联邦经济社会发展长期战略构想》[1] 提出的保守方案发展，到 2020 年俄罗斯养老保障体系的赤字将占到 GDP 的 6.2%[2]。如果不对统一社会税进行改革，而养老金给付水平又要保持在养老替代率约为 30% 的水平，则养老金保障体系支出在十年的时间内（2010～2020 年）就会从约占 GDP 的 4.8% 增加到占 8.2% 的水平，2020 年养老保障体系的收入占 GDP 的比重与 2007 年相比将会下降 1.9 个百分点。到 2020 年，受支出增加和收入减少的双重影响，俄罗斯养老保障体系赤字将增

---

[1]　http：//www. economy. gov. ru/wps/wcm/myconnect/economylib/mert/welcome/economy/strategyandinnovation/longtermstratdirectarea/.

[2]　*В. Назаров，С. Мурылев*，О стратегии совершенствования российской пенсионной системы/http：//www. iet. ru/files/text/other/nazarov - sinelnikov. pdf.

加到占 GDP 的 6.2%（见表 2 – 6）。因为实行养老金指数化，仅 2010 年俄罗斯养老保障体系赤字就达一万亿卢布。俄罗斯甚至开始考虑动用国民财富基金来弥补养老保障体系的赤字。当时，根据预测，到 2010 年，俄罗斯养老金给付占 GDP 的比重将超过经合组织国家的平均水平（见表 2 – 7 和表 2 – 8）。从国际比较来看，俄罗斯养老金缴费负担在 2010 年之前与成熟市场经济国家和发展中的市场经济国家相当（经合组织国家平均为 21%，见表 2 – 9）。俄罗斯养老金给付中，预算资金所占比重是一般欧洲国家的两倍[1]。尽管如此，俄罗斯的养老金水平相比发达国家和相同类型国家依旧较低。可见，俄罗斯养老保障体系整体缺乏效率。为使养老保障体系收支平衡，必须进行改革，想方设法开源节流。

表 2 – 6 2007 年和 2020 年养老保障体系的收支平衡（在 GDP 中占比）

单位：%

| 项目/年份 | 2007 | 2020 |
|---|---|---|
| 养老保障体系的支出 * | 4.8 | 8.2 ** |
| 养老保障体系收入（不包括养老储蓄金） | 3.9 | 2.0 |
| 养老保障体系的收支平衡 | – 0.9 | – 6.2 |

* 用于基本养老金、养老保险金、津贴、补助及联邦预算出资的社会养老金的给付。

** 保持养老金替代率为 30%。

资料来源：*В. Назаров*，*С. Мурылев*，О стратегии совершенствования российской пенсионной системы/http://www.iet.ru/files/text/other/nazarov – sinelnikov.pdf.

表 2 – 7 俄罗斯养老金给付（占 GDP 的比重）

单位：%

| 项目/年份 | 2007 | 2008 | 2009 | 2010 |
|---|---|---|---|---|
| 劳动退休金 | 4.2 | 4.3 | 5.9 | 7.6 |
| 社会养老金和其他联邦预算出资的养老金 | 0.3 | 0.3 | 0.5 | 0.6 |
| 退休人员补助 | 0.6 | 0.5 | 0.6 | 0.7 |
| 总　　计 | 5.1 | 5.1 | 7.0 | 8.9 |

资料来源：根据俄罗斯养老基金会的数据计算。

---

[1] *Е. Гурвич*，Принципы новой пенсионной реформы//Вопросы экономики. 2011. №4. C. 14.

### 表 2 - 8 各国养老金给付额占 GDP 的比重

单位：%

| 成熟的市场经济国家 | 现收现付制给付 | 养老储蓄给付 | 总计 |
|---|---|---|---|
| 澳大利亚 | 3.2 | 3.7 | 6.9 |
| 英　国 | 5.5 | 3.0 | 8.5 |
| 德　国 | 11.0 | 0.1 | 11.1 |
| 希　腊 | 10.7 | 0 | 10.7 |
| 爱尔兰 | 2.6 | 0 | 2.6 |
| 西班牙 | 7.5 | 0.5 | 8.0 |
| 意大利 | 11.5 | 0.2 | 11.7 |
| 加拿大 | 3.7 | 2.0 | 5.7 |
| 荷　兰 | 4.7 | 3.5 | 8.2 |
| 挪　威 | 4.6 | 1.4 | 6.0 |
| 美　国 | 5.3 | 2.9 | 8.1 |
| 法　国 | 10.6 | 0 | 10.6 |
| 瑞　士 | 7.0 | 1.0 | 8.0 |
| 瑞　典 | 6.4 | 5.3 | 11.7 |
| 日　本 | 7.4 | 0 | 7.4 |
| 发展中的市场经济国家 | 现收现付制给付 | 养老储蓄给付 | 总计 |
| 匈牙利 | 8.3 | 0.2 | 8.5 |
| 墨西哥 | 1.0 | 0.1 | 1.1 |
| 波　兰 | 10.4 | 0 | 10.4 |
| 斯洛伐克 | 6.0 | 0 | 6.0 |
| 土耳其 | 6.3 | 0 | 6.3 |
| 捷　克 | 7.2 | 0.2 | 7.4 |
| 韩　国 | 1.3 | 0.8 | 2.1 |
| 经合组织国家平均水平 | 6.5 | 1.8 | 8.3 |

资料来源：OECD Factbook 2010：Economic，Environmental and Social Statistics. OECD 2010。

表 2 - 9　2010 年各国养老金缴费比例

单位：%

| | 缴费主体 | | 总计 |
|---|---|---|---|
| | 员工 | 雇主 | |
| 发达国家 | | | |
| 澳大利亚 | 0 | 9.0 | 9.0 |
| 奥地利 | 10.3 | 12.6 | 22.8 |
| 比利时 | 7.5 | 8.9 | 16.4 |
| 英国 | 11.0 | 12.8 | 23.8 |
| 德国 | 10 | 10 | 20 |
| 希腊 | 6.7 | 13.3 | 20 |
| 爱尔兰 | 4 | 10.8 | 14.8 |
| 西班牙 | 4.7 | 23.6 | 28.3 |
| 意大利 | 9.2 | 23.8 | 33 |
| 加拿大 | 5.0 | 5.0 | 10 |
| 荷兰 | 19 | 5.7 | 24.7 |
| 挪威 | 7.8 | 14.1 | 21.9 |
| 葡萄牙 | 11 | 23.8 | 34.8 |
| 法国 | 6.8 | 9.9 | 16.7 |
| 瑞士 | 7.0 | 11.9 | 18.9 |
| 美国 | 6.2 | 6.2 | 12.4 |
| 日本 | 7.7 | 7.7 | 15.4 |
| 如上所选发达国家平均 | 7.9 | 12.3 | 20.2 |
| 发展中的市场经济国家 | | | |
| 俄罗斯(2009 年) | 0 | 20 | 20 |
| 保加利亚 | 7.1 | 8.9 | 16 |
| 匈牙利 | 9.5 | 24 | 33.5 |
| 墨西哥 | 1.7 | 7.0 | 8.7 |
| 波兰 | 11.3 | 14.3 | 25.5 |
| 罗马尼亚 | 10.5 | 20.8 | 31.3 |
| 斯洛伐克 | 7 | 20 | 27 |
| 土耳其 | 9 | 11 | 20 |
| 捷克 | 6.5 | 21.5 | 28 |
| 韩国 | 4.5 | 4.5 | 9 |
| 发展中的市场经济国家平均水平（俄罗斯除外） | 7.5 | 14.7 | 22.1 |
| 经合组织国家平均水平 | — | — | 21 |

资料来源：Ageing Report/European Commission. 2009 ；Social Security Programs throughout the World/Social Security Administration and International Social Security Association/2009，2010。

**（四）非国家养老基金运行状况堪忧**

作为对养老保障体系的补充，根据 1998 年 5 月出台的《俄罗斯联邦非国家养老基金法》，俄罗斯大力发展非国家养老基金。法律规定，公民可以和非国家养老基金签订非国家养老保障合同。此外，被保险人也可以把交由国家基金管理公司——对外经济银行进行投资的养老储蓄金，转到非国有养老基金或者私人管理公司管理，每年有一次自由选择权。可见，该法律的出台是为了提高公民未来退休金水平。在金融危机之前，与投资政策相对保守的国家养老基金相比，非国家养老基金确实能够保障养老储蓄金获得较高的收益率。2007年的数据显示，主要的非国家养老基金管理的强制养老保险金的投资收益率达11% ~ 13%，个别非国家养老基金的收益率甚至超过了如上水平①。非国家养老基金也曾一度发展迅速，根据俄罗斯联邦金融市场署的数据，到 2008 年 7月，俄罗斯有 3592985 人与非国家养老基金签订了强制养老保险合同②，仅在2008 年的前十个月就有 1136338 人把自己的强制养老保险缴费从国家养老基金转到了非国家养老基金③。尽管加入非国家养老基金者甚众，但其客户数量还是无法和国家养老基金同日而语。截至 2008 年年底，向国家养老基金缴纳养老保险费的有 6200 万人④，而向非国家养老基金缴费的人数仅相当于国家养老基金的 5%。可见，尽管处于经济稳定增长时期，非国家养老基金管理的养老储蓄金也没有达到理想的规模，主要原因在于，非国家养老基金作为市场稳定而长期参与者的身份还很难得到认同，况且很多居民由于长期形成的对强势政府的依赖心理，也懒得关心自己养老储蓄金的命运。金融危机发生后，国家养老基金为保障养老储蓄金的安全，进行的都是风险较小的投资，因而损失较小，而非国家养老基金的情况则不容乐观，在 2008 年上半年，仅有四个为非国家养老基金服务的管理公司的投资收益率超过了为国家养老基金服务的俄罗斯对外经济银行的 4.85% 的年收益率⑤。2008 年全年，非国家养老基金的

① http：//www. napf. ru/napf/303140.
② http：//www. ffms. ru/catflog. asp？ ob_ no = 137234.
③ http：//fundshub. ru/？ ID = 22213.
④ http：//www. pfrf. ru/component/option, com_ frontpage/Itemid, 120/.
⑤ http：//npf. investfunds. ru/.

养老储蓄金投资年收益率平均为 - 30%，而同期管理大量养老储蓄金的对外经济银行，其投资收益率为 - 0.46%。因此，非国家养老基金客户流失的情况时有发生。截至 2009 年 12 月，国家基金管理公司——对外经济银行管理 4524.5 亿卢布的养老储蓄金，非国有养老基金管理 717.2 亿卢布，私人管理公司掌控 127 亿卢布[①]。而且非国家养老金基金的数量也在不断减少。截至 2009 年 10 月，联邦金融市场署在册的非国家基金仅剩 169 家，与 7 月相比减少了六家，比 2009 年初时减少了 46 家。此外，非国家养老基金的实力也不均衡。20 家大型基金控制了养老储备金的 92.9%（非国家养老保障板块）和养老储蓄金的 65.4%（强制养老保险板块）。最大的非国家养老基金是"天然气基金"，几乎占据了非国家养老金市场的一半份额（2441 亿卢布的养老储备金）。因此为非国家养老基金在养老金服务市场中创造公平的竞争环境，提高其养老金投资收益率，也是进一步推动养老保障体系改革的重要动因之一。

## 二　改革目标

2008 年修订的《2020 年前俄罗斯联邦经济社会发展长期战略构想》确定了俄罗斯养老保障制度的改革目标：2009 年使平均养老金达到最低生活保障线水平，2010 年为最低生活保障线的 1.47 倍，2011 年达 2 倍，2016 年为 2.6 倍，2020 年达 3 倍；2030 年，使工龄不低于 30 年的退休人员的养老金替代率达到 40%[②]；最终使俄罗斯的养老保障水平达到欧洲标准。2008 年 11 月，时任总统梅德韦杰夫在致联邦会议的国情咨文中，又一次明确了俄罗斯养老保障体系的建设目标：一是增加未来退休人员的退休金；二是增加现有退休人员的退休金；三是激励当前在职人员养老金缴费的积极性。

## 三　改革内容

2009 年 4 月，俄罗斯政府批准了俄罗斯卫生与社会发展部提交的完善养老

---

① А. Мазунин, Пенсии будут большими, но короткими//Коммерсантъ. 15.12.2009.

② Концепции долгосрочного социально-экономического развития РФ на период до 2020 года/http：//www. economy. gov. ru/wps/wcm/myconnect/economylib/mert/welcome/economy/strategyan-dinnovation/longtermstratdirectarea/.

保障体系的改革方案，并决定从 2010 年 1 月 1 日开始实施这一方案。此次养老金改革的实质是向保险原则过渡，即公民所享受的养老金权利和养老金额度直接取决于每个人向国家养老基金的保险缴费。因为在启动此次改革之前，一些作为该轮改革铺垫的关于完善养老保障制度的法律法规已经陆续出台并生效实施，所以本部分把对这些政策法规的解读也纳入到对此次改革内容的诠释当中。

改革的具体内容可以归纳为如下几点。

**（一）取消统一社会税，实行统一强制养老保险缴费，大幅提高强制保险缴费率**

这是此次改革的中心问题，目的是使养老金收入由依靠税收收入向依靠保险收入转变。强制养老保险缴费实行统一缴费标准，不分行业，基本养老金纳入强制保险体系，由保险缴费资金账户支付（之前基本养老金赤字是由联邦预算补充），养老金总额随俄联邦养老基金收入增加成比例增加，但是每个养老人员的养老金收入增长率不能高于月均工资收入的增长率。此次强制养老保险缴费的具体方案由俄罗斯卫生与社会发展部提出的方案为蓝本。2008 年 10 月，在专门审议《2020 年前俄罗斯联邦经济社会发展长期战略构想》和《2012 年前俄罗斯联邦政府主要行动方向》的联邦政府会议上，俄罗斯时任总理普京宣布了此次养老保障制度的改革构想："取消统一社会税，改为强制养老保险缴费。2010 年对于年工资收入低于 41.5 万卢布的职工，缴费率为工资总额的 26%，加上医疗保险和社会保险缴费，总缴费率不超过工资总额的 34%。具体分配方案是：26% 纳入强制养老保险；5.1% 纳入强制医疗保险；2.9% 纳入社会保险基金。对于年工资收入超过 41.5 万卢布的部分，不要求缴纳强制养老保险费。[①]"俄罗斯卫生与社会发展部提出的 2010 年的具体缴费方案见表 2 - 10。

**（二）力争弥补历史遗留的养老金欠账**

苏联解体后，大量已经退休和临近退休的职工在旧养老金制度模式下积累的养老金权利转为养老金负债。实际上俄罗斯在 1992～1994 年间大规模私有化过程中，曾以"代金券"的形式向职工分配国有资产，希望通过向个人分配

---

① http://www.government.ru/content/governmentactivity/mainnews/archive/2008/10/01/1254237.htm.

表 2 - 10　俄罗斯卫生与社会发展部提出的 2010 年养老保障体系缴费方案

单位：%

| 年收入<br>（万卢布） | 纳入个人名义账户的保险缴费率 | | | | 基本养老<br>金缴费 | 保险缴费<br>总费率 |
| --- | --- | --- | --- | --- | --- | --- |
| | 养老保险金缴费 | | 养老储蓄金缴费 | | | |
| | 1966 年之前<br>出生者 | 1967 年之后<br>出生者 | 1966 年之前<br>出生者 | 1967 年之后<br>出生者 | | |
| 低于 41.5 的部分 | 16 | 10 | 0 | 6 | 10 | 26 |
| 高于 41.5 的部分 | 0 | | | | | |

资料来源：*В. Назаров*，*С. Мурылев*，О стратегии совершенствования российской пенсионной системы/http：//www. iet. ru/files/text/other/nazarov - sinelnikov. pdf.

国有资产来补偿已经退休人员的养老金。从理论上讲，退休人员已经得到其物化在国有资产中的养老金积累，就应该自行负责其个人账户部分，不应要求国家来承担历史欠账责任。但由于私有化过程中的权钱交易和暗箱操作，真正分配到职工手中的"代金券"并不多，同时大多数公民将分得的"代金券"以低廉的价格转让了出去。因此，俄政府的做法非但没能解决已退休者的养老金隐性债务问题，还丧失了解决这一问题可供利用的国有资源。在历次的养老保障制度改革过程中，如何合理弥补这笔历史隐性债务是摆在俄罗斯政府面前的一道难题。这次在制度设计上，提出了"返还对苏联时期已有工龄的退休人员的养老金欠账"，对 2002 年前退休的人员，将其养老金增加 10%，对于1991 年之前的工龄，每年工龄折合增加 1% 的养老金额。这当然不能完全弥补过去退休人员的损失，因为 1991 年之前，平均养老金是最低生活保障水平的2.5 倍，养老金替代率为 55%，而截至 2009 年 7 月，这两个数字分别仅为1.25 倍和 23%[①]。但俄政府在此方面做出的努力有目共睹，单就提高苏联时期参加工作人员的养老金，2010 年联邦预算就要支出 4845 亿卢布[②]。好在从2012 年开始，苏联时期参加工作的退休人员数量逐渐减少，这部分支出在GDP 中所占的比重也将逐年下降。

---

① *В. Роик*，Ловушка бедности：кто заплатит за увеличение пенсий？//Российская газета. 01. 07. 2009.

② *В. Назаров*，*С. Мурылев*，О стратегии совершенствования российской пенсионной системы/ http：//www. iet. ru/files/text/other/nazarov - sinelnikov. pdf.

### （三）继续增加养老金

从 2010 年 4 月 1 日开始，俄罗斯劳动退休金增加 6.3%，国家保障型养老金在 4 月 1 日和 7 月 1 日日均分别增加 12% 和 3.5%，到 2010 年年底，人均劳动退休金达 7902 卢布[①]。在提高养老金后，苏联时期参加工作人员的养老金平均增加 1100 卢布，年龄超过 70 岁人员的养老金平均增长 1600 ~ 1700 卢布，可以完全消除退休人员贫困问题[②]。2010 年提高养老金的举措，使得 3650 万退休人员总共增加了 4990 亿卢布收入。此外，对于收入低于最低生活保障线的退休人员，每个联邦主体都发放了养老补助金，各地区相关支出的 75% 都由联邦预算补贴。该计划惠及 570 万人，主要涵盖远东、西伯利亚和北方地区。到 2012 年年底，平均劳动退休金达 9525 卢布，平均退休养老金提高到 10145 卢布，平均社会养老金为 6240 卢布，三类养老金平均值在 2010 ~ 2012 年间的增加额分别为 3245 卢布、3528 卢布、1964 卢布[③]。

### （四）简化养老保险金重新核算程序，鼓励退休人员继续工作

为鼓励退休人员继续工作，2008 年 10 月，国家杜马一读通过第 98474 - 5 法律草案，规定实行养老保险金自动重新核算制度。根据现行的《俄罗斯联邦劳动退休金法》（第 173 号联邦法），对于领取养老保险金满 12 个月的仍在职工作的退休人员，欲进行养老保险金额度重新核算的，必须本人亲自提交申请。这在实践中意味着每个在职工作的退休人员，每年必须亲自携带书面申请到国家养老基金办理养老保险金重新核算。这不仅给在职工作的退休人员造成了麻烦，而且增加了养老基金的行政性支出。此外，第 173 号联邦法的第 17 条第 5 款还规定，养老保险金的额度，应当根据被保险人之前向养老基金会缴费后反映在其强制养老保险个人账户上的信息来进行修正。第 98474 - 5 法律草案规定，从每年的 7 月 1 日开始，将根据进入养老基金的保险缴费信息，自动重新核算养老保险金的额度，即该法律草案通过后，退休后仍在职工作的人员没有必要提交申请，要求养老保险基金重新核算养老保险金额度，因为养老基金将会自动进行核算。当然，根据公民的意愿，仍旧

---

① http://www.pfrf.ru/pensionres/.
② 即平均退休金超过最低生活保障线。
③ http://www.izvestia.ru/economic/article3135802/.

保留申请要求重新核算养老保险金额度的制度：如果公民不是从 7 月 1 日开始要求重新核算养老保险金额度，则应当向养老基金提交要求重新核算养老保险金额度的申请①。

**（五） 推行国家协同缴费制度，鼓励公民参加养老储蓄金补充缴费**

2008 年 10 月 1 日，《养老储蓄金补充保险缴费和国家支持设立养老储蓄金法》（第 56 号联邦法，2008 年 4 月 30 日）生效。根据该法，职工可以把自己的一部分工资自愿存入养老储蓄金账户，作为鼓励，国家也会把相同金额存入其个人的养老储蓄金账户，目的是增加未来退休人员的养老储蓄金。该法的第 11 款和第 15 款对自愿存入的金额和获得国家补贴的手续进行了严格的规定：一是参加人员每年自愿存入养老储蓄金账户的金额不得少于 2000 卢布；二是规定国家给予的补贴每年不超过 12000 卢布；三是对期限也有硬性规定，职工必须从 2008 年 10 月 1 日到 2013 年 10 月 1 日加入自愿养老储蓄金补充缴费体系，国家按其缴费额度在十年期限内提供相同金额的协同缴费，十年期限从职工加入自愿养老储蓄金补充缴费体系的下一年开始起算；四是规定了申请制度，职工需要向雇主提交申请，表达参加自愿养老储蓄金补充缴费体系的愿望，同时写明意欲缴纳的金额（金额不得超过法律规定的数额）。

**（六） 拓宽养老储蓄金投资渠道**

根据俄政府总理批准的《改善金融部门和个别经济领域状况的行动计划》，以及 2009 年 7 月俄罗斯总统签署的联邦法《俄罗斯联邦非国家养老基金法》和《俄罗斯联邦养老储蓄金投资法》修正案，管理国家养老基金中养老储蓄金的对外经济银行可以扩大养老储蓄金的投资渠道，这对于没有权利选择非国家养老基金和养老储蓄金管理公司的公民，无疑是件好事。因为截至 2009 年 7 月，由对外经济银行管理的养老储蓄金有 4466 亿卢布，由私人管理公司管理的有 91 亿卢布，由非国家养老基金管理的有 469 亿卢布②。之

---

① Основные направления дальнейшего реформирования пенсионног системы и их возможные результаты/http：//www. iet. ru/files/text/other/Kaz－Pens. sistema. pdf.

② Пенсии переводят на расширенный формат/http：//www. kommersant. ru/doc. aspx？DocsID＝1207662.

前对外经济银行管理的养老储蓄金只能投资国家有价证券、有国家担保的抵押债券或者存在银行账户上，只有非国家养老金管理公司有权利将其管理的养老储蓄金的20%投资俄罗斯公司债券（50%购买国债，20%存入银行）。而现在根据新的规定，投资同一证券发行人的证券比例从之前的5%增加到10%，存款的比例从之前的10%增加到25%，投资管理公司和专门托管人子公司的证券比例从之前的5%增加到10%，而投资同一债券发行人的债券比例从以前的10%增加到20%，该规定适用于非国家养老基金管理的养老储蓄金①。

2009年9月，普京签署了对2007年1月1日第63号政府决议进行修改的决定，非国家养老基金投资政策又有所放宽。非国家养老基金投资政策的变化要点主要体现在如下方面：一是非国家养老基金可以不通过管理公司，自行在证券市场进行投资；二是非国家养老基金可以把其掌握的养老储备金的80%存入银行，但是在一家银行的存款额不得超过养老储备金总量的25%；三是非国家养老基金可以参股合股投资基金，数量可以占到其养老储备金总量的70%（之前规定为50%），同时，参股为职业投资者而设的不到证券交易募集资金的合股投资基金，可占到其养老储备金总量的10%；四是允许投资同一证券发行人的证券最多可达其证券投资总量的25%（之前是10%，投资国家证券和股份投资基金的股票除外）；五是非国家养老基金可把养老储备资金总量的10%投资属于套期保值类型的封闭型合股投资基金的股份；六是可以投资公司有价证券，但该公司必须是养老基金的存款人，之前规定投资这些公司有价证券的比例不得超过养老储备金总量的5%（信用级别达到A1标准的公司的股票不超过10%），现在可以把投资比例增加至5%（信用级别达到A1标准的公司的股票可达10%），同时对投资子公司证券没有数额限制②。

---

① О внесении изменений в Федеральный закон «О негосударственных пенсионных фондах» и Федеральный закон «Об инвестировании средств для финансирования накопительной части трудовой пенсии в Российской Федерации»/http: //www. kremlin. ru/acts/4901.

② Пенсионным фондам подменяют активы: правительство утвердило новый порядок инвестирования средств// *Коммерсантъ*. 01. 09. 2009.

## 四　对此次养老保障制度改革的评价

此次养老保障制度改革方案一出台，就招致学界批评。其主要理由有如下几个方面。

### （一）企业税负增加，有导致俄罗斯经济竞争力下降的风险

尽管从 2010 年开始，强制养老保险缴费已占到工资总额的 26%，企业税收负担较之前大幅增加，但是这依然不能满足基本养老金和养老保险金的长期给付要求。俄罗斯卫生与社会发展部不得不建议随养老金给付水平的提高而相应增加保险缴费率（见表 2－11），届时俄罗斯将成为强制养老保险缴费水平最高的国家之一。俄罗斯提高保险缴费实际上是逆世界趋势而动的举措，因为各国都在想方设法降低利润税和企业劳务支出的税负，而增加消费税。此次俄罗斯养老保障制度改革之后，因强制养老保险缴费的增加，使得企业劳务支出税负水平大幅增加，远远超过法国、德国、瑞典、澳大利亚和其他发达国家[①]。增加企业雇佣工人的税收负担将导致企业劳动力成本的增加，或者导致名义工资的下降（在就业困难时期，企业为保持劳动支出水平不变往往会采用这样的措施）。此外，还可能加剧失业，特别是劳动报酬较低和劳动力技能不高人员的失业。这实际上改变了 2000 年以来俄罗斯企业劳动力成本（其中包括社会性支出）下降的趋势预期。由此可能导致俄罗斯经济竞争力的下降。

表 2－11　卫生与社会发展部建议的保险缴费率

单位：%

| 保险费率/年份 | 2010 | 2015 | 2018 | 2025 | 2030 | 2039 | 2047 |
|---|---|---|---|---|---|---|---|
| 总费率 | 26 | 27 | 29 | 30 | 31 | 33 | 34 |
| 其中 | | | | | | | |
| 基本养老金缴费 | 10 | 11 | 13 | 14 | 15 | 17 | 18 |
| 积累制缴费（进入个人名义账户） | 16 | 16 | 16 | 16 | 16 | 16 | 16 |

---

① Taxing Wage 2010. http：//www. oecd－library. org/taxation/taxing－wages－2010－tax－wages－2010－en/.

### （二） 可能产生逃税（费）问题

从各国税收体系运行经验，结合对 2001 年所得税改革和实行统一社会税改革后可能产生的效果①，俄罗斯养老保障体系的"税改费"将导致逃税（费）风险的增加。俄罗斯过渡经济学研究所（现为"盖达尔研究所"）的数据显示，提高强制养老保险缴费费率后，强制养老保险缴费减少的数量可能会占到 GDP 的 1.5% ~ 2%②。逃税（费）不仅使政府预算收入下降，而且还会产生另外一个不良后果，那就是侵害员工获取养老金的权利，因为企业倾向于采用半非法或非法的方式向员工发放工资，逃避缴纳强制养老保险费。而实际上员工也情愿接受这种发工资的方式，否则他们就要多交个人所得税，因为俄罗斯个人所得税不是采用累退税率，而是统一税率。

### （三） "税"改"费"实际上并没有改变养老保险缴费的税收性质

俄罗斯卫生与社会发展部的方案中提出俄罗斯养老保障体系向"保险原则"过渡，必须把保险费与行政性税收区别开来，保险缴费和税收上有很大的区别。但实质上卫生与社会发展部在几个问题上把保险缴费和税收的区别及其"保险原则"过分夸大了。首先，对于雇主来说，为员工缴纳强制养老保险费和纳税不存在原则性区别，强制养老保险缴费实际上可以看作是企业和劳动力市场的税收负担。其次，俄罗斯卫生与社会发展部提出的"保险缴费"与经典保险合同中"保险缴费"的含义有很大的不同，因为保险合同中所涉及的保险给付不仅要看保险缴费额度，而且要经过理算，而强制养老保险中的保险给付（即养老金给付）在很大程度上不以"保险缴费"为基础，而且养老金给付额度中还包括法定的、以前期名义工资增长率和通货膨胀率为依据计算的指数化部分。最后，基本养老金的缴费部分是纯粹的税收，因为这部分缴费不会对"被保险人"未来养老金多寡产生影响。如果说过去统一社会税中"现收现付"制部分（这部分收入用于发放基本养老金）占联邦预算中统一社会税收入的 29%，则现在实行"保险原则"之后，在总的强制养老保险费收

---

① С. Синельников-Мурылев, С. Баткибеков, П. Кадочников, Д. Некипелов, Оценка результато вреформы подоходного налога в Российской Федерации. М. : ИЭПП, 2003 (Науч. тр. № 52Р).

② В. Назаров, С. Мурылев, О стратегии совершенствования российской пенсионной системы/ http: //www. iet. ru/files/text/other/nazarov – sinelnikov. pdf.

入中，"现收现付"制部分将从 2010 年占 38.5% 增加到 2047 年的占 52.9%。由以上三点可见，"保险缴费"在很大程度上就是税收。

### （四）养老保险费管理权转移，增加企业运营负担

从国际经验来看，发达国家虽然在养老保险费管理权的归属上有所不同①，但是总体上有一个趋势，那就是社会保险税和其他税收合并，统归税务机关管理，如瑞典和英国分别于 1985 年和 1998 年进行改革，把社会保险税转给税务机关管理。俄罗斯 2000 年的税收改革正是顺应这种趋势。但是现在俄罗斯的养老保障制度改革又转而实行强制养老保险缴费，这预示着发生了养老保险费管理权的逆转，过去的模式重新回归。因为俄罗斯此次的改革方案使俄罗斯税收体制发生了重大变化，本来属于联邦预算的大量资金转而由养老基金管理，财政部和联邦税务局对此失去监控权，即对养老保险费的行政管理权从联邦税务局转移到了国家养老基金，特别是对养老储蓄金的管理成为国家养老基金的特殊职能。国家养老基金实际上在执行联邦预算的职能，不仅核算而且组织对个人的给付，甚至担负了未来的给付义务。同时，卫生与社会发展部在预算管理方面的权限也有所扩大。根据第 167 号联邦法的规定，国家养老基金不是国家权力机构，仅具有特殊的独立金融信贷机构的地位，仅在俄联邦法律规定的范围内开展业务。当然，此次改革有利于提高养老保险费的征缴力度并能定期核算缴费的数量，而这之前类似的核算仅能每年进行一次。但是在解决这个技术性问题的同时又派生出一个新问题，即对企业来讲，又增加了一个管理机构，企业的运营负担也将随之增加。

### （五）国家协同缴费制度存在诸多问题

国家协同缴费制度的政策意图是鼓励个人进行养老储蓄，但是在实施过程，逐渐发现了一些问题。

第一是吸引力的问题。首先，国家协同缴费制度规定，国家协同缴费的年限为十年，按每年国家存入个人养老储蓄金账户的最高额度 12000 卢布计算，十年的最高额度为 120000 卢布。根据《俄罗斯联邦劳动退休金法》（第 173

---

① 如加拿大、瑞典、英国、美国等国的社会保险税由税务机关管理，澳大利亚、法国、德国和日本的社会缴费则由税务机构之外的其他机构管理。

号联邦法）第 14 条第 5 款的规定，退休后的"余生"为 228 个月（19 年）。这样，养老储蓄金账户里的金额做被除数，228 个月做除数，商即为每月应领取的养老金。其次，假定养老储蓄金投资收益可以抵补通胀率对养老储蓄金的蚕食，这样一来，经过个人与国家双方的"合作"，参加养老储蓄金补充缴费的人员在退休后每月也仅可增加退休金 1000 卢布（按 2008 年价格计算）。再者，规定国家协同缴费每年不超过 12000 卢布，可以想象，参加人员都会把补充缴费的金额限制在 12000 卢布之内。最后，协同缴费制度规定，参加人员每年补充缴费的金额不得少于 2000 卢布，这对于月工资收入在 10000 ~ 15000 卢布的人员而言，国家给予的相同金额的协同缴费的吸引力并不大。

第二是养老储蓄金补充缴费制度存在具体操作上的难度。个人要进行养老储蓄补充缴费，一般通过两个渠道，一个是通过所在工作单位的财务核算部门，另一个渠道是个人通过银行转账，将资金打入养老储蓄金账户。现实中，第一种方法除了增加财务核算部门的工作量之外，其他相关行政组织问题，诸如向国家养老基金缴费、提交报表，并最终让每笔缴费反映在国家养老基金的个人名义账户上等一系列程序问题，目前还没有着落。第二种方法则要求个人在一年之内保存好所有银行单据，到年终时填写专门报表并附带单据提交国家养老基金。

第三是有关国家协同缴费的法律法规相互冲突，而且在一些问题上存在法律解释盲点。如根据《养老储蓄金补充保险缴费和国家支持设立养老储蓄金法》（第 56 号联邦法，2008 年 4 月 30 日）第 12 条的规定，对于已到退休年龄，但是没有资格领取退休养老金，则国家协同缴费可达到最高标准的四倍，即每年 48000 卢布。但是根据现行的法律，国家协同缴费仅针对有权利获得退休养老金的退休人员。又如，原来的《俄罗斯联邦强制养老保险法》（第 167 号联邦法）没有限制退休人员补交养老保险金，但是新版的第 22 条却规定，只有 1967 年以后出生的人员才向养老储蓄金缴费。再如，《俄罗斯联邦强制养老保险体系个人账户法》（第 27 号联邦法，1996 年 4 月 1 日）第 6 条规定，参加强制养老保险的所有公民的账户由三部分组成：基本账户、职业账户和专门账户，这是养老储蓄金的三个组成部分，国家参加的协同缴费进入其个人名义账户的专门账户部分，该规则适用于 1966 年之前出生的人。但是这些人的专门账户却因为受如上法规第 22 条的限制，目前仅是空账。而《俄罗斯联邦劳动退休金法》（第 173 号联邦法）第 17 条明确规定，有养老储蓄金的人都可以参加补充养老储蓄金缴费，根据这一条，每年核算劳动退休金中的养老储蓄金给付额度要加入个人名义账户中专门账户部分的补充养老储蓄金，基本的计算公式是：НЧ = НЧп + ПНп／Т（其中 НЧ 为养老储蓄金给付额度，НЧп 是核算当日确定的养老储蓄金账户余额，ПНп 表示已确定或最后一次重新核算养老保险金之后专门账户中补充养老保险金数额，Т 代表按第 173 号联邦法第 14 条第 9 款规定和如上核算之日确定的劳动退休金给付月数）。这又意味着养老储蓄金补充缴费制度把 1966 年之前出生的人排除在外，即国家协同缴费制度的覆盖范围问题（到底覆盖到哪个年龄段的公民），目前在法律法规上还存在自相矛盾的地方。

第四是关于雇主替员工进行养老储蓄金补充缴费是否也能带动国家协同缴费尚存不明确的地方。根据《养老储蓄金补充保险缴费和国家支持设立养老储蓄金法》（第 56 号联邦法，2008 年 4 月 30 日）第 8 款第 1 条规定，雇主有权决定用自有资金替员工进行养老储蓄金补充缴费。雇主替员工缴纳养老储蓄金补充缴费可以单独签订协议，或者作为补充条款写入劳动合同。在和被保险人的劳动关系终止时，雇主补充缴费相应停止。雇主补充缴费进入员工养老储蓄金账户，而且享受一系列税收优惠。在《养老储蓄金补充保险缴费和国家支持设立养老储蓄金法》通过后，俄罗斯税法典也进行了相应调整，其中规定，雇主替员工进行养老储蓄金补充缴费每年不超过 1.2 万卢布的，免征统一社会税和个人所得税。此外，企业这部分支出也免征利润税，但是必须是在工资总额的 12％ 之内。但是在这个问题上，对于雇主替员工缴费能否带动国家协同缴费，尚没有明确说法。

**（六）强制养老保险缴费门槛的设定有"劫贫济富"之嫌**

此次"税改费"方案为保险缴费设定 41.5 万卢布的年收入门槛（该门槛随工资水平的增加将实行指数化），对年收入低于或等于 41.5 万卢布的部分，实行 34％ 的费率，而对年收入超出 41.5 万卢布的部分，不征税。改革方案大幅提高强制养老保险费率的目的是实现养老保障体系的收支平衡。但是该方案有"劫贫济富"之嫌，使低收入者的负担明显加大，而高收入者负担减轻。

如果说，之前的基本养老金通过对工资收入比较高的阶层课税来获得（年工资收入超过 60 万卢布的人，其收入的 2% 要为基本养老金缴费，年收入在 28 万～60 万卢布之间的人，收入的 2.4% 为基本养老金缴费，年收入低于 28 万的人，基本养老金缴费比例是 6%），那么，此次改革后，对于年收入低于 41.5 万的人，则需要用他们工资收入的 10% 为基本养老金缴费。俄罗斯过渡经济学研究所（盖达尔研究所）的专家们对税改费前后不同工资收入水平员工的税收负担进行了测算，得出的基本结论是：对于 99% 的就业人口都意味着税收负担的增加，这些人的工资收入占所有劳动报酬总额的 94%。对年工资收入低于 28 万卢布的人来说，其税收负担增加了 31%；税收负担增加最多的是年收入为 41.5 万卢布的人，税收负担增加了 63%；年工资收入高于 241.5 万卢布的富裕人群，其每年的税收负担则下降，其中年工资收入达 600 万卢布的人，其税收负担下降约为 34%（见表 2－12）。税收负担变化不均衡造成事实上的不公平。发达国家的经验证明，富裕阶层居民通常寿命比较长，从缴费和领取养老金的比例来看，明显对富人有利，因为富人领取养老金的时间要高于穷人。

表 2－12    "税"改"费"前后员工税收负担比较

| 年工资收入<br>（万卢布） | 在所有就业<br>人口中所占<br>的比重(%) | 其工资在全社会<br>工资收入中所占<br>的比重(%) | 每个员工的总税收负担<br>（万卢布） | | 税收负担的<br>变化（%） |
|---|---|---|---|---|---|
| | | | 统一社会<br>税纳税额 | 强制养老<br>保险缴费额 | |
| < 28 | 67 | 35 | 0～7.28 | 0～9.52 | 0～31 |
| 28～41.5 | 16 | 19 | 7.28～8.63 | 9.52～14.11 | 31～63 |
| 41.5～60 | 9 | 16 | 8.63～10.48 | 14.11～14.11 | 63～35 |
| 60～241.5 | 8 | 24 | 10.48～14.11 | 14.11～14.11 | 35～0 |
| 241.5～600 | 1 | 6 | 14.11～21.28 | 14.11～14.11 | 0～－34 |

资料来源：根据俄罗斯国家统计局、俄罗斯经济发展部、过渡经济学研究所数据计算。转引自 *В. Назаров, С. Мурылев, О стратегии совершенствования российской пенсионной системы/http: // www. iet. ru/files/text/other/nazarov - sinelnikov. pdf.*

**（七）强制养老保险缴费收入门槛的设定缺乏对地区差异的考虑**

强制养老保险缴费收入门槛设为年工资收入 41.5 万卢布（即月工资收入

为 35000 卢布)，工资收入超过该水平的部分不缴强制养老保险费，而年工资收入低于该数额的部分按 26% 的费率缴纳强制养老保险费。41.5 万卢布的工资收入水平的设定显然缺乏对地区收入差距的考虑。对于俄罗斯这样一个地区收入差距较大的国家来说，这种改革方案某种程度上存在欠妥的问题。仅以 2009 年 10 月为例，俄罗斯人均货币收入的地区差距高达 8.4 倍，最高的莫斯科为人均 46865 卢布/月，而最低的印古什共和国人均仅有 5557 卢布/月。

当然，根据计算，26% 的缴费率会大幅减少养老保障体系的赤字，到 2020 年，赤字占 GDP 的 2.5%，到 2040 年则只占 GDP 的 1.5%。在费率降低 20% 的情况下，2020 年养老保障体系的赤字将占 GDP 的 3.3%，2040 年将占 2.3%[①]。

## 五　2012～2013 年对养老金缴费率进行微调

鉴于对 26% 的养老金缴费率一直存在争议和批评之声，俄罗斯政府对 2012～2013 年的养老金缴费率进行了调整，从 26% 降到 22%。2012 年的缴费门槛设定为年收入 51.2 万卢布。2013 年的缴费门槛为 57.3 万卢布（每年进行调整），不超过收入门槛的部分按 22% 的费率缴纳，超过部分按 10% 费率缴费。其中对于 1966 年以前出生的公民，16% 的缴费进入养老保险金账户（个人名义账户）；1967 年以后出生人群的缴费中，10% 进入养老保险金账户（个人名义账户），6% 进入养老储蓄金账户（个人积累账户），余下的 6% 不计入个人账户，作为基本养老金缴费，为每个公民提供最低的基本养老金保障（见表 2－13）。基本养老金给付金额根据通胀水平、联邦预算状况以及联邦养老基金的资金情况定期调整；分为退休养老金、残疾人养老金和失去赡养者养老金等主要类型，并根据其他参照条件（如被赡养人数量、残疾等级等）各有不同。退休养老金的领取条件是，男性 60 岁，女性 55 岁，至少参加保险五年。残疾人养老金和失去赡养者养老金的领取条件分别是参保人出现残疾或参保人死亡。

---

① *Т. Омельчук*, Обеспечение долгосрочной устойчивости пенсионной системы России//Вопросы экономики. 2011. №11. С. 150.

表 2 - 13 2013 年俄罗斯劳动养老金缴费率

单位：%

| 年收入<br>（卢布） | 纳入个人名义账户的保险缴费率 | | | | 基本养老金<br>的缴费 | 保险缴费<br>总费率 |
| | 养老保险金缴费 | | 养老储蓄金缴费 | | | |
| | 1966 年之前<br>出生者 | 1967 年之后<br>出生者 | 1966 年之前<br>出生者 | 1967 年之后<br>出生者 | | |
| 低于 57.3 万<br>的部分 | 16 | 10 | 0 | 6 | 6 | 22 |
| 高于 57.3 万<br>的部分 | 10 | | | | | |

养老金给付额度的计算公式为：

$$\frac{养老保险金（个人名义账户）}{228} + 3610.31 + \frac{养老储蓄金（个人积累账户）}{228}$$

其中 3610.31 卢布为养老保险金的基本固定额度，随养老保险金浮动变化，目前为该数值，养老保险金和养老储蓄金根据退休时的个人账户余额，按19 年即 228 个月的预期发放时间计算每月给付额。

从 2012 年开始，按劳动合同在俄罗斯工作的外国人和无国籍人士也必须向养老基金缴费。雇主按雇佣俄罗斯籍员工的标准缴费。但是受邀来俄罗斯工作的、年工资收入超过 200 万卢布的高级经理人，以及年工资收入超过 100 万卢布的科研人员和教师不用缴费。

对个体经营者养老金缴费也做出了相应调整。从 2013 年开始，俄罗斯提高个体经营者养老金缴费额。养老金缴费额为每年 32479 卢布（月均最低劳动报酬的两倍乘 12 个月，缴费率为 26%），医疗保险缴费额为 3185 卢布（月均最低劳动报酬乘 12 个月，缴费率为 5.1%），两项相加共计 35664 卢布，相当于2012 年的两倍（2012 年个体经营者的缴费合计共 1.72 万卢布）。35 万个体经营者在 2013 年第一季度宣告歇业（占个体经营者总数的 9%）。"俄罗斯支柱"①

---

① 全俄中小企业家成立的社会组织约有 40 万企业家参加，囊括 143 个产业工会、协会，其分支机构遍布俄罗斯 81 个联邦主体。

"俄罗斯商务"① 等组织认为，政府计划增加 500 亿卢布的养老金缴费和医疗保险缴费目标会落空，因此反对该项规定。经济发展部和农业部也支持中小企业的意见。政府和上下两院经过多次讨论，2013 年 7 月 5 日最终决定：从 2014 年起对年收入少于 30 万卢布的个体经营者，养老金缴费按年均最低劳动报酬的 26% 征收，医疗保险缴费按 5.1% 征收，两项相加共计约 1.94 万卢布；收入高于 30 万卢布的，30 万卢布以下部分的收入按最低劳动报酬的 26% + 5.1% 征收，30 万卢布之上部分的收入按 1% 征收，缴费上限不高于最低劳动报酬的八倍乘以 31.1%，按现行的最低劳动报酬标准，则最高缴费金额为 15.54 万卢布，即年收入超过 1390 万卢布以上部分不用缴费。收入信息由税务部门向养老基金提供，若经营者未向税务部门提供收入信息，则按八倍最低劳动报酬标准征收。

此外，俄罗斯总理梅德韦杰夫责成俄经济发展部、俄财政部、俄劳动部考虑为新的个体企业提供两年宽限期，免去所有税种和社会保险的缴纳义务。

## 六　养老储蓄金投资基础设施项目

2013 年 4 月俄罗斯开始允许在国家担保的条件下，以发行基础设施债券的方式，使用养老金储蓄来建设大型基础设施项目。2013 年计划从养老金储蓄中划拨 4400 亿卢布（约合 147 亿美元）进行基础设施项目投资。6 月俄罗斯铁路公司出售了 250 亿卢布（约合八亿美元）基础设施建设债券，期限为 30 年，优惠期六个月，不可流通。投资方为俄对外经济银行管理的养老基金，这是该基金首次向国有企业投资。

## 七　2015 年起将采用积分制的劳动养老金给付额度计算公式

2013 年 12 月，俄罗斯国家杜马三读通过了新的劳动养老金给付额度计算公式。从 2015 年 1 月 1 日起，将采用积分制公式计算劳动退休金给付额度。劳动养老金的给付条件是男性公民年满 60 周岁，女性公民年满 55 周岁，2024

---

① 属于全俄社会组织。目前有 72 个地区分支机构和 38 个行业分支机构。

年起，养老金缴费年限不得低于 15 年（从 2015 年开始，缴费年限不得低于六年，之后每年增加一年，从 2024 年起不低于 15 年），个人养老金积分不得低于 30 分（从 2015 年初起，基础积分为 6.6 分，之后每年计 2.4 分，到 2024 年积分达 30 分）。从 2015 年 1 月 1 日起，对于生育第四胎的，孩子一岁半之前的时间计入养老缴费年限，这段时间的个人养老金积分按每年 5.4 分计算。2015 年每个积分折合 64 卢布，积分折合的卢布数值根据通胀率每年进行调整。此外规定，外国公民和无国籍者也可以领取社会养老金，但是在俄罗斯生活的时间应当不少于 15 年。

## 第五节　养老保障制度进一步改革的方向

通过不断试错与调整，俄罗斯"三支柱"养老保障体系的轮廓已经较为清晰。第一支柱为国家养老保障，主要包括社会养老金、军人及其家庭养老金。社会养老金提供给不能享受劳动退休金的老年人、残疾人和丧失赡养人的社会群体；军人及其家庭养老金由国家提供给战争中伤残人员、卫国战争参战人员、卫国战争烈士遗孀和父母等。资金来源是预算转移支付，养老金给付金额相对固定，但也会不定期增加。第二支柱为劳动养老保障，属于强制性质，覆盖所有受雇人员（包括公务员、公私企业雇员和农民）和自雇人员，分为基本养老金、养老保险金和养老储蓄金三个部分，由雇主缴纳，纳入国家养老基金。第三支柱为私人养老金，是自愿性补充养老保险，纳入非国家养老基金。非国家养老基金是独立的法人实体，既有待遇确定型，也有缴费确定型，但以后者为主；可以是个人账户，也可以是统一账户；资金既可来源于雇主缴费，也可来源于个人缴费；养老金给付方式一般是终身年金或有期限年金，不允许一次性提取。

可以说，截至目前，俄罗斯的养老金改革取得了一定的成效：退休人员的生活水平提高到各联邦主体确定的最低生活保障线之上；根据国际标准为未来退休人员获取养老金创造了经济和法律前提；退休金水平有了明显提高：2012 年与 2002 年相比，俄罗斯名义平均退休金增加了 5.5 倍，实际增加了 1.8 倍，退休金与最低生活保障线之比从 1.084 倍增加至 1.798 倍；养老金替代率从

34%增至 36.8%[①]。

尽管俄罗斯养老金缴费率依旧远远高于经合组织国家 16.8% 的平均水平，养老基金还是不能做到收支平衡，现行的养老体系难以维系其长期稳定。2012年养老基金的赤字已达一万亿卢布，占 GDP 的 2%[②]。现行养老保障体系存在的问题主要有以下几点。

第一是大量灰色收入未能纳入养老金缴费体系。俄罗斯现代发展研究所顾问马斯列尼科夫估计，俄罗斯"影子经济"规模是发达国家的 1.5～2 倍。对于在"影子经济"部门工作的人员，俄罗斯政府主管社会问题的副总理戈罗杰茨认为有 3800 万人，占适龄劳动人口的 44%。同期社会研究所的问卷调查显示，51% 的受访者表示在做兼职，其中仅有 20.2% 与雇主或者相关机构签署了正式劳动协议。因此，俄罗斯人的隐性工资收入数额巨大，而且不断增加，2000～2012 年这部分占 GDP 的比重从 11.09% 增至 14.28%（见表2－14）。有关专家估计，如果对该部分收入征收养老保险费，则养老保障体系会增加 1.4 万亿卢布的收入，而 2013 年养老保障体系的赤字为 1.1 万亿卢布。

表 2－14　2000～2012 年俄罗斯人的隐性工资收入

| 年　份 | 2000 | 2002 | 2004 | 2006 | 2007 | 2008 | 2009 | 2012 |
|---|---|---|---|---|---|---|---|---|
| 隐性工资收入（亿卢布） | 8100 | 12490 | 19950 | 34500 | 44500 | 52000 | 57900 | 64500 |
| 工资总收入（亿卢布） | 13670 | 26480 | 39730 | 61370 | 79840 | 102420 | 106070 | 117950 |
| 隐性工资收入在工资总收入中占比（%） | 59.25 | 47.17 | 50.22 | 56.21 | 55.74 | 50.77 | 54.59 | 54.68 |
| 隐性工资收入占 GDP 的比重（%） | 11.09 | 11.54 | 11.72 | 12.82 | 13.38 | 12.60 | 14.91 | 14.28 |

资料来源：А. Соловьев，Актуальный прогноз долгосрочного развития пенсионной системы России//Экономист. 2012. №6. С. 49。

---

[①] Стратегия долгосрочного развития пенсионной системы Российской Федерации，утверждена распоряжением Правительства Российской Федерации от 25 декабря 2012 г. № 2524 - р.

[②] Кудрин посоветовал власти начинать поднимать пенсионный возраст уже сейчас/http: www.polit.ru/news/2012/01/19/kudrin/.

第二是退休年龄偏低问题。2005 年之后，世界上很多国家的平均退休年龄为 65 岁，不分男女。仅有为数不多的国家，如阿尔及利亚、约旦、伊朗等国，退休年龄为男性 60 岁，女性 65 岁①。截至 2009 年，与世界主要国家相比，俄罗斯目前的退休年龄偏低，男性和女性分别是 60 岁和 55 岁，经合组织国家平均退休年龄是男性 65 岁，女性 63 岁，新兴市场经济国家的平均退休年龄男性和女性分别是 63 岁和 60 岁。此外，俄罗斯人领取退休金只要有五年的工龄就可以，远远低于其他国家约为 20 年的标准（见表 2 - 15）。

表 2 - 15　各国退休年龄比较

| 国　　家 | 标准退休年龄（2009 年） | | 工龄要求（年） | |
|---|---|---|---|---|
| | 男性 | 女性 | 男性 | 女性 |
| 发达国家 | | | | |
| 英国 | 65 | 60 | 44 | 39 |
| 希腊 | 65 | 60 | 12 | 12 |
| 德国 | 65 | 65 | 5 | 5 |
| 西班牙 | 65 | 65 | 15 | 15 |
| 意大利 | 65 | 60 | 18 | 18 |
| 法国 | 60 | 60 | 40 | 40 |
| 美国 | 66 | 66 | 10 | 10 |
| 日本 | 65 | 65 | 25 | 25 |
| 发达国家平均 | 64.5 | 62.6 | 21.2 | 20.5 |
| 新兴市场经济国家 | | | | |
| 俄罗斯 | 60 | 55 | 5 | 5 |
| 阿根廷 | 65 | 60 | 30 | 30 |
| 巴西 | 65 | 60 | 15 | 15 |
| 委内瑞拉 | 60 | 55 | 14 | 14 |
| 匈牙利 | 62 | 61 | 15 | 15 |
| 墨西哥 | 65 | 65 | 24 | 24 |
| 波兰 | 65 | 60 | 25 | 20 |
| 土耳其 | 60 | 58 | 20 | 20 |
| 捷克 | 62 | 60 | 10 | 10 |
| 智利 | 65 | 60 | 10 | 10 |
| 南非 | 65 | 60 | — | — |
| 韩国 | 60 | 60 | 20 | 20 |
| 新兴市场经济国家平均 | 63.1 | 59.9 | 18.3 | 17.8 |

资料来源：Pensions at a Glance；Social Security Programs throughout the World。

①　Э. Уайтхауз, Пенсионная панорама. Пенсионные системы 53 стран. М.：Весь мир, 2008.

不仅如此，俄罗斯还存在大量人员提前退休的情况。专家估计，俄罗斯 1/3 的退休金发放给了提前退休人员，这些人占俄罗斯人口的 1/4。他们早于标准年龄 5 ~ 10 年退休，多是在有害工作环境中和在恶劣气候条件下工作的人员。总体算下来，俄罗斯的平均退休年龄男性为 54 岁，女性为 52 岁[①]。按俄罗斯人当前的预期寿命计算，俄罗斯男性在退休后平均能领取 15 年退休金，而女性平均为 25 年。美国上述两个数据分别为 16 年和 18 年。目前，俄罗斯能活到 60 岁的男性和女性分别占 60% 和 90%，美国分别为 77% 和 86%。俄罗斯男性每十年工龄平均能领取三年多养老金，女性为七年多，美国则分别为 3 ~ 4 年和 4 ~ 7 年[②]。根据预测，2016 年退休人员（女性年龄在 55 岁以上，男性年龄在 60 岁以上）退休后平均还能活 22.1 年，2030 年达 22.5 年。与此同时，就业人员减少，到 2030 年就业人口将降至 4080 万。届时，领取养老金人员与养老保险费缴纳人员的数量将基本相当[③]。

第三是养老储蓄金收益率堪忧。截至 2010 年年底，由国家管理公司（对外经济银行）和私人公司（截至 2010 年年底有 60 家）管理的养老储蓄金分别占 97.5% 和 2.5%。但是养老储蓄金的年收益率堪忧，特别是由国家管理公司管理的养老储蓄金收益率多数年份低于通胀率（见表 2 - 16）。

表 2 - 16　国家管理公司和私人管理公司管理的养老储蓄金收益率

单位：%

| 年　份 | 2004 | 2005 | 2006 | 2007 | 2008 | 2009 | 2010 | 2011 |
|---|---|---|---|---|---|---|---|---|
| 国家管理公司 | 7.33 | 12.18 | 5.67 | 5.28 | - 0.46 | 9.52 | 8.39 | 5.69 |
| 私人管理公司 | 4.79 | 21.92 | 20.91 | 5.70 | - 27.44 | 35.11 | 15.31 | - 1.69 |
| 通胀率 | 11.7 | 10.9 | 9 | 11.9 | 13.3 | 8.8 | 8.7 | 6.1 |

资料来源：俄罗斯国家统计局数据。

---

① *И. Рубанов*，Отодвинем старость подальше//Эксперт. 2009. №42. С. 23.

② *И. Рубанов*，Отодвинем старость подальше//Эксперт. 2009. №42. С. 15.

③ *А. Соловьев*，Актуальный прогноз долгосрочного развития пенсионной системы России//Экономист. 2012. №6.

国家养老基金未能成为有效的投资者，不仅没有完成使养老储蓄金增值的使命，甚至连保值都未能做到，它仅仅作为操作者，用行政的方式把国家预算资金发放到一个个退休者手中①。当然，养老储蓄金收益率偏低主要与俄罗斯整体投资环境不佳有关。在俄罗斯，无论是国家还是私人企业都无力实施大型投资计划并获得长期贷款。俄罗斯固定资产投资中，银行贷款仅占 9.5% ~ 10.4%，经济主体主要进行短期投资，近年来，短期投资在投资总量中所占比重在 76.4% ~ 82.8% 之间②。

第四是养老保障体系未能充分发挥社会保障功能。养老保障体系更多的应当是给失去劳动能力者提供最低生活保障，即履行社会义务，而非拉平公民整个生命周期的生活水平。但从社会保障角度看，俄罗斯养老保障体系的效率不佳，因为仅有 20% 的基本养老金提供给了最需要的退休人员，1/3 以上的基本养老金是由收入水平高于收入中位数的退休人员获得，而且 2010 年新一轮养老保障体系改革后，较富裕的退休人员领取的基本养老金所占比重进一步上升③。

可见，因为对养老金缴费年限规定较为宽松、存在大量非正规就业、退休年龄偏低、30% 的劳动者提前退休、缴费和养老金获取权的不匹配等原因，加之灰色就业和退休人员工作的现象普遍存在，使得 2012 年俄罗斯养老金领取者和养老保险费缴纳者之比为 1:1.2，其中 1/6 的联邦主体上述比例不足 1:1，远远超出 1:2 的阈值。2020 ~ 2030 年养老储蓄金的缴费增加幅度将不大，但是给付却将达到最大值，老年抚养比指标将不断恶化。根据俄罗斯经济与社会发展部的长期经济社会发展构想的预测，到 2020 年俄罗斯人的预期寿命将增加到 72 ~ 75 岁，1967 年之后出生的人将陆续退休，俄罗斯退休人员将占总人口的 40%，届时将是俄罗斯养老保障体系最困难的时期。根据《俄罗斯联邦养老体系长期发展战略》的预测，到 2030 年，养老金很难维持在社会最低生活保障线的 2.5 倍，养老金替代率也将下降，从而将会造成很多退休人员进入低收入者行列。为维护养老金体系的运行，联邦预算的转移支付占 GDP 的比

① Д. Фомин, Актуальные вопросы пенсионной системы//Экономист. 2012. No6. C. 67.
② Финансы России. 2010. Статистический сборник. М.: Росстат, 2010. C. 338 – 342.
③ Е. Гурвич, Ю. Сонина, Микроанализ российской пенсионной системы//Вопросы экономики. 2012. No2.

重将增加三个百分点。相关学者的预测相对较为保守，但从 2015 年之后，强制养老保险体系的赤字占 GDP 的比重均在 2% 以上（见表 2 - 17）。

表 2 - 17　俄罗斯强制养老保险体系的赤字

| 赤字/年份 | 2014 | 2015 | 2020 | 2030 | 2040 | 2050 |
|---|---|---|---|---|---|---|
| 赤字总量（万亿卢布） | - 1.70 | - 1.82 | - 3.23 | - 7.07 | - 13.19 | - 21.38 |
| 赤字占 GDP 的比重（%） | 1.8 | 2.0 | 2.2 | 2.2 | 2.2 | 2.3 |

资料来源：*А. Соловьев*，Актуальный прогноз долгосрочного развития пенсионной системы России//Экономист. 2012. №6. С. 51.

综上所述，俄罗斯养老保障体系进一步改革势在必行，不容拖延。2012 年 12 月，俄联邦政府第 2524 号政府令批准了《俄罗斯联邦养老体系长期发展战略》（以下简称《战略》），明确了俄罗斯保障养老体系发展的主要目标和重点方向。《战略》确定了养老体系的两个总体目标：一是使养老保障水平达到社会可以接受的水平；二是保证养老体系的收支平衡并保持其长期稳定。具体目标是：养老金替代率达 40%；鼓励中产阶级参加公司和私人养老保险体系，以此保障中产阶级养老金水平达到可以接受的水平；退休金不低于退休人员最低生活保障线的 2.5～3 倍；各类从事经济活动的雇主按统一费率缴纳养老保险费，并使其保费负担维持在可以接受的水平；养老金获取权与资金来源相匹配；针对不同收入群体实行"三支柱"养老保险体系，把中高收入群体纳入自愿养老保险和非国家养老保障板块；提高养老储蓄金收益率。战略实施方向包括：完善缴费制度；改革提前退休制度；改革养老储蓄金制度；发展公司养老保险；养老金权利与缴费义务匹配；完善强制养老保险管理体系；发展养老保障范围内的国际合作。养老金战略的实施主体为劳动与社会保障部、财政部、经济发展部和养老基金。

俄罗斯战略研究中心主任 M. 德米特里耶夫对《战略》进行了解读。他认为，《战略》的要点有二：一是 2014 年起养老储蓄金账户[①]的缴费率将从 6% 降至 2%，其他的 4% 由公民自行决定，或者继续放在养老储蓄金账户，抑

---

① 目前仅为 1967 年之后出生的人设立养老储蓄金账户。

或进入养老保险金账户；二是规定，只有工龄满 40 年才可以领到"全额"养老金，2030 年之后，工龄满 45 年者才可以领到"全额"养老金。这将意味着大多数人很难获得"全额"养老金。因此这不仅不能产生对居民"延长"工龄的激励，相反却鼓励居民"提前"退休，因为即使多工作几年也并不能领取"全额"养老金。由此一来，会产生大量的退休人员（按现行的退休年龄标准，到 2025 年退休人员将增加 500 万，之后还会继续增加）。

对于是否还应设立养老储蓄金账户的问题，存在很大的争议。"ФинЭкспертиза"咨询公司的经济学家经计算得出的结论是：把钱存在银行比放在养老储蓄金账户上更有利。银行存款始终是居民自己的财产，可以自由支配，养老储蓄金在居民退休时有可能"被蒸发掉"。政府第一副总理舒瓦洛夫、经济发展部前部长 A. 别洛乌索夫和财政部部长 A. 西卢阿诺夫支持养老储蓄金继续存在。盖达尔研究所、高等经济学校、战略研究中心、经济专家组、工业和企业家联合会、世界银行、经合组织的专家、投资银行的经济学家、储蓄银行和对外经济银行行长都持相同态度。

事实上在如何维系未来养老保障体系正常运行的问题上，俄罗斯面临三个选择。一是持续增加预算拨款。目前俄罗斯预算用于养老保障的支出已约占GDP 的 8%[①]，而经合组织国家平均为 7.1%[②]。专家测算，2020 ~ 2030 年，要保持养老金替代率为 30% 的水平，即使企业的社会性支出保持极高水平，联邦预算支持养老金体系运转的费用也将占到 GDP 的 4%[③]。二是不断提高养老保险缴费率。三是不得不提高退休年龄。归根结底是养老保障体系的增收节支问题。三个选择中，增加预算拨款可能会使联邦预算不堪重负，产生预算风险，而继续提高养老保险缴费率则面临很大的政治风险，提高退休年龄相对风险较小，但也需要审慎操作。

研究机构和学者对养老保障体系进一步改革提出了相应看法。盖达尔研究所专家 B. 纳扎罗夫认为，应当结合后工业化社会特点审视俄罗斯的养老保障

---

① 根据俄罗斯养老基金的数据，2010 年和 2011 年养老金给付额分别占 GDP 的 8.2% 和 7.5%。

② OECD 国家 2010 年养老保障支出估算/http：// stats. oecd. org/。

③ *В. Назаров，С. Мурылев，О стратегии совершенствования российской пенсионной системы/* http：//www. iet. ru/files/text/other/nazarov – sinelnikov. pdf.

体系。现代意义上的靠员工工资缴纳保险费支撑的国家养老保障体系起源于 19 世纪末的欧洲发达国家，目的是缓解工业化时代老一代人的生活压力。俾斯麦治下的 1889 年，德国政府建立了养老保障体系，规定年满 70 岁的人员可以领取国家退休金，当时德国人的平均寿命仅为 45 岁。1908 年英国实行养老保障制度时，规定退休年龄为 70 岁，英国人当时的平均寿命为 50 岁。该体系下的养老金替代率，即国家养老金和平均劳动报酬之间的比例关系是测度老年人社会保障水平较好的指标。由于工业化社会多数居民子女较少，而且也没有富裕到能够靠个人养老积累安度晚年的程度，因此老年人社会保障水平使用 40% 的养老金替代率，该标准由国际劳工组织于 1952 年在第 102 号《社会保障最低标准公约》① 中提出。应当说，40% 的替代率是针对一个比较典型的养老金领取者，即其妻子也需要靠其退休金生活。当然，当时的养老保障体系并未对预算构成威胁。第二次世界大战后，情况发生了较大的变化，各国竞相降低退休年龄，发达国家平均退休年龄从 1950 年的 66 岁降至 1990 年的 62 岁；其次是低出生率和低死亡率造成人口老龄化。各国为了维持之前的 30% ~ 40% 的养老金替代率，养老保障体系不得不赤字运行。

在后工业化时代维持 30% ~ 40% 的养老金替代率事实上已经没有必要。主要原因是家庭中夫妻双方都在工作，增强了家庭财务状况的稳定性。如果说 1952 年一个人的退休金需要维持自己和妻子的生活需要，到 20 世纪末的时候，许多欧洲国家的妇女都有自己的退休金，而且通常夫妇两人都工作的情况下可能会有一定的积蓄。这种条件下，要衡量老年人的福利状况，还必须补充使用其他两个指标：一是最低退休金及平均退休金与最低生活保障之比；二是退休之前的平均收入与退休之后的平均收入之比。而且后一个指标更能客观地反映老年人的富裕程度，因为除了退休金之外，他可能还有其他的收入，如财产性收入等。比较富裕的老年人，其非退休金收入可能会远远超过其退休金收入。

在现代俄罗斯，养老金替代率也不是测度老年人富裕程度的理想指标。比如工资收入水平比较低的人，其养老金给付水平仅处在最低生活保障线之上，

---

① C102 Social Security (Minimum Standards) Convention, 1952, Article 1 and Schedule to part 11.

但是其养老金替代率可能会很高。又比如说农业工作者，现在拥有最高的养老金替代率，但这并不意味着该阶层的社会保障水平高。因为评价老年人的社会保障水平还必须考虑其获得的非货币化福利，如免费医疗、免费药品供应、免费交通和其他优惠。而农业人口尽管名义退休金比较高，但是相比城市退休人员，他们无法获得相应的社会福利，从预算中获得的社会性资助也较少，因此社会保障水平并不高。还有就是城市中的高收入居民，他们能够获得相对较高的退休金，但是其养老金替代率却无法达到应有的水平。可见，俄罗斯从短期来看（2009～2010年），在劳动收入下降和国家履行养老金给付义务的情况下，养老金替代率上升，但是这并不意味退休人员福利的改善；而从中期来看，却有可能出现养老金替代率下降，而退休人员福利水平增加的情况。

而且养老金对老年居民的覆盖程度问题也应当换一个视角来看。如果大多数居民除了养老金以外没有其他的收入来源，则养老金应当覆盖100%的居民，否则养老金就应当侧重对贫困退休人员的给付，使他们的收入水平达到最低生活保障线水平。因此，养老金替代率对不同阶层公民应当有所差别，对贫困阶层可以高一点，对富裕阶层可以低一点。

B. 纳扎罗夫主张养老保障体系应针对不同年龄段人群进行区别设定：对于已退休者，保持其养老金的购买力，提高医疗和社会服务质量；对即将退休者，鼓励暂时放弃领取养老金，并用增加未来养老金给付作为补偿；对于中年人和年轻人，提高养老储蓄金的收益率，提高退休年龄并且提高领取养老金的工龄要求；对于刚走向工作岗位的人，引导其自愿储蓄和增加人力资本投资，用以取代传统的养老保障体系。具体做法包括：①结合预期寿命增加的事实计算养老保险金，细化养老金指数化规则；②鼓励更多的人自愿推迟退休；③减少"危险工作环境"问题，减少提前退休人员比例，规定退休金给付的最低工龄，对1967年之后出生的人逐步提高退休年龄；④1967年之前出生人员的退休金给付可以动用一般税收、自然资源税、国有资产私有化收入、储备基金来解决，甚至可以采用增加增值税的方法①。在后工业化社会应当把传统的养

---

① *B. Назаров*, Будущее пенсионной системы: параметрические реформы или смена парадигмы? //Вопросы экономики. 2012. №9.

老保障体系变为私人自愿保险体系，国家仅保障居民在失去劳动能力后不至于陷入贫困境地。

B. 纳扎罗夫同时主张分阶段设定养老保障体系的建设目标。短期内国家养老保障体系的主要任务是使最低退休金不低于最低生活保障线水平，中期则应当使退休金不低于最低社会保障线的 2～2.5 倍，保持养老保障体系收支平衡。为此，需要考虑如下几个思路。首先是在保持现有强制养老保障缴费率的情况下，改变纳入基本养老金部分和反映在个人名义账户上的养老金的比例。其次是对高工资收入者提高基本养老金部分的缴费，防止对富裕居民的养老金给付增加。再次是为养老金体系寻找补充资金。寻求补充资金的来源有两个，一是把在原料和能源世界市场行情较好时积累的储备基金和国民财富基金中的一部分资金转化成养老基金的资产，进入所有居民的养老储蓄金账户，其中包括已退休人员的养老金账户；二是通过对国有资产的私有化来实现。近年来随着国有化进程的加快，加上金融危机期间国家对企业的财政支持，国有经济的规模得到了切实加强，从而为未来的大规模私有化创造了条件。进行渐进私有化，先把与执行国家关键职能关联度较小的国有资产投入市场流通领域，将提高经济的整体效率。据计算，目前俄罗斯国有股、单一制国有企业的资产、列入私有化的土地和其他资产在危机后的市值将占 GDP 的 50% 以上[1]。可以考虑把国有资产转为养老基金所有，之后养老基金通过相关的管理公司既可以利用转移而来的资产获利，也可以根据养老金给付的需要对其实行私有化。即把国有资产大规模地转到养老金保障体系中，之后再根据养老金给付的需要陆续出售，这是一种公正、比较有发展前途的全新私有化模式，符合绝大多数民众的利益。最后是改变现行税法，提高增值税税率和对个人所得税实行累进税率。提高增值税税率的原因之一是增值税税基比他税种更广；之二是在能源价格下降的情况下，相比其他税种，提高增值税税率能够较快地解决养老体系收支不平衡的问题；之三是提高增值税对俄罗斯经济竞争力产生的影响要小，因为提高强制养老保险缴费实质上是对工资的征税，将部分转嫁到出口商品价格

---

[1] *М. Дмитриев，С. Дробышевский，Л. Михайлов，Т. Омельчук，Л. Сычева*，Можно ли повысить пенсии до 40% заработной платы//Экономическая политика. 2008. № 3.

上，从而对本国出口产业的竞争力产生不利影响，特别是对劳动密集型出口产业，而增值税是对内需的征税，转嫁到进口商品上，对出口不会产生影响。可以借鉴德国的经验，德国就是在降低企业利润税和社会税的同时把增值税从16%增加到19%①，希望以此吸引投资、增加就业和改善国际收支平衡。关于个人所得税，目前俄罗斯实行统一的 13% 的税率，为增加预算收入以弥补养老保障体系的赤字，对个人所得税实行累进税率势在必行。

长期而言，养老保障体系的目标在很大程度上是消除退休人员的贫困。增加老年人福利的任务——即提高退休前收入和退休后收入之比，一方面需要国家出力，如保持低通胀、稳定银行体系、保持证券市场透明度、实行养老金协同缴费制度，另一方面则主要依赖公民独立解决养老问题，高收入居民首先应该有所承担。从长期来看，则必须提高退休年龄。原因一是体力劳动者减少；二是医疗技术使劳动能力持续性增强；三是教育体系使得年龄稍大人群能够适应劳动市场的需求变化。为使政策成本最小化，提高退休年龄必须逐步遂行，而且仅针对相对年轻的人群。对年龄不足 50 岁的男性和年龄不足 45 岁的女性，逐步提高退休年龄比较容易，也就是说这些人按现行法律约过十年就要退休。只是提高退休年龄的决定应当尽早做出，以使公民有一个适应过程。因为对于年龄低于 30 岁的人来说，把他们的退休年龄提高到 65 岁，不会有什么政治问题。但是当这代人到 50 岁的时候再提高他们的退休年龄，则可能产生严重的政治危机。

A. 库德林和 E. 古尔维奇的主张则主要包括四个方面。首先应当提高养老保障体系资金使用效率，必须重新划分基础养老金和养老保险金的指数化规则。其次是提高退休年龄，降低老年抚养比。因此，应当把退休年龄提高至男性 62 岁，女性 60 岁，领取退休金的工龄要求是男性 30 年，女性 25 年。根据他们的计算，提高退休年龄后，节约的预算资金可以占到 GDP 的 1.4% ~ 2.3%。其中 1.2% ~ 1.9% 得益于退休人员人数的下降，0.2% ~ 0.4% 得益于养老金缴费人数的增加。再次，应该严格区分养老体系各个板块的资金来源，

---

① D. Botman, S. Danninger, Tax Reform and Debt Sustainability in Germany: An Assessment Using the Global Fiscal Model // IMF Working Paper No WP/07/46. 2007/http: //www. imf. org/ externalpubs/ft/wp/2007/wp0746. pdf.

专款专用。联邦预算（包括国民财富基金）资金用于发放基本养老金、对养老金实行指数化、社会养老金等；养老保险缴费用于现收现付制的部分（用于向残疾人和丧失赡养人的人员发放养老金）和个人账户的部分（用于发放一般的退休金），该部分养老金的给付，应当从法律上禁止使用预算拨款。对于养老储蓄金缴费用于养老积累的部分，应当提高养老储蓄金的收益率。最后，针对俄罗斯退休人员约1/3（约为1280万人）继续工作，特别是提前退休人员中有一半在工作，以及年龄在60~65岁之间的男性，年龄在55~60岁的女性多数在工作的问题，应当制定严格控制提前退休的法规[1]。

国际货币基金组织也建议对俄罗斯养老保障体系进行改革，提出了提高退休年限的建议：2030年前将男女退休年龄均提高到63岁，2050年前提高到65岁。根据世界银行的数据，目前俄罗斯养老金支出占GDP的8%，接近发达国家水平。如果不进行改革，到2050年俄罗斯养老金支出将占GDP的18%。根据世界银行的改革方案，到2050年俄罗斯养老金支出占GDP的比率应控制在8%以内。

在经合组织国家纷纷提高退休年龄的情况下（见表2-18），2012年4月，俄罗斯养老基金、俄罗斯卫生和社会发展部提交了《2050年前俄罗斯养老制度改革方案》，建议分阶段提高退休年龄，至2050年将俄男女劳动者退休年龄均延长至65岁。俄罗斯财政部草拟的养老制度改革方案中也提议近期延长退休年龄。经合组织秘书长古利亚则认为，为提高俄罗斯经济效率，需延迟俄罗斯女性退休年龄，其退休年龄应与男性相同。

但这些建议引起了较大的争议。2013年4月，俄罗斯总理梅德韦杰夫在国家杜马做政府工作报告时明确表示，政府不会强制上调退休年龄，在退休年龄"底线"不变的前提下，拟采取措施吸引劳动者在达到退休年龄后自愿延长工作年限，并给予一定补偿，65岁退休，其养老金将是正常退休年龄的1.5

① А. Кудрин, Е. Гурвич, Старение населения и угроза бюджетного кризиса//Вопросы экономики. 2012. №3；
Е. Гурвич, Принципы новой пенсионной реформы//Вопросы экономи. 2011. №4；
Е. Гурвич, Приоритеты нового этапа пенсионной реформы // SPERO. 2008. № 8；
Е. Гурвич, Ю. Сонина, Микроанализ российской пенсионной системы//Вопросы экономики, №2, 2012.

表 2 - 18  部分经合组织国家退休年龄变化

单位：岁

| 国　　家 | 历史最低退休年龄 | 2010 年退休年龄 | 最终退休年龄 | 退休年龄提高幅度（岁） |
|---|---|---|---|---|
| 男　性 | | | | |
| 匈牙利 | 60 | 60 | 65（2030 年） | 5 |
| 希　腊 | 55 | 57 | 60（2020 年） | 5 |
| 意 大 利 | 55 | 59 | 65（2030 年） | 10 |
| 新 西 兰 | 60 | 65 | 65（2010 年） | 5 |
| 捷　克 | 60 | 61 | 65（2040 年） | 5 |
| 韩　国 | 60 | 60 | 65（2050 年） | 5 |
| 女　性 | | | | |
| 澳大利亚 | 60 | 62 | 67（2040 年） | 7 |
| 英　国 | 60 | 60 | 68（2050 年） | 8 |
| 匈牙利 | 55 | 59 | 65（2030 年） | 10 |
| 德　国 | 60 | 65 | 65（2010 年） | 5 |
| 希　腊 | 65 | 57 | 60（2018 年） | 5 |
| 新 西 兰 | 60 | 65 | 65（2010 年） | 5 |
| 斯洛伐克 | 55 | 57 | 62（2020 年） | 7 |
| 捷　克 | 55 | 58.7 | 65（2035 年） | 10 |

注：1949～2000 年关于德国的数据取自于西德；1993 年以前捷克和斯洛伐克共同采用捷克斯洛伐克数据；如果在一个日历年中退休年龄出现变化，则取用平均年龄。

编者注：表中的实际数据是指经合组织国家公民领取养老金的年龄，在某些国家退休年龄与领取养老金的年龄不同。

资料来源：R. Chomik, E. Whitehouse, Trends in Pension Eligibility Ages and Life Expectancy, 1950 - 2050, OECD Social//Employment and Migration Working Papers. 2010. №105.

倍，而 70 岁退休将达两倍。总统普京于 2013 年 1 月签署总统令，规定俄罗斯公职人员年满 60 岁后，经本人同意和供职部门批准，工龄可延长五年；联邦高级官员，经本人同意和总统批准，退休年龄可延长至 70 岁。从新近国家杜马推出的劳动养老金给付额度计算公式看，政策导向也是鼓励延迟退休。实际上，延迟退休已是大势所趋，需要的只是政治勇气。

# 第三章　医疗制度

本章从历史分析的视角，对俄罗斯医疗制度的改革历程进行系统回顾，对其改革绩效和未来改革方向进行综合评价与判断。

## 第一节　医疗制度改革历程

以苏联时期的医疗制度为基础，叶利钦时期基本形成了强制医疗保险制度框架。2000~2004 年间是对强制医疗保险制度进行完善的时期。从 2005 年开始，多项纲要的推出凸显了俄罗斯医疗改革的"民生"导向。

### 一　苏联时期的医疗制度

1918 年苏俄确立了对所有居民实行免费医疗救助的原则。1918~1924 年医疗体系的资金来自税收和雇主的保险缴费。1924 年保险公司和医疗服务机构均实行了国有化，并按时任苏联卫生人民委员 A. 谢马什科的建议确定了预算统一拨款和医疗救助统一管理的模式，这种模式一直运行到 1989 年。这是一种社区就近就医的原则，医疗体系分为儿科医疗和成人医疗两个部分，按患者病情逐级转院。苏联时期的国家医疗卫生制度虽然在名义上保障全体公民有权享受免费医疗服务，但经费不足、设备落后、药品短缺、服务水平低等问题长期未能得到有效解决[①]。苏联医疗制度这些问题的症结一言以蔽之，就是患者给医疗机构带来的不是收益，而是支出，消耗的是国家给

---

① *A. Заславский и др.* Молитва врача. Личность врача сквозь призму профессии：Сборник статей. Донецк：Издатель А. Ю. Заславский，2009.

医疗机构的拨款，医生的收入与其为患者提供的服务并不挂钩，而患者也不会给医生带来利益。但是苏联时期无论是国家、医疗机构，还是医生都力图保留这种体制，其根本原因在于：从国家方面来讲，无论实际状况如何，国家提供免费医疗的宪法义务都可以视作履行了；对医疗机构而言，只要提供了医疗服务就万事大吉，质量和效果则不在关注范围之内；对医护人员而言，可以靠提供高质量的医疗服务与精英层，特别是掌握权力和财力的人群建立互利关系，医护人员的亲戚朋友也可以"走后门"。因此，在这种制度下，利益受损的只有不能给医护人员带来利益的普通患者。

苏联解体后，俄罗斯政府一直致力于医疗制度的改革。通过不断完善相关法律法规，加快实施一系列重大政策举措，使医疗体系无论是在制度设计上，还是在具体成效上都有了一定程度的改善。

## 二　叶利钦时期的医疗改革

1991 年 6 月，俄罗斯通过了《俄罗斯联邦公民医疗保险法》（第 1499 - 1 号）。1993 年和 1996 年，又分别通过了《关于建立联邦和地方强制医疗保险基金的规定》和《俄罗斯联邦公民强制性医疗保险法》，这些法律文件为叶利钦时期的医疗制度改革奠定了法律基础。

根据上述法律法规，俄罗斯确立了医疗保障制度的基本原则，即通过成立医疗保险公司、设立强制医疗保险基金等构建强制医疗保险制度；将强制和自愿医疗保险缴费作为医疗保健的主要资金来源；在职人员的强制医疗保险缴费由企业承担，非在职人员和预算范围内的就业人员的强制医疗保险费由预算拨款支付；在强制医疗保险范围内提供免费医疗服务的数量和条件，各地依据政府批准的强制医疗保险基本纲要和当地权力机关通过的地方性纲要具体执行；医疗保险业务由非国有的保险公司经办；在企业额外缴费和公民个人缴费的基础上，实行自愿医疗保险。

从这些原则来看，俄罗斯医疗保障体制改革的目标是在维持国家医疗保障体系和鼓励创建私人医疗体系的基础上，着重发展强制医疗保险制度。可以说，叶利钦时期的俄罗斯基本形成了强制医疗保险制度框架。按照该制度框架，俄罗斯当时采取了以下几项主要措施。

### （一）设立强制医疗保险基金

根据 1993 年 4 月通过的《关于建立联邦和地方强制医疗保险基金的规定》，俄罗斯设立了强制医疗保险基金。强制医疗保险基金分为联邦强制医疗保险基金和地区强制医疗保险基金。联邦强制医疗保险基金主要职能是以对地区基金拨付补助的形式，对俄罗斯各地区强制医疗保险计划拨款进行综合平衡。地区强制医疗保险基金的职能则是积聚地区强制医疗保险基金的财力，保证地区医疗事业发展。强制医疗保险基金的资金来源主要有三个渠道：一是企业、组织等投保单位缴纳的强制性医疗保险费，这部分基金主要用于支付企业和组织在职人员的强制医疗保险费；二是国家预算拨款，主要用于儿童、老残恤金领取者和预算范围内就业人员的医疗费用开支；三是从事个体劳动和私人经济活动的公民缴纳的强制医疗保险费。以上三项缴费所构成的强制医疗保险基金的绝大部分留归地方使用，只有很少部分（约为1%）归联邦支配。

### （二）成立医疗保险公司

医疗保险公司是不受医疗保健管理机关和医疗机构支配的独立经营主体。医疗保险公司履行承保人的职能，负责为被保险人支付医疗费。企业和国家管理机关作为投保人首先同保险公司订立为本单位本部门就业人员提供医疗保健服务的合同，之后保险公司有权选择可为被保险人（企业的在职人员和非在职人员以及预算范围内的就业人员）提供医疗保健服务的医疗机构，并向医疗机构支付医疗费用。医疗保险公司可以代表被保险人，对医疗机构所提供的医疗服务质量进行检查和监督，必要时可对医疗机构提出索赔。

### （三）有偿医疗合法化

1996 年 1 月，俄联邦政府决议规定，为增加国家和市政医疗机构的收入，允许其为公民提供有偿医疗服务。医疗机构在国家医疗保障纲要范围内提供无偿医疗救助时可以向居民加收一定的费用。允许提供有偿医疗服务，一方面增加了医疗机构的收入，进而可以增加其员工工资、进行办公场所维修，但另一方面造成了收入较低群体看病难的问题。

事实上，1995～1996 年间的强制医疗保险制度改革并未取得实质性的进展，大多数地区的改革基本处于停滞状态。1996 年秋天俄联邦政府又向国家杜马提交了新的法律草案，试图对强制医疗保险制度进行再次修改和补充。由于新的法律草案首先反映的是医疗保障机关工作人员的利益，在其他利益集团的阻挠下，该草案只被极个别联邦主体采纳。到1998年，由于资金问题，强制医疗保险制度实际上已经不能正常运转。为此，国家杜马通过了在2001年实施的医疗保险改革方案。该方案除了引入患者和保险公司共同支付住院和门诊费用的一般性条款外，还对基本医疗保险服务做出了具体规定，即针对每一种疾病，明确了所能提供的最基本的免费医疗服务范围。社会医疗保险将保证每个病人都能得到这样的免费服务，但是，如果医疗服务超过这一水平，则只对贫困人群免费，而非贫困者则必须直接付费或通过自愿投保的医疗保险项目支付。这项规定实质上是对贫困人口实行医疗救助的一种方式。

总体来看，到叶利钦时代结束时，俄罗斯法律规定的强制医疗保险制度框架虽然已基本建立，但并没有完全运转起来，主要原因是改革设计存在局部性缺陷，导致了如下问题的产生。

第一，资金不足，预算缺口较大。雇主们想方设法降低医疗保险缴费基数，以达到少缴医疗保险费的目的；地方财政因为资金困难往往不缴或少缴医疗保险费；管理机制和流程上存在的诸多缺陷，使得承保人、医疗机构和医生缺乏提高资金利用效率的动力，基金浪费和被挪用的现象时有发生。

第二，医疗保险多头管理，缺乏统筹和规范。医疗保险管理机关和强制医疗保险基金没有隶属关系，职能划分和授权管理上存在很多不明晰的地方。医疗保险基金和保险公司之间的关系也没有理顺，各自为政、互相扯皮的现象不时出现。

第三，保险机构之间缺乏竞争。许多地区没有建立医疗保险公司，即使在建立了医疗保险公司的地区，医疗保险公司的业务活动也仅局限于所属地区之内，各地区的医疗保险公司之间并没有形成真正的竞争关系。

第四，患者的选择权缺失。强制医疗保险在执行中，首先是由企业和地方权力机构选择医疗保险机构，然后再由保险机构或地区强制医疗保险基金及其分支机构选择医疗服务机构，对患者来说，自由选择医生和医疗服务机构的权力只是停留在"纸面上"，现实中难以实现。

第五，医疗服务质量没有提高，就医难问题没有得到根本改善。医疗服务机构的医疗设备不足，医疗保险系统向病人提供的免费药品逐年减少，免费医疗的覆盖范围下降，患者承担的自费部分明显增加。

### 三 2000～2004 年的医疗改革

2000～2004 年，为使叶利钦时代建立起来的强制医疗保险制度有效运转，俄罗斯进一步深化医疗保障制度改革。采取的具体措施有如下几项。

**（一）开征"统一社会税"，并把其中一部分纳入强制医疗保险基金**

2002 年 1 月，通过对《俄罗斯联邦税法典》（第二部分）的修订，俄罗斯正式开征统一社会税。统一社会税的开征标志俄罗斯社会保障体系发生重大变革。统一社会税属于联邦税种，实质上类似于通常意义上的社会保障税。它把原来的三种国家预算外基金——养老基金、社会保险基金、强制医疗保险基金合并在一起，以达到精减税种、减轻税负的目的。统一社会税的缴费主体是各种所有制形式的企业、组织、机构，以及从事个体劳动和私人经营活动的公民。其中，强制医疗保险的缴费率为劳动报酬的 3.6%（0.2% 纳入联邦医疗保险基金，3.4% 归入地方医疗保险基金）。强制医疗保险费的缴纳办法是：以雇主身份出现的各类缴款人，在发放工资时缴纳，每月缴纳一次；从事经营活动的公民，根据其缴纳个人所得税的期限，以及计算个人所得税的收入基数进行缴纳；农户、农场、北方少数民族的家族公社，每年缴纳一次；按合同雇佣其他公民的自然人，每月 5 日前缴纳上个月的医疗保险费；地方政府在每月 25 日之前，按不少于有关预算中规定用于该项目的季度资金总额的 1/3 拨付，即为无工作居民缴纳强制医疗保险费；残疾人、退休人员创建的企业和组织，以及残疾人、退休人员人数超过 50% 的企业和组织可免缴强制医疗保险费。

**（二）医疗"分权"改革**

2003～2004 年，随着国家管理权的"去中心化"，医疗管理体系也开始实行三级分权，事权和财权"分割"为联邦级、地区级和市政级。由此一来，地区级国家医疗保障纲要实施和医疗机构基础设施发展均依赖联邦主体和市政机构的预算保障能力。

### （三）尝试推行全科医生[①]制度

2003 年俄罗斯在世界银行的建议下开始推行全科医生制度。为促进全科医生制度的推行，俄罗斯卫生与社会发展部采取措施缩减儿科门诊服务。这一举措遭到了公众的抵制，被迫停止实施。迄今为止，全科医生制度仅在为数不多的几个地区推行，如萨马拉州、楚瓦什共和国、斯维尔德罗夫斯克州、鞑靼斯坦共和国等，而且多在农村地区。这些地区的实践表明，全科医生制度取得了一定的效果，但是必须同时维持和发展现有的儿科医疗机构。

## 四 2005 年至今的医疗改革

### （一）正式实施《国家免费医疗救助纲要》

1998 年俄联邦政府首次批准了《国家免费医疗救助纲要》，但其制度化、规范化运作则是在 2005 年之后。从 2004 年开始，俄联邦政府每年以政府决议的形式通过下一年的《国家免费医疗救助纲要》（以下简称《纲要》）。《纲要》对免费医疗救助的范围、救助主体、各级预算应当承担的责任、人均享受的医疗救助数量标准和财务标准、最低标准救助额度做出了明确的规定。

《免费医疗救助纲要》框架下的医疗救助包括初级医疗卫生救治、急救（其中包括专业的航空救助）、专业救助（其中包括高科技医疗救助）；免费医疗救助主体为急救组织或部门、诊所、医院；医疗救助资金来源为各级预算补贴，其中包括国家强制医疗保险基金。

强制医疗保险基金承担基础强制医疗保险计划项下义务，提供初级医疗卫生救治、专业医疗救治（高科技医疗救治除外），而且根据俄罗斯有关法律，负担治疗下列疾病的必需药品的支出：传染病和寄生虫病（不包括性途径传染的疾病）、肺结核、艾滋病毒感染和免疫系统缺陷综合征；肿瘤；内分泌系统疾病；营养系统紊乱和代谢失常；精神系统疾病；血液病和造血系统疾病；引起免疫系统问题的局部失调；眼睛及附属器官疾病；耳朵疾病和乳突炎；血液循环系统疾病；呼吸器官疾病；消化器官疾病；泌尿生殖系统疾病；皮肤病

---

① 又称家庭医师或家庭医生。主要在基层承担预防保健、常见病多发病诊疗和转诊、病人康复和慢性病管理、健康管理等一体化服务，被称为居民健康的"守门人"。

和皮下细胞组织疾病；肌肉骨骼系统和结缔组织疾病；外伤、中毒和其他外部原因引起的机体损伤；先天性异常（生长缺陷）；染色体异常；怀孕、生产、产后护理和流产；围产期儿童独有病症。此外，基础强制医疗保险计划还承担疗养院疗养期间的医疗服务，其中包括儿童疗养院中为儿童提供的医疗服务。

联邦预算承担的义务为：社区内科医生、儿科医生、全科医生（家庭医生）及其护士提供的追加医疗救助；联邦医疗生物署管理的国家医疗机构内全科医生提供的医疗服务；俄罗斯科学院及俄罗斯科学院西伯利亚分院所属医疗机构根据市政部门初级医疗卫生救助订单，由其社区内科医生、儿科医生、全科医生（家庭医生）及护士提供的补充医疗救助；联邦专门医疗机构提供的专门医疗救治，其救助服务清单由俄联邦卫生与社会发展部批准；根据俄联邦卫生与社会发展部确定的国家规划，由医疗机构提供的高科技医疗救助；根据俄联邦政府确定的国家任务，并根据联邦法为特定居民提供的医疗救治；根据联邦法采取的预防性补充医疗救助措施（住院孤儿或生命状态堪忧儿童的疾病防治、在职公民的补充疾病防治、公民免疫服务、个别病症的早期诊断）；联邦医疗生物署所属的联邦国家机构在强制医疗保险基金支出之外向如下人群提供的急救、初级和专门医疗卫生救助：高危工作环境中工作的员工，封闭行政区域内居民，俄联邦科学城居民，物理、化学和生物因素会对人体健康构成威胁区域的居民；根据俄联邦政府批准的药品清单，为恶性肿瘤，淋巴、造血及其相关组织疾病，血友病，囊性纤维病，脑垂体异常侏儒症，高雪氏症，多发性硬化症患者以及器官移植和组织移植患者提供的药品；向联邦主体预算拨款，负担社区内科医生、儿科医生、全科医生（家庭医生）及其护士提供的补充医疗救助，负担提供初级医疗服务的市政医疗机构或联邦主体医疗机构（在缺少市政医疗机构的情况下），抑或相应的医疗机构（上述两种医疗机构均缺乏的情况下）中全科医生及护士的医疗服务，只要这些医疗机构按照俄罗斯法律规定与市政机构签订了服务订单，联邦预算资金管理机构所属的医疗机构除外；联邦预算向联邦主体预算和拜科努尔市①的预算拨款，在

---

① 位于哈萨克斯坦境内。1955 年 6 月苏联在此建立航天发射场，苏联解体后，拜科努尔航天发射场归属哈萨克斯坦，1994 年，俄罗斯租用拜科努尔航天发射场，继续进行航天发射。

"一揽子社会服务"项下向个别居民群体提供必需的药品、医疗制品和为残疾儿童提供特殊营养食品。

联邦主体预算承担的义务为：专业急救（航空急救）；纳入俄罗斯卫生与社会发展部审批名录的联邦主体专门医疗机构，如肿瘤防治、皮肤性病、抗结核病和戒毒等专业医疗；对性渠道传染疾病、肺结核、艾滋病、免疫缺陷综合征、精神错乱和行为异常（其中包括因服用神经刺激性物质引发的病症）等医疗机构提供的专业医疗救治；作为对俄罗斯卫生与社会发展部确定的国家任务的补充，联邦主体医疗机构提供的高科技救治；根据俄联邦政府确定的药品清单，按照医生处方为如下病症患者：恶性肿瘤，淋巴、造血及其相关组织疾病，血友病，囊性纤维病，脑垂体异常侏儒症，高雪氏症，多发性硬化症患者以及器官移植和组织移植患者提供免费药品；对在诊所接受治疗的个别群体居民，依据医生所开处方，提供半价药品。

地方预算承担的义务为：根据俄联邦法律由联邦生物医疗署所属的联邦国家机构向公民提供的医疗救治；急救（不包括航空急救）；对性渠道传染疾病、肺结核、精神错乱和行为失常患者（包括因服用精神刺激类物质引起上述症状者）提供的初级医疗救治。

各级预算共同承担的义务为：根据俄联邦法律，相应预算应向医疗机构提供医药制品、免疫生物学制剂、消毒剂、义务献血者血液及其制品等。

此外，联邦预算、联邦主体预算、地方预算还负责为以下医疗服务机构拨款：麻风病院、免疫缺陷综合征诊断和治疗中心、职业病理学中心、医疗统计局、输血中心、血液中心、孤儿院（包括残障孤儿中心）、临终关怀所、护理院（住院部）、婴儿食品中心和其他的医疗机构，即归入俄联邦卫生与社会保障部医疗机构名录的所有医疗机构。

免费医疗救助标准按每年人均数量计算。2011 年设定的标准如下：急救，其中包括航空急救，每年每人 0.318 次；诊所治疗，包括紧急医疗救治，每年每人 9.7 次，其中基础强制医疗保险计划下 8.962 次；白天住院医院医疗救治为每年每人 0.59 天，其中基础强制医疗保险计划项下 0.49 天；昼夜住院医院医疗救治为每年每人 2.78 天，其中基础强制医疗保险计划项下 1.894 天。地区纲要标准可根据各联邦主体人口年龄和性别结构、居民患病率和患病种类、地区地理气候条件和医疗机构的交通便利程度等进行修正。

救助收费标准根据医疗收费标准设定。医疗收费标准为：急救，包括专业性的航空急救为每次1710.1卢布；诊所治疗（包括紧急救治）每次每人218.1卢布，其中强制医疗保险支付169.5卢布；白天住院医院每天的收费标准为478卢布，其中强制医疗保险支付470.5卢布；昼夜住院医院每天的收费标准为1380.6卢布，其中强制医疗保险支付1167卢布。地区强制医疗保险纲要的医疗救助收费包括工资及其工资补贴支出、药品和包扎用品、食品、医疗器械、试剂、玻璃与化学器皿、在其他机构进行的化验（在没有自己的化验室和诊疗设备的情况下）等支出。

无业人员的强制医疗保险缴费额度由联邦地区法规在前一年的12月份确定，但不得低于联邦法律确定的标准。0~4岁儿童的额度应为地区强制医疗保险计划规定的人均额度的1.62倍，60岁以上人员为1.32倍。

《纲要》确定的2011年人均医疗支出标准为每年每人7633.4卢布，其中4102.9卢布由强制医疗保险支出，3530.5卢布由相应的各级预算支出。

**（二）推出"健康"国家优先发展项目**

2005年之后，与教育、住宅和农业四大领域的国家优先发展项目并行，俄罗斯启动了"健康"国家优先发展项目，进一步加快了医疗改革的步伐。2006年实施之初的"健康"国家优先发展项目有四个实施方向：发展初级医疗保健、强化疾病预防、发展高科技医疗服务和提高对孕产期妇女的医疗救助水平。2007~2009年，"健康"国家优先发展项目中又增加七个实施方向：医疗体系现代化、完善对血管疾病患者的医疗救助、完善对交通事故受伤者的医疗救援、发展采血站、完善对癌症患者的救助、采取措施倡导健康生活方式、完善对肺结核患者的医疗救助。2006~2010年，"健康"国家优先发展项目支出逐年增加，2009年已经占到了GDP的0.37%[1]。"健康"国家优先发展项目的资金主要来自联邦预算、联邦强制医疗保险基金和联邦社会保险基金。

作为"健康"国家优先发展项目的重大政策举措，2006年7月俄罗斯成

---

① 根据俄罗斯卫生与社会发展部数据计算，转引自：Российская экономика в 2009 году. Тенденции и перспективы. （Выпуск 31）М.：ИЭПП, 2010. С. 418。

立了统筹高科技医疗领域发展的专门机构——隶属于卫生与社会发展部的联邦高科技医疗救护署，并计划建设 14 个高科技医疗中心，以进一步提高现代医疗技术研究和应用的效率。此外，在"健康"国家优先发展项目中，2007 年 6 月至 2008 年 7 月，俄联邦共选择了 19 个地区进行医疗改革试点，总投入为 54.34 亿卢布（由联邦预算拨款，通过联邦强制医疗保险基金划拨）。试点改革内容主要包括四个方面：资金全部纳入强制医疗保险基金并由其统一拨付；住院治疗服务支出实行统一标准；按人头拨款给基础门诊部门，使其负责辖区内居民的基础医疗服务，并建立医疗机构内部和机构间的转诊体系；医务工作者薪酬改革，增加工资并实行绩效工资制。虽然试点改革因时间较短，而且最初的半年用于改革准备，但试点地区的医疗状况还是得到了一定程度的改善：门诊就医人数增多，人均急救次数下降，人均住院天数减少。

**（三）实施居民补充药品保障纲要（2008 年起称《居民药品保障纲要》）**

《居民药品保障纲要》从 2005 年开始实施，是根据第 178 号联邦法《国家社会救助法》（1999 年 7 月 17 日）、第 122 号联邦法《"俄罗斯联邦主体立法和国家权力执行机构组织总则"和"俄罗斯联邦地方自治机构总则"通过后相关法律修订》① （2004 年 8 月 22 日）实施的项目。修订后的法律规定：国家社会救助由联邦和地区两级权力机构承担。救助方式有两种，一种是按月发放货币补贴，另一种是提供一系列社会服务和必需品。联邦预算出资提供社会服务和必需品的人群为战争伤残人员、卫国战争参战者、参加过战役的退伍军人、军队服役人员、获得"列宁格勒被围困居民"勋章的人员、卫国战争时期在军事设施中工作的人员、残疾人、残疾儿童。可以享受地方预算出资的社会服务和免费药品的群体由各个地区根据 1999 年 7 月 17 日的第 178 号联邦法和 1994 年 7 月 30 日的第 890 号政府决议《国家支持医药工业发展和改善居民及医疗机构的医药用品保障状况》自行决定。上列人群可以获得补充的免费医疗服务，其中包括药品、医疗器械和患者专用食品，有些甚至可以获得疗养证（由医生开具）、往返于治疗地点的市郊交通和城市间交通费。

---

①　也被称为"福利货币化法"。

保证居民获得免费药品、医疗器械和患者专用食品的纲要被称为《补充药品保障纲要》。

当然，有权享受上述社会服务的居民也可以放弃社会服务而选择每月领取货币补贴。由联邦预算出资的社会服务一般规定人均额度，并且每年进行指数化处理。如 2005 年免费药品和疗养费为每月每人 400 卢布，2009 年为 641 卢布。从 2008 年起，居民补充药品保障纲要纳入居民药品保障纲要，相应的联邦预算也大幅增加，2005 年是 2004 年的 2.5 倍，2008 年更是高达 2004 年的 6.3 倍，为 967 亿卢布①。2008 年，有权享受由联邦预算出资的社会服务的居民人数达 900 万，其中 600 万人享受药品保障（其中五万人在药品保障的子纲要《七种疾病子纲要》项下享受药品保障，七种疾病包括血友病、囊性纤维化、垂体性侏儒症、高雪氏病、粒细胞性白血病、多发性硬化症、接受器官和组织移植后的治疗）②。

**（四）制定和修订相关法律法规，进一步完善医疗体系，鼓励私人医疗机构发展**

2011 年 1 月 1 日，新修订的第 326 号联邦法《强制医疗保险法》生效，法律规定：到 2013 年，强制医疗保险在国家医疗总支出中所占比重达到 69%；强制医疗保险缴费纳入统一管理体系；居民自主选择保险公司，并可在全俄获得医疗服务，不再受地域限制；从 2011 年开始，强制医疗保险扣款占工资总额的比重从之前的 3.1% 增加到 5.1%③；各地区医疗保险人均支出水平将逐渐趋同④；统一医疗服务收费标准，建立地区住院服务收费标准模型，并

---

① *Г. Улумбекова*, Здравоохранение России. Что надо делать: научное обоснование "Стратегии развития здравоохранения РФ до 2020 года". М.: ГЭОТАР-Медиа, 2010. С. 278.

② Выступление министра здравоохранения и социального развития на совещании по вопросам социального обеспечения россиян, 26 февраля 2009 г. /http://www.minzdravsoc.ru/social/social/o.

③ 从 2010 年开始，俄罗斯取消统一社会税，改为强制保险缴费。对于年工资收入低于 41.5 万卢布的部分，养老保险缴费率为工资总额的 26%，强制医疗保险缴费率为 5.1%（其中 2.1% 纳入联邦强制医疗保险基金，3% 纳入地区强制医疗保险基金）；社会保险缴费率为 2.9%。年工资收入超过 41.5 万卢布的部分不缴纳强制保险费。缴费依据的年收入上限根据通货膨胀率每年进行调整。

④ 近年来俄罗斯各地区在人均医疗支出水平上的差距不断扩大，反映地区预算在人均医疗投入上差别的基尼系数从 1996 年的 0.195 增加到了 2009 年的 0.252。

使其日趋合理。

为促进私人医疗机构发展，该法还规定，从 2013 年开始，参与强制医疗保险体系的医疗机构实行单渠道资金拨付，医疗机构的服务费完全由强制医疗保险基金支付，这有可能扫除私人医疗机构参与强制医疗保险体系的主要经济障碍。同时规定，从 2015 年起，高科技医疗服务资金也将纳入强制医疗保险体系。届时高科技医疗服务市场将对私人医疗机构开放。

此外，为完善医疗体系、改进医疗服务质量、加强对公民健康的保护，2011 年底，时任总统梅德韦杰夫签署了第 323 号联邦法《俄罗斯联邦公民健康保护基础法》；2013 年 2 月，总统普京签署第 15 号联邦法《俄罗斯联邦保护公民免受烟草烟雾及烟草制品危害法》（即禁烟法），该法律从 2013 年 6 月 1 日起生效。

### （五）加强药品价格调控

医疗改革的另一大举措是药品价格调控。每年由卫生与社会发展部确定基本药品（生命必需和重要药品）名录，名录定期更新，目前列入的药品约有 600 种。长期以来，俄罗斯缺乏对药品价格的有效调控，以至于国家药品采购价比国外同类药品高 50% ~ 100%[①]，药品市场价格也经常上涨。俄罗斯卫生监督署的数据显示，2009 年上半年药品市场价格上涨 12%（不同价位药品的涨幅区间为 5% ~ 20%）。2009 年 8 月俄联邦政府签署第 654 号联邦法《关于完善生命必需和重要药品价格调控的政府决议》，决议从 2009 年 8 月 14 日起生效。2010 年 4 月《俄罗斯联邦药品流通法》（第 61 号联邦法）经时任俄罗斯总统梅德韦杰夫批准，以取代 1998 年开始实施的《药品法》。自此，俄罗斯药品调控体系发生了几个变化：一是进入生命必需和重要药品（即基本药品）名录的药品，其最高出厂价必须进行强制国家登记，每年最多只能重新登记一次，且必须在 12 月 1 日之前进行，登记价格的上浮幅度不能超过通货膨胀率；二是国内和国外生产药品的最高出厂价按统一方法计算；三是生产生命必需和重要药品清单中药品的制造商必须对药品批发价进行注册，由联邦主体权力执行机构确定这些药品的零售价和批发价。地方权力机构必须按联邦价

---

① Российская газета №4965 (141), 31.07.2009.

费局的有关规定来确定基本药品批发价和零售价的最高加成比例，最高不得超过成本价的 40%。

### （六）力促医药工业发展

俄罗斯医药工业规模有限，具有药品生产许可证的企业约为 1000 家，其中包括 630 家外资企业和 350 家本土企业。俄罗斯的制药企业主要集中在下诺夫哥罗德州、库尔茨克州、库尔干州、奔萨州、阿尔泰边疆区、巴什科尔托斯坦共和国、鞑靼斯坦共和国和西西伯利亚以新西伯利亚市、托木斯克市、鄂木斯克市为中心的地区。莫斯科、新西伯利亚和圣彼得堡地区则集中了大部分专业生物技术药品科研中心和高科技医药生产企业。俄罗斯制药业共吸纳六万就业人员。现阶段，俄罗斯本土生产的制剂仅能满足国内约 20% 的需求。类似情况也出现在医疗器械市场，本土生产的医疗器械占国内市场份额不足 25%，而且近年来所占比重有进一步缩小的趋势。在个别医疗器械生产领域，特别是高技术医疗器械的供给上，几乎 100% 依靠进口。此外，制药原料也需要大量进口。1992~2008 年俄罗斯制药原料的生产从 1.8 万吨下降至不足 1000 吨，下降幅度高达 95%，每年的缺口高达 8000 吨。按价值量计算，其中 34% 为高科技制药原料，39% 为生物技术类制药原料。因制药业发展不足，大量价格昂贵的进口药充斥商业药品市场，造成俄罗斯药品保障水平与发达国家相比有较大的差距。如果不采取措施，将来的问题会更加严重。有关专家估计，到 2020 年，俄罗斯医疗器械的市场需求将增至 3000 亿美元，而药品需求将增加到约 500 亿美元。俄罗斯制药业在国际市场的影响力更是微不足道，2007 年，俄罗斯成品药和原料药的出口额仅为 60 亿卢布，占世界药品市场份额的 0.04%，而且主要面向独联体国家市场。

俄罗斯政府意识到，本国药品和医疗器械生产不足的主要原因在于：对本国和外国药品生产企业的监管程度不一，程序复杂；对本国药品生产企业的鼓励政策不足；高技能人才缺乏；科研成果转化率低；研发投入不足[1]；药品研制投资体系有待进一步完善，特别是风险投资机制较为欠缺；

---

① 俄罗斯制药行业研发投入占总收入比重仅为 1%~2%，而美国、西欧等国的制药行业研发投入占比高达 10%~15%。

专利保护方面的立法和司法实践与国际标准相比欠佳；本国企业因资金不足对执行 GMP 标准①的积极性不高，药品生产和质量监管仍执行 ГОСТ Р 52249 - 2004 标准，尚未执行欧洲的 GMP 标准；大量假药充斥以及在药品推广中使用不道德的营销手段，造成消费者对药品生产商和药物治疗效果缺乏信任；居民收入水平不高和药品优惠体制效率欠缺使得居民大多买不起新药②。

为促进医药工业发展，2009 年俄罗斯工业与贸易部制定了《2020 年前俄罗斯制药业发展战略》（以下简称《战略》）。《战略》提出了医药工业实现创新发展的目标，确定了本国制药业面临的七项重要任务：为居民提供必要的药品保障，并提供治疗罕见疾病的药品；提高本国制药行业的竞争力；鼓励研制新型药品，支持本国药品出口；保护本国市场免受不正当竞争的威胁，对本国生产者和外国生产者实行同等待遇；对本国制药行业实行技术改造；完善药品质量认证体系；完善制药行业专家培训体系，参照国际标准制订培训计划。《战略》拟按三个阶段分步实施，即 2008～2012 年的本土化阶段，2012～2017 年的进口替代阶段，以及 2017 年至 2020 年的出口导向阶段。各阶段采取的具体措施如下：本土化阶段主要是在俄罗斯境内布局高科技药品生产企业；进口替代阶段主要通过购买药品生产许可证，实现通用药物的进口替代，减少对进口药品的依赖；出口导向阶段主要研制仍受专利权保护的仿制药，并研制可以申请专利的新型制剂。

为配合《战略》的实施，2011 年 3 月俄罗斯政府总理批准了《2020 年前和未来俄罗斯医药工业发展联邦专项纲要》（以下简称《纲要》）。该《纲要》提出的目标更加具体：到 2020 年，战略意义药品、生命必需和重要药品清单中 90% 的药品实现国有化生产；本国生产的医疗器械占国内市场份额的 40%；完成技术改造的制药企业达 75 家；完成技术改造的医疗器械生产企业达 85 家；建立十个世界级的创新药品研制中心；建成七家世界水平的医疗器械研制中心；对 5000 名专家进行技术培训或再培训。《纲要》分两个阶段实施：

---

① 国际药品生产质量管理规范。

② *А. Балашов*, *Формирование механизма устойчивого развития фармацевтической отрасли：теория и методология. СПб.：Изд-во СПбГУЭФ, 2012.*

2011～2015 年和 2016～2020 年。《纲要》拨款总计 1880.67 亿卢布，联邦预算出资 1225.59 亿卢布，其中 947.24 亿卢布用于科研和实验设计，252.7 亿卢布用于资本投资，25.65 亿卢布用于其他支出。另外的 655.08 亿卢布来自预算外资金。《纲要》的最终实施目标是拉动 GDP 增长 0.03 个百分点，创造 10000 个高技术岗位。总体而言，如上两个文件主要致力于实现医药产品的进口替代，并保证本国医药行业长期稳定发展。对此俄罗斯政府采取一系列措施保护国内药品生产商：如果外国公司在俄罗斯药品采购中中标，药品出厂价格必须低于中标价格 15%；如果俄罗斯或白俄罗斯有两家医药企业生产某一种药品，外国公司就不能在俄罗斯市场上销售同种药品。从 2014 年 1 月起，俄罗斯药品生产商开始按 GMP 标准生产药品，国家发放药品许可时，药品生产商产品质量必须符合 GMP 标准。

**（七）完善医疗体系改革目标**

截至目前，统筹规划俄罗斯医疗体系改革目标的文件有两个：一是《2020 年前俄罗斯联邦经济社会长期发展战略构想》（2008 年 11 月 17 日俄联邦第 1662 号政府令批准），二是《2020 年前医疗发展国家纲要》（2012 年 12 月俄联邦第 2511 号政府令批准）。

《2020 年前俄罗斯联邦经济社会长期发展战略构想》提出：2020 年前，国家医疗卫生领域的政策目标是构筑提高医疗救助质量和救助率的有效体系，改善居民健康指标，延长寿命和降低死亡率。为此，必须坚持医疗卫生事业优先发展战略。医疗卫生事业优先发展战略包括如下优先任务：国家为公民提供全额免费医疗救助保障；实施医疗单渠道（通过强制医疗保险基金）拨款模式；构建现代强制医疗保险体系；提高医疗救助组织体系的效率；改善门诊治疗的药品保障状况；实现医疗保健信息化；促进医疗保健领域的医学科学发展和创新，提高医务人员素质，建立服务质量激励机制；建立居民健康保健体系；推行和实施国家医疗保健发展纲要。到 2020 年，俄罗斯公民预期寿命达到 73 岁，死亡率降至 11‰；公共卫生支出占 GDP 的比重达到 5.5%。

《2020 年前医疗发展国家纲要》（以下简称《纲要》）的总金额为 30.3 万亿卢布，其中联邦预算出资 2.7 万亿卢布，联合预算出资 10.5 万亿卢布，强制医疗保险基金出资 17.1 万亿卢布。《纲要》包括 11 个子纲要。《纲要》实施目标是：2020 年血管疾病患者的死亡率降至 6.224‰；肿瘤疾病患者的死亡率降至 1.9‰；肺结核患者的死亡率降至 0.112‰；交通事故的死亡率降至 0.1‰；婴儿死亡率降至 0.64‰；人均酒精产品消费量（折合成纯酒精）降至 10 升；成年人中吸烟人口占比降至 25%；儿童和少年吸烟率降至 15%；产妇死亡率降至 0.155‰；人口预期寿命达 74.3 岁；医生和中级医护人员的比例达 1:3；具有医药专业大学学历的医疗人员平均工资为社会平均工资的两倍；中级医护人员以及药剂师的平均工资与相应地区平均工资持平；初级医护人员的平均工资与相应地区的平均工资持平。

整体而言，从 2005 年之后，俄罗斯促进医疗体系发展的步骤加快，各项措施渐次铺开，但不得不承认的是，这些措施在实施过程也暴露出一定的问题。

首先是《国家免费医疗救助纲要》。在《国家免费医疗救助纲要》框架内存在的问题：一是资金不足；二是资金在各联邦主体之间的分配上存在不公平现象；三是医疗救助标准难以满足居民日益增长的医疗需求；四是在这一纲要框架内"保障部分"和"非保障部分"的界限模糊，即免费和收费服务界限不明晰；五是大部分居民（除了有权享受国家社会服务的群体之外）在诊所治疗不能享受国家资金支持的药品保障；六是《国家免费医疗救助纲要》虽然从 1999 年起经政府决议批准，并在 2004 年之后逐渐制度化、规范化，但是直到 2009 年才出台相应的医疗服务质量标准，但因这些标准没有相应的立法支持，因此流于形式。

其次是"健康"国家优先发展项目。项目的实施重点放在发展高科技医疗和医疗硬件的建设上。2006 ~ 2009 年纲要资金的 40% 用于购买昂贵医疗设备和建设高科技医疗中心。用于增加医务人员工资和提高医务人员业务水平的投入微不足道。而且在筛选哪些医疗机构可以配备昂贵医疗设备以及在哪些地区建设高科技医疗中心问题上缺乏透明度。

再次是《居民药品保障纲要》。该纲要在实施过程中也发现不少问题。一是很多居民选择按月发放的货币补贴，放弃以实物形式提供的社会医疗服务，这些人有可能不把资金用于购买药物来改善健康状况，而留在《居民药品保障纲要》项下的居民多为服用昂贵药品的人群，导致该纲要项下的资金不足。二是由地区预算出资提供保障药品的人群数量与地区预算保障水平脱节，造成各地区间在药品保障水平上的巨大差距。三是该纲要的实施机制存在设计上的不足：药品保障清单没有经过专门的讨论；在药品选择程序上缺乏透明度，未能根据临床效果和经济性原则来确定；对各个地区在用药需求上的差距未做预测；未设定对该纲要实施效果的评估指标；未设定成本节约机制，未为医生规定合理的开药标准，导致处方中过分用药和不合理用药。四是与药品保障纲要相关的国家采购体系不能根据优惠药品清单持续不断地提供所需药品品种。五是资金分配上存在问题。2008 年仅《七种疾病子纲要》覆盖的五万人就花掉了 430 亿卢布，由此引发了为什么单单选择这七种疾病提供免费药品，而对处于劳动年龄的男性公民常患的高渗性脱水、循环系统疾病不提供免费药品的质疑。

最后是药品价格调控效果不佳。尽管从 2009 年开始，俄罗斯就强化了对药品价格的调控，但从 2011 年 1 月起，基本药品清单中药品价格的涨幅仍不低于 12%。主要原因是企业税收制度发生了较大的变化，2011 年起 100 人以上的企业不再按估算收入缴纳收入税，而是必须缴纳增值税、加成税、财产税、利润税，从而使药品价格上涨了 10%，还有 2% 的上涨幅度是改变药品包装的新要求所致。药品价格上涨不仅使药店中销售的药品减少，而且使同一品种的药品价格差距加大。俄联邦价费局（ФСТ）的检查结果显示，同一名录下俄产药品的最低价和最高价相差 9.7 倍，最便宜的俄产药品与为进口药品设定的最高价相差 60 倍[①]。而且作为药品价格调控的主要措施之一，药品最高出厂价登记参照同类药品价格的做法颇受诟病。按照此规定，所有国家的药品价格都可以作为参照，但是发达国家的医疗体系依据不同原则而设立，由患者付费的国家药品价格最高且药品价格浮动较为频繁，由国家付费的国家药品价格较低，而由保险公司付费的国家药品价格最低，如此一来，参照这些国家同类药品价格变得毫无意义。更为严重的是，从

---

① *А. Балашов*, Новые тенденции в развитии мировой фармацевтической отрасли к концу первого десятилетия XXI-го века//Известия Российского государственного педагогического университета им. А. И. Герцена. 2010. № 137.

2011 年 1 月 1 日起，进口药品改用卢布标价，外国药品生产商的利润开始受到汇率变化影响。在卢布贬值的情况下，外国药品生产商可以停止药品的供货，这对进口药品价值量占 80%，实物量占 36% 的俄罗斯市场而言，状况堪忧。

# 第二节  医疗体系存在问题分析

纵观俄罗斯医疗保障体系近 20 年改革历程，其一以贯之的主要思路就是建立和完善强制医疗保险制度。到目前为止，以强制医疗保险制度为核心的俄罗斯医疗保障体系框架初步建立，基本实现了从苏联时代计划经济体制向俄罗斯市场经济体制的转型，而且处于不断完善之中。

但医疗改革效果并不尽如人意，从与经合组织国家医疗体系的横向比较看，俄罗斯医疗体系存在诸多问题。从居民健康指标、患者对医疗体系的评价、医疗体系对不同群体居民的公平度、居民就医方便程度、医疗救助的质量和安全度、经济效益、创新与新技术应用等七项指标看，俄罗斯与经合组织国家存在较大差距（见表 3-1）。

表 3-1  俄罗斯与经合组织国家医疗体系比较（2007 年）

| | 指　标 | 俄罗斯 | 经合组织国家平均 |
|---|---|---|---|
| 居民健康指标 | | | |
| 1 | 预期寿命（岁） | 67.5 | 78.9 |
| 2 | 婴儿死亡率（‰） | 9.4 | 5.2 |
| 3 | 可预防的死亡率（1/100000） | 无数据 | 3700 |
| 4 | 适龄劳动人口中有身体、智力和情绪问题者占比（%） | 16 | 12 |
| 患者对医疗体系的评价 | | | |
| 5 | 对医疗质量和就医满意居民所占的比例（%） | 31 | 70 |
| 6 | 初级医疗中能享受全科医生服务患者所占的比例（%） | 无数据 | 90~70（指标最好国家） |
| 7 | 对与医生关系评价良好的患者占比（%） | 无整体调查数据，个别研究资料显示为 55 | 74 |

续表

| | 指　标 | 俄罗斯 | 经合组织国家平均 |
|---|---|---|---|
| **医疗体系对不同群体居民的公平度** | | | |
| 8 | 不同地区健康指标差异（死亡率最高地区与平均死亡率之比）（倍） | 1.5 | 1.1 ~ 1.15 |
| 9 | 医疗和药品支出在20%最富和20%最穷家庭收入（扣除食品支出）中所占比重之比 | 1.5 | 1.0 ~ 1.2 |
| 10 | 城乡居民诊所就医率之比 | 1.5 | 1.0（指标最好国家） |
| **居民就医方便程度** | | | |
| 11 | 纳入医疗保险体系的居民占比（%） | 100 | 100（大多数国家） |
| 12 | 个人支出在医疗总支出中占比（%） | 32 | 23 |
| 13 | 在病发第二天就可以看全科医生患者占比（%） | 65 | 80 |
| 14 | 高科技手术等待时间（移植手术除外） | 无数据 | 从几星期（法国、德国、荷兰）到3个月（英国） |
| 15 | 患者在叫急救车后15分钟内能等到者占比（%） | 80（在25分钟内） | 90 |
| 16 | 因费用过高而放弃治疗的患者占比（%） | 无系统统计 | 1% ~ 5% |
| 17 | 治疗费用超过年收入（扣除食品支出）10%的家庭占比（%） | 75 ~ 80 | 不超过3% ~ 5%（指标最好国家） |
| 18 | 支付大笔医疗费用家庭（占扣除食品支出后年收入的30%）占比（%） | 9 | 3 |
| 19 | 医疗体系中长期的岗位空缺占现有员工之比（%） | 20 | 14 |
| **医疗救助的质量和安全度** | | | |
| 20 | 成年居民中吸烟者占比（%） | 50 | 24 |
| 21 | 在初次就医中得到医生有关健康生活方式建议的患者占比（%） | 无数据 | 90 |
| 22 | 临床治疗符合职业协会推荐方案病例占比（%） | 无数据 | 80 ~ 90 |
| 23 | 因心肌梗死在医院死亡的患者占比（%） | 20 | 10 |
| 24 | 患大肠癌后能存活五年的患者占比（%） | 48 | 59 |
| 25 | 患宫颈癌后能存活五年的患者占比（%） | 68 | 72 |
| 26 | 患乳腺癌后能存活五年的患者占比（%） | 56 | 85 |
| 27 | 成年人中患支气管哮喘死亡率（1/10万） | 2.3 | 0.18 |
| 28 | 长期护理患者中患褥疮占比（%） | 无数据 | 5 |
| 29 | 住院期间患感染性并发症患者占比（%） | 无数据 | 4.4（心血管病） |
| 30 | 医疗事故投诉患者占比（%） | 无数据 | 5 ~ 6 |
| 31 | 标准化死亡比（实际死亡人数与预期死亡人数之比）（%） | 无数据 | 85 |

续表

| | 指　标 | 俄罗斯 | 经合组织国家平均 |
|---|---|---|---|
| | 经济效益 | | |
| 32 | 医疗投入和居民健康指标的关系 | 较弱，与波兰和土耳其接近 | 人均投入 2000 美元(按购买力平价计算)，芬兰、保加利亚、新西兰人均寿命达 79 ~ 80 岁 |
| 33 | 患者强化治疗住院时间(天) | 10.5 | 6.5 |
| 34 | 每万人用于的强化治疗病床床位 | 8 | 3.9 |
| 35 | 住院治疗患者中在诊所可以治愈者占比(%) | 30 | 3 |
| 36 | 劳动生产率(救治工作量和医生数量之比) | 无数据 | 年均增长 1.4%(荷兰) |
| 37 | 医疗服务提供者之间的竞争 | 没有 | 大多数国家引进竞争机制 |
| | 创新与新技术应用 | | |
| 38 | 医疗体系运行效果动态追踪 | 没有 | 所有国家都在监控 |
| 39 | 医疗发展战略及历年医疗治疗报告 | 没有 | 所有国家都有 |
| 40 | CT 机(台/百万人) | 5.6 | 20.6 |
| 41 | 核磁共振成像仪(台/百万人) | 2.3 | 10 |
| 42 | 乳房 X 光检查仪(台/百万人) | 13.5 | 20 |
| 43 | 心脏血运重建手术(1/10 万人) | 36.5 | 249 |
| 44 | 使用电子病历医生占比(%) | 8 | 90(指标最好国家，如英国、荷兰)，25 ~ 30(指标最差国家，如美国和加拿大) |
| 45 | 医学研发投入占 GDP 比重(%) | 0.03 | 0.3(指标最好国家) |

资料来源：*Г. Улумбекова*, Здравоохранение России. Что надо делать: научное обоснование "Стратегии развития здравоохранения РФ до 2020 года". М.: ГЭОТАР-Медиа, 2010. C. 172 – 177.

从俄罗斯医疗体系发展的纵向比较看，俄罗斯居民健康指标也并未对医疗改革的效果提供强有力的正向反馈。从 20 世纪 90 年代至今，俄罗斯居民患病率居高不下。从时点患病率看，1990 年、2000 年和 2007 年分别为每万人 1.583 万例、1.314 万例和 2.195 万例，2010 年为 1.582 万例[①]。致命类疾病

---

① *Г. Улумбекова*, Здравоохранение России. Что надо делать: научное обоснование "Стратегии развития здравоохранения РФ до 2020 года". М.: ГЭОТАР-Медиа, 2010. C. 38；Здравоохранение в России 2011：Стат. сб. Росстат. М., 2011. C. 22.

增加，如循环系统疾病、肿瘤患病率增长较快，致残类疾病，如肌肉骨骼系统和结缔组织患病率持续增长。从 2010 年的数据看，呼吸系统疾病占 24%，循环系统疾病占 14.3%，肌肉骨骼系统和结缔组织疾病占 8.1%①。居民中患高血压、高胆固醇、肥胖与超重、糖尿病的比例居高不下。俄罗斯约有 34% ~ 46% 的男性和 32% ~46% 的女性患高血压（各地区不尽相同）。最可怕的是在这些人中，约 60% 的男性和 40% 的女性根本不知道自己患有高血压②。60% 成年人胆固醇水平超标，并且 20% 需要医疗干预③。医学科学院营养学研究所 2009 年的数据显示，25 ~ 64 岁的俄罗斯男性和女性公民中，超重的分别占 47% ~54% 和 42% ~60%（各地区有所不同），其中 15% ~ 20% 为肥胖症患者。俄罗斯糖尿病的患病率虽然与世界平均水平相当，为 2.5%，但是世界卫生组织认为，俄罗斯是世界上糖尿病患者最多的十个国家之一。不孕、不育和产褥期疾病患病率也快速增长。患先天性疾病和产褥期患病的新生儿占存活婴儿的比例从 1995 年的 28.5% 增至 2005 年的 40.7%，2010 年为 35.5%④。"未来母亲"健康状况堪忧。专家估计，年龄在 16 ~ 18 岁的 400 万姑娘中，绝对健康的仅占 3% ~20%，其他的均患有各种疾病，其中包括酒精依赖和毒品依赖等对女性生育能力产生不良影响的疾病⑤。新生儿死亡事件中，2/3 是围产期死亡和畸形儿死亡，这些都与母亲的健康状况有关⑥。从残疾率看，截至 2010 年年初，俄罗斯有 1286.6 万残疾人，占总人口的 9%。近年来新增的残疾人中，多数是因患循环系统疾病和恶性肿瘤所致。由此可见，俄罗斯居民的健康状况指标不仅落后于"欧盟"国家，甚至比苏联时期的 1985 ~ 1990

---

① Здравоохранение в России 2011：Стат. сб. Росстат. М.：2011. С. 23.

② Р. Оганов, С. Шальнова, А. Калинина, Профилактика сердечно-сосудистых заболеваний： руководство. М.：ГЭОТАР-Медиа, 2009. С. 216.

③ Р. Оганов, С. Шальнова, А. Калинина, Профилактика сердечно-сосудистых заболеваний： руководство. М.：ГЭОТАР-Медиа, 2009. С. 216.

④ Здравоохранение в России 2011：Стат. сб. Росстат. М.：2011. С. 85.

⑤ А. Баранов и др., Состояние здоровья современных детей и подростков и роль медико-социальных факторов в его формировании//Вестник Российской Академии наук. 2009. №5. С. 25 – 49；Е. Уварова, Медико-социальные аспекты репродуктивного здоровья современных девушек России//Вопросы современной педиатрии. 2006. №3. С. 57.

⑥ Г. Улумбекова, Здравоохранение России. Что надо делать: научное обоснование "Стратегии развития здравоохранения РФ до 2020 года", М.：ГЭОТАР-Медиа, 2010. С. 27.

年间还要差。

俄罗斯民众对现行医疗体系的满意度较低。列瓦达中心的 2010 年 8 月的调查中，对"您及您的家庭成员在强制医疗保险体系下能获得良好的医疗服务吗"这一问题，45% 的受访者回答"大概不能"，25% 的受访者回答"肯定不能"，回答"基本能"和"肯定能"的仅占 22%[1]。

主要原因是俄罗斯医疗体系存在以下一些亟待解决的问题。

**（一）人才瓶颈问题突出**

截至 2013 年 1 月 1 日，俄罗斯共有医生 74.3 万名，每千人拥有的医生数量为 4.47 名；中级医护人员数量为 141.9 万名，每千人拥有的中级医护人员数量为 9.08 名。按照俄罗斯卫生部的计算方法，俄罗斯每千人需要的医生和中级医护人员分别应为 4.52 名和 11.75 名，因此，俄罗斯目前短缺四万名医生和 27 万名护士。但是从国际比较的角度看，俄罗斯每千人拥有的医生和医护人员数量高于经合组织国家，2007 年经合组织国家平均每千人拥有 3.1 名医生，平均每千人拥有中级医护人员 8.9 名。但是与经合组织国家相比，俄罗斯人口患病率和死亡率较高，似乎与医疗人员保障率较高的事实不相符，人员结构问题是主要原因之一。一是农村地区医生和医护人员保障水平较低。俄罗斯农村地区每千人拥有 1.2 名医生，是全俄平均水平的 1/4，拥有中级医护人员 5.5 名，是全俄平均水平的 1/2。俄罗斯医学院毕业生中，大部分人都留在大城市工作，很少有人到农村地区工作。二是医生和中级医护人员的比例不协调。2013 年初俄罗斯上述比例为 1∶1.9，发达国家平均为 1∶2.9（2007 年）。三是初级医务人员（社区儿科医生和全科医生）不足。2007 年俄罗斯初级医务人员与专业医生的比例是 1∶6，经合组织国家为 1∶2。俄罗斯每千人拥有的初级医务人员比例是经合组织国家的 10/17。这不仅使患者在初级医疗机构要排很长时间的队，而且加重了诊所医生的负担。俄罗斯诊所大夫每天要为 30 名患者诊疗，经合组织国家诊所大夫每天仅为 10 名患者提供服务。四是医务人员年龄结构不合理。俄罗斯卫生与社会发展部的数据显示，国家和市政所有的医疗服务机构中，10%～30% 的医务人员已处于退休年龄，50%～60% 接近

---

① http://www.levada.ru/.

退休年龄①。在农村和区医院中，近70%的临床医生已到退休年龄，仅有7%是年轻专家。尽管如此，年轻医务人员还是未能得到有效补充。卫生与社会发展部的资料显示，医科大学毕业生中，仅有55%进入国有和市政所有医疗服务机构。五是儿科医生严重不足。大量幼儿园尚未配备医生，小学和中学的医生缺编率达64%～79%②。可见，俄罗斯医疗救护水平和居民健康状况指标比发达国家低得多的主要原因就是医护人员体系失衡，限制了治疗前预防、家庭访诊和康复等医疗服务项目的发展。

人才瓶颈问题的产生有两大原因。一是俄罗斯医护人员收入低。2008年，俄罗斯医护人员工资收入与西方国家相比依旧有较大的差距：西方国家医生收入是社会平均工资的2～3倍，而俄罗斯医务人员平均工资仅是社会平均工资的10/13，是采掘行业平均工资的2/5，是国家公务员平均工资的5/8。近年来医生和医护人员的收入有所增长，2012年医生月平均工资同比增加13%，达3.27万卢布，是社会平均工资的1.23倍，中级医护人员工资虽然增加了17%，为1.9万卢布，但中级医护人员工资低的问题依旧较为突出，当前仅是社会平均工资的72%。此外，医务人员之间的工资收入差距没有拉开，与工作强度、工作效果和业务能力的关联度较弱，从而导致职业技能高的医务人员流失严重，他们或是到私立医院就职，或是进入制药行业。二是医生职业的社会威望不高。2011年年底俄罗斯健康保护委员会和高等经济学校在2000名医务工作者和患者中联合进行的调查显示，一半的患者认为医生职业威信下降与医务工作者的职业技能培训不足有关。俄罗斯联邦中高等医疗职业教育标准不符合现代医疗发展的需要，授课质量不高。医学院的大学生对老师的满意度不高，认为好教师不多，很多教师放弃临床治疗，知识更新速度慢。再教育体系不畅也是导致医生职业素质难以提高的原因之一。俄罗斯医生平均每五年才有一次参加业务进修班的机会，初级保健医生毕业后大多没有进行职业再培训。再者，俄罗斯医生提高自身业务水平的积极性不高，就连每五年一次的进修，

---

① Медвестник, №16, 2009.

② И. Наумов, Государство экономит на здоровье граждан: Финансирование здравоохранения в России не соответствует уровню развитых стран 06.02.2011/http：//www.ng.ru/economics/2011－06－02/4＿ health.html.

15%的医生也未能按期完成进修课程①。此外，很多医院未能联通网络信息资源、远程教学设备不足等也是阻碍医务人员业务水平提高的重要因素。如上原因导致医务工作者不能及时了解现代诊疗方法，职业技能老化。

**（二）医疗投入不足，结构不合理，地区间医疗资源仍不均衡**

苏联解体后，俄罗斯国家医疗投入下降，按可比价格计算，直到1999年，国家医疗投入才恢复到1991年的水平（见图3-1）。此外，国家医疗投入的年均增速远远低于GDP的年均增速，如1998~2005年间，国家医疗投入的年均增速仅为GDP增速的一半。相反，1994~2009年间居民自费的药品和医疗服务支出逐年增加（见图3-2、图3-3）。虽然从2005年开始，俄罗斯注重加强对医疗卫生事业的投入，开始实施《补充药品保障纲要》（ДЛО），2006年又推行"健康"优先国家项目，医疗投入增幅开始超过GDP增幅，但医疗投入不足问题依旧较为突出。从2007年国家医疗支出占国家总支出的比例看，俄罗斯仅占10.2%，远低于经合组织国家平均15%以上的水平；从国家医疗支出人均值（按购买力平价计算）看，俄罗斯为512美元，仅为经合组织国家平均值的1/4（经合组织国家平均为2200美元）；从国家医疗投入占GDP的比重看，俄罗斯约为3.7%，经合组织国家平均值为6.6%，2007年世界主要国家医疗支出见表3-2。

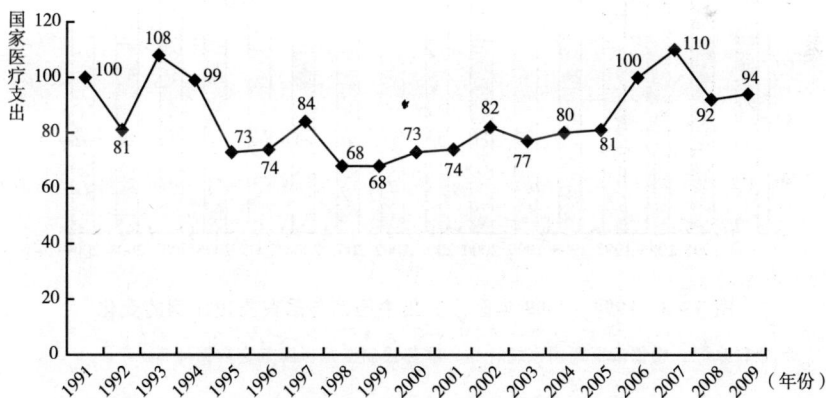

图3-1 1991~2009年国家实际医疗支出变化（1991年=100）

资料来源：根据俄罗斯国家统计局、联邦强制医疗保险基金数据计算。

---

① 俄罗斯卫生监督署2008年数据。

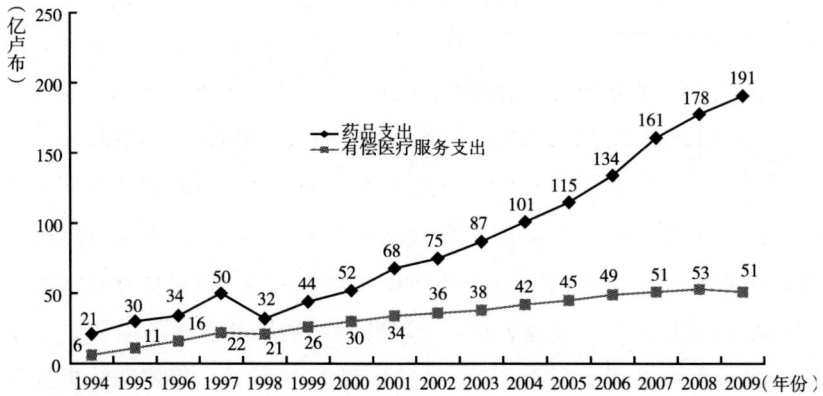

图 3-2　1994~2009 年居民医疗支出（亿卢布：按 1994 年不变价格计算）

资料来源：Российская экономика в 2009 году. Тенденции и перспективы.（Выпуск 31）. М.：ИЭПП, 2010. С. 417。

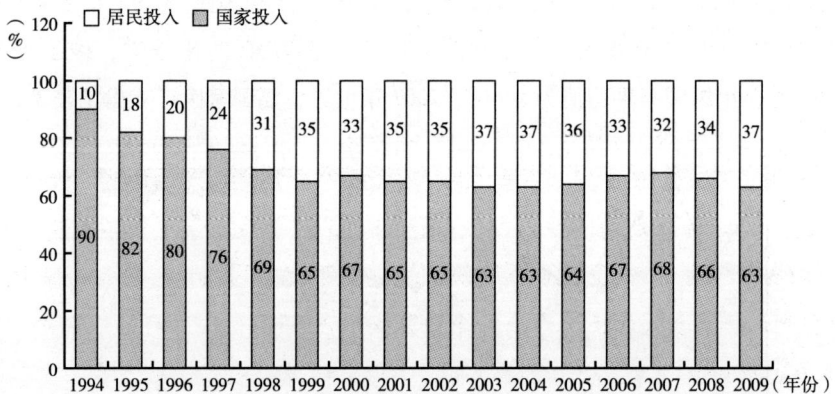

图 3-3　1994~2009 年医疗支出中国家与居民支出比例的变化

资料来源：根据俄罗斯国家统计局、联邦强制医疗保险基金数据计算。

医疗支出结构不合理的问题也比较突出。从 2007 年与经合组织国家相关数据比较来看，一是医疗总支出中，俄罗斯的国家支出约占 68%，低于发达国家平均 73% 的水平。二是俄罗斯的医疗支出中，仅 1% 用于长期护理，远远低于经合组织国家平均 11% 的水平。三是国家医疗支出中，约 63% 用于住院

表 3 - 2  2007 年世界主要国家医疗支出

| 国　　家 | 医疗总支出 | | 国家医疗支出 | |
|---|---|---|---|---|
| | 占 GDP 比例（%） | 人均支出（按购买力平价计算,美元） | 占国家总支出的比例（%） | 人均支出（按购买力平价计算,美元） |
| 俄　罗　斯 | 5.4 | 797 | 10.2 | 512 |
| 美　　国 | 15.7 | 7285 | 19.5 | 3317 |
| 法　　国 | 11.0 | 3709 | 16.6 | 2930 |
| 英　　国 | 8.4 | 2992 | 15.6 | 2446 |
| 德　　国 | 10.4 | 3588 | 18.2 | 2758 |
| 瑞　　典 | 9.1 | 3323 | 14.1 | 2716 |
| 日　　本 | 8.0 | 2696 | 17.9 | 2193 |
| 澳大利亚 | 8.9 | 3357 | 17.6 | 2266 |

资料来源：OECD Health Data 2007 年数据。

治疗，37% 用于诊所治疗（其中 7% 为急救）[1]，说明国家医疗支出的效率欠佳，诊所的技术设备利用率较低，未能有效缓解住院医院的负担。四是药品支出不足。俄罗斯的医疗支出中，23% 用于医疗用品和药品，与经合组织国家相当（为 21%），但从绝对量看，远远低于经合组织国家。2007 年俄罗斯人均药品支出为 190 美元，其中国家支出 45 美元，占 24%。经合组织国家人均药品支出 413 美元，其中国家支出 250 美元，占 60% 以上[2]。可见，经合组织国家上述两个指标分别是俄罗斯的 2.2 倍和 5.5 倍。从药品支出占 GDP 的比重看，俄罗斯也远远落后于经合组织国家，俄罗斯为 0.3%，经合组织国家为 0.9%。五是国家医疗支出中，各级预算支出占 65%，而来自强制医疗保险基金的支出仅占 35%。

从地区间医疗均等化程度看，各地区差异较大。虽然 1998 年，俄联邦政府批准了《国家免费医疗救助纲要》，并且从 2005 年起，联邦政府每年确定人均医疗救助拨款标准。但由于缺乏全国性统筹纲要，而各联邦主体的财政保障能力又不一，从而使得各地区在具体实施《国家免费医疗救助纲要》过程

---

[1]  *В. Стародубов, В. Флек и др. Использование системы счетов в здравоохранении. М.：МЦФЭР, 2007.*

[2]  按购买力平价计算。

123

中存在巨大差异。相关资料显示，2007年，在10%的最富裕地区与10%的最穷困地区之间，国家医疗保障水平的差距达到4.2倍[①]。2009年各地区人均国家医疗救助拨款差距依旧较大，全俄人均为6201卢布，但是超过全俄人均水平的仅有莫斯科市、圣彼得堡市、汉特－曼西自治区、车臣共和国、秋明州、萨哈林州、莫斯科州、梁赞州、图拉州、特维尔州、楚瓦什共和国、莫尔多瓦共和国、阿斯特拉罕州，其他地区均低于平均水平。

相关专家预测，要达到政府设定的到2020年死亡率降至11‰，人均寿命达到73岁的目标，至少应当将医疗投入增加一倍。

### （三）私人医疗机构发育不足

俄罗斯第一批私人医疗机构产生于20世纪90年代初。到2010年，私人医疗机构数量已经占到俄罗斯诊所和医院总量的13%[②]。但私人医疗部门在整个医疗体系中发挥的作用还较小。一是私人医疗部门在整个医疗行业中占比不足。其从业人员仅占全行业从业人员的4.5%，接诊数量占所有医院门诊接诊数量的4%，病床占所有病床数量的0.3%[③]。二是服务门类较少。国立医疗机构提供的服务种类中，私人医疗机构能提供的仅占75.5%。私人医院从事的医疗服务主要涉及内科、外科、妇科和神经内科、皮肤科和耳鼻喉科。1/3（32.7%）的私人门诊和医院仅提供单一门类的医疗服务，其中62.4%为口腔科、9.9%为眼科，5.7%为整形科。与此同时，1/4的私人医疗机构提供当地国立医疗机构难以提供的服务。例如，除了美容服务之外，私人医疗机构还能提供新技术诊疗，如血流扫描、3D电脑放射诊断、生物共振诊断、基因检测、免疫诊断、冷冻治疗、冲击波治疗等。但私人医疗机构的急救服务和上门服务较少，仅有7%的私人医疗机构接诊急救患者，1/3的私人医疗机构从事上门医疗服务。三是大多数私人医疗机构规模相对较小。私人医疗机构门诊部一般设三个科，住院部一般设11个科。而俄罗斯国立医

---

① *С. Шишкин*, Анализ различий в доступности медицинской помощи для населения России. Независимый институт социальной политики. М.，2007. С. 52.

② 根据俄罗斯国家统计局数据计算，Здравоохранение в России 2011. Стат. сб. Расстат, М.，2011.

③ 俄罗斯国家统计局数据。

疗机构在一般城市的门诊部通常设 15～20 个科室，在联邦主体行政中心城市的门诊部通常设 20～25 个科。93% 私人医疗机构的工作人员不足 100 人。仅有 1.6% 的私人医疗机构员工超过 250 人。全俄私人医疗机构平均拥有 42 名员工，其中包括 19 名医生和 13 名中级医护人员。四是私人医疗机构多集中于大城市。五是服务对象多为中产阶级。虽然私人医疗机构的服务对象中有各个收入阶层的人，但绝大多数是收入水平较高的人群，中等收入水平之下患者到私人医疗机构就诊的多为大城市（行政中心城市除外）中的无工作居民（可能未被纳入强制医疗保险）以及慢性病患者。2011 年，私人医疗机构诊治的患者中，有 43%[①]来自全俄收入排名前 20% 的人群。从定价策略来看，私人医疗机构也主要将其服务对象定位于富裕阶层和中产阶级：9% 的私人医疗机构面向富人，77% 的面向中产阶级。六是收入主要依赖医疗服务收费。私人医疗机构 86% 的收入来自患者的直接付费，9.7% 来自自愿医疗保险机构付费，3% 来自捐款或者参与国家纲要所获拨款，1.3% 来自强制医疗保险机构。有关问卷调查结果显示，仅有 6% 的私人医疗机构加入强制医疗保险体系[②]，这些医疗机构大多位于城市，且一般是为儿童提供医疗服务的。尽管私人医疗机构有很多优势，诸如急患者所急，服务质量良好，薪酬机制的激励作用较强，但也有人认为，目前居民对私人医疗机构的钟情主要是出于对俄罗斯整个医疗体系运行效率和服务质量的高度不满[③]。综上所述可见，私人医疗机构仅在一定程度上弥补了国立医疗机构服务的缺位，对国立医疗机构的替代作用不明显。

制约私人医疗机构发展的诸多因素中，首先是行政壁垒。一方面，国家医疗许可制度和监管制度落后，限制了新的医疗服务项目的推广和新的医疗技术设备的应用。另一方面，参与强制医疗保险体系受诸多障碍限制。一直以来，

---

① РМЭЗ 数据，http：//www.hse.ru/。
② 联邦强制医疗保险基金数据显示，2010 年加入强制医疗保险体系的非国家医疗机构有 618 家，占医疗机构总量的 18.2%，但其中不仅包括私人医疗机构，而且还包括部门所属的医疗机构。Об итогах первого года работы в условиях реализации нового закона/http：//ora.ffoms.ru/portal/page/portal/newsletters/periods/2012/march/14032012。
③ *О. Савельев*, Отечественная система здравоохранения россиян не устраивает//Пресс-выпуск，Левада-центр/http：//www.levada.ru/15－10－2012/.

强制医疗保险体系一部分资金来自强制医疗保险缴费，一部分来自预算，以向医疗机构提供补贴的形式发放。参与强制医疗保险体系对于很多私人医疗机构来说，并无多少利润，因而参与的意愿不强。而且目前高科技医疗服务主要由国家预算拨款，私人医疗机构也无法参与。此外，目前医疗机构提供强制医疗保险服务的合同期一般为一年，来年还需要续签，对私人医疗机构而言风险较大。况且参与强制医疗保险服务的医疗机构需要提供多项资料详尽的报表，以利于国家监督，对私人医疗机构而言费时费力。还有就是地方权力机构的政策也制约了私人医疗机构参与强制医疗保险体系的积极性。一些地方权力机构要求参与强制医疗保险体系的医疗机构提供一整套的医疗服务，而私人医疗机构因服务项目较为单一，很难拿到强制医疗保险服务订单。其次是来自国家医疗机构在有偿医疗服务市场上的竞争。对私人医疗机构来说，医疗服务收费是其主要的收入来源，而对国家医疗机构来说，这仅是其收入来源之一。国家医疗机构一般用压低相应支出成本的方法影响国家对有偿医疗服务的定价，亏损部分用预算资金弥补，借此实行"倾销"策略，以降低私人医疗机构有偿医疗服务的竞争力。约12%的私人医疗机构负责人认为制约私人医疗机构发展的是来自国家医疗机构的强烈竞争。再次是投资私人医疗机构的利润率低、回本周期较长。多数私人医疗机构负责人指出，投资回本较快的是牙科诊所，约为两年多。投资内科医院、诊所和急救医院的回本期为三年，投资儿科医院或诊所的回本时间较长，最长的是儿科医院，回本期为四年。当然，投资私人医院回本期要短于商业地产投资，如商厦、办公楼、仓库、旅馆等，这些项目的投资回本期通常为 5 ~ 11 年[①]。

**（四）医疗服务效率低下**

这主要体现在七个方面。

第一，基础医疗发展不足且缺乏效率。划归每个社区诊所的居民人数与实际人数不符，如在大城市中，每个社区诊所名义上应当为 1800 ~ 2500 人提供医疗服务，但实际上每个诊所服务对象接近 4000 人。如此一来，社区诊所医

① Т. Елекоева, Выгоды ли сейчас инвестиции в коммерческую недвижимость? Бюллетень недвижимости. 21 марта 2011 г. /http：//www. bn. ru/articles/2011/03/21/81345. html.

生沦为《补充药品保障纲要》的开方人。而且国家和市政机构所属的初级医疗机构主要是工作日接诊，对上班族来说形同虚设。此外，初级医疗卫生救助部门之间缺乏协调和衔接，影响了整体工作效率。

第二，急救服务效率不高，且存在较大的浪费。俄罗斯大多数适龄劳动人口死亡的直接原因是急救不及时，每年约有 180 万人死在医院外。影响急救服务效率的主要原因是：城市中不是按照就近原则部署医疗急救中心，而是按区域所属原则布局；急救中心在资金保障方面存在巨大差异，难以建立统一的电子调度系统并为急救车辆装备导航系统，对投入使用设备的技术状况更是疏于监控；对高级和中级急救人员的培训不足，急救中心高技能人员缺乏，专业急救队中有经验的医疗人员流失严重。此外，急救车辆经常被当作运送一般患者的车辆使用，急救后入院治疗患者仅占 1/5 ~ 1/6。

第三，"过度"住院治疗现象严重。截至 2007 年，俄罗斯住院病床的保障率是每千人 12.4 个，符合发达国家的标准（如日本为 15.4 个，荷兰为 14.3 个，挪威为 11.7 个），但仍存在病床不足的问题，市级、联邦主体级和联邦级医院每年有 318 天病房床位全满。主要原因是不适当住院收治情况普遍，经常发生所住医院的专业强项与患者病情不符的情况，患者转院率较高，同时因缺少康复中心等，导致患者住院期过长，平均为 13.2 天。有关专家估计，住院治疗的患者中，30% 完全可以在诊所得到治愈[①]。

第四，医疗信息体系碎片化问题。俄罗斯从 1992 年开始设计并应用医疗信息系统，但是截至 2007 年，俄罗斯医疗信息体系仍缺乏统一性，医疗机构拥有 800 多个相对独立的医疗信息系统，相互间的电子信息交换较为困难，仅在各个医疗机构建立了强制医疗保险服务登记系统和优惠药品供应系统。俄罗斯卫生与社会发展部医疗组织与信息化中央科研所（ФГУ ЦНИИОИЗ）的资料显示，俄罗斯医疗机构中，配备医疗信息体系工作岗位（包括建立电子病历和实行药方信息化管理）的不足 8%，建有医疗技术信息管理体系的约有 14%。而在英国和荷兰的初级医疗机构中，90% 的医生使用电子病历，在美国

---

① *Г. Улумбекова*, Здравоохранение России. Что надо делать: научное обоснование "Стратегии развития здравоохранения РФ до 2020 года", М.: ГЭОТАР-Медиа, 2010. C. 114.

和加拿大这一比例为 25%。

第五，是预防和治疗机构的硬件条件欠佳。2000～2010 年俄罗斯医疗行业固定资产折旧率从 30% 升至 53.3%。国家和市政所属医疗机构建筑物年久失修、卫生条件较差。有 23% 的诊所和 30% 的医院需要大修。17% 的国家医疗管理机构设施需要翻修，41% 的医疗服务机构需要全面更新装备。医疗机构现代化设备配备不足。俄罗斯医院目前仅装备 CT 扫描仪 800 台，平均每百万人口拥有 5.6 台，该指标仅为经合组织国家的 1/4。磁共振成像仪每百万人口的拥有量是经合组织国家的 23.3%，乳房 X 光检查仪每百万人口的拥有量是经合组织国家的 2/3。而且与发达国家相比，俄罗斯现代诊疗技术运用较少，如心脏血运重建手术（冠状动脉旁路移植术、冠状动脉腔内成形术）在俄罗斯的应用率仅为每 10 万人 36.4 次，经合组织国家为每 10 万人 250 次。从病床数量看，也存在结构上的问题。2007 年俄罗斯共有病床 155 万张，每千人 12.4 张。虽然该指标高于发达国家的水平，但是俄罗斯用于恢复性治疗的病床仅有五万张，每千人仅 0.35 张。用于长期护理的病床（用于老年人和残疾人，包括残疾儿童）每千人四张，是发达国家的 1/2。而且俄罗斯患者住院时间长，影响了病床的使用效率。2008 年患者在强化治疗病床上接受治疗的天数虽然比 1990 年有所减少，但是仍平均达 11.5 天，是经合组织国家的 1.8 倍。农村地区医疗机构的病床保有量从 1995 年的每千人 7.15 张减至 2007 年 5.19 张，降幅达 36%。

第六，是患者权利未得到有效保护。患者在初级医疗机构经常遭遇医务人员的无礼对待和漠视，需要排长队等候。虽然患者有权选择医生和医疗服务机构，但因医疗服务质量等信息不公开、住院医院多是由社区医生根据与保险公司的协议"指派"等原因，患者应有的权利大多未能得到有效保障。当然，自费医疗和自愿医疗保险除外。

### （五）多头管理

俄罗斯医疗体系在资金来源、资金管理者、资金流向、医疗服务提供者、管理体系、国家医疗支出资金的集中与分配等方面都存在多头管理问题。医疗体系资金来源来自四个渠道：预算资金（税收收入）占 57%，雇主的医疗缴费（统一社会税的一部分）占 11%，居民有偿医疗付费占 29%，雇主的自愿医疗保险缴费占 3%①。资金管理者有五个：俄罗斯卫生部（2012 年 5 月之前为卫生与社会发展部），地区医疗管理机构，强制医疗保险基金，自愿医疗保险基金和患者。资金流向有四个渠道：预算资金通过专项纲要，以投资和专业医疗服务方式拨款；强制医疗保险基金通过保险公司提供部分医疗服务付费；患者自费用于医疗保险范围之外的医疗服务付费；自愿医疗保险基金用于医疗服务付费。医疗服务提供者有国家和市政所有的诊所和全科医生诊所、国家和市政所有的住院部、私人机构所有的诊所和住院部。参与国家医疗保障的医疗服务机构按所有制方式分为三类：国家医疗机构（联邦和地区级）、市政医疗机构和私人医疗机构②。国家医疗支出资金的集中与分配也有多个渠道。资金主要集中在俄罗斯卫生部、地区和市政医疗管理机构、联邦强制医疗保险基金、地区强制医疗保险基金和社会保险基金中。俄罗斯卫生部的资金来自联邦预算，用于国家医疗保障项下的专项救治和高科技医疗服务、对个别社会群体的药品保障，此外还用于属于联邦所有医疗机构的维护和发展，用于国家医疗保障框架之外的项目，诸如公共医疗项目、医学教育、医学发展、长期目标纲要等。地区医疗管理机构（联邦主体医疗管理机构）的资金来自地区预算和联邦预算的转移支付，主要用于地区国家医疗保障项下对重大疾病的专项救治、高科技医疗服务、目标纲要和地区所有医疗机构的开销和基础设施维护与发展。地方医疗管理机构（市政医疗管理机构）的资金来自地方预算和地区预算的转移支付，主要用于地区国家医疗保障项下的急救和初级医疗救治，其中包括重大疾病发作时的紧急救治。地方医疗管理机构资金还用于地方所有医疗机构的开销和基础设施的维护与发展，以及一些目标纲要的实施。在联邦强制医疗保险基金中，集中了联邦预算资金和部分社会保险缴费（从 2011 年开始，纳入联邦强制医疗保险基金的医疗保险缴费率为劳动报酬的 2.1%，之前称统一社会税，税率为 1.1%）。资金主要用于拉平各联邦主体的国家医疗保障水平，实施《居民补充药品保障纲要》、"健康"国家优先项目等。地区强制医疗保险基金集中了来自地区预算的资金（对无工作居民的医疗保险缴

① 2007 年数据。
② 行业或部门所属医疗机构有的依旧为联邦所有，如国防部医疗机构，有的则变为部门所有，如俄罗斯铁路公司所属医疗机构。

费）、部分社会保险缴费（从 2011 年开始为劳动报酬的 3%，之前为 2%）和来自联邦强制医疗保险基金的资金。地区强制医疗保险基金中的资金用于地区国家医疗保障的基础医疗支出，即除了急救、高科技医疗和重大疾病救治之外的所有医疗救助。此外还用于五大项支出：劳动报酬、加班费、药品支出、病人食品和病房床上织物类用品等。地区强制医疗保险基金中的资金通过私人医疗保险公司提供给医疗服务提供者。社会保险基金的资金来自社会保险缴费，用于向有权获得国家社会救助的个别群体提供疗养证，向有害和危险环境中工作的劳动者提供全面身体检查，以及用于发放"生育证"等（作为"健康"国家优先项目的一部分）。整体而言，国家医疗支出的 70% 以国家医疗保障纲要方式支出，其中包括强制医疗保险基金中用于医疗基本保障的资金。其他资金则用于医学发展、医学教育、流行病防治、联邦目标纲要、固定资产投资和行政支出。

可见，从资金来源看，俄罗斯医疗体系是预算保障和保险相结合的混合制度。

医疗救助模式依旧采用 A. 谢马什科创立的社区就近就医的原则，按患者病情逐级转院。从管理架构看，管理体系分为三级：联邦级、地区级和市政级。

### （六）其他问题

首先是相关法律欠缺。在相关医疗法律建设方面，俄罗斯现行法律难以明确区分免费医疗和收费医疗之间的界限，法律中关于有偿医疗服务定价规则缺失，有偿医疗的法律调控体系有待进一步完善。此外，《患者权益保险法》《医疗工作者职业责任强制保险法》《心理救助和心理救助的公民权利保障法》等法律法规有待建立。

其次是医学科研投入不足。俄罗斯从事医学研究的主要是俄罗斯医学科学院、俄罗斯医学科学院和卫生与社会发展部所属科研院所、个别大学的一些教研室。2007 年俄罗斯对医学的投入为 89 亿卢布，占科学总投入的 2.4%，占 GDP 的 0.03%。[①] 发达国家医学投入占 GDP 的比例为 0.2% ~ 0.3%。

再次是医疗机构服务水平和质量缺乏社会监督，居民自愿医疗保险参与率

---

① 俄罗斯教科部 2009 年数据。

较低。近 20 年来，俄罗斯医疗保险市场处于不断整合之中。参与强制医疗保险的保险公司数量从 1993 年的 164 家增加到 1996 年最多时的 538 家，到 2010 年又降至 95 家。但迄今为止，国家和医疗保险机构均不能向社会提供有关医疗机构服务质量和疾病治疗效果等信息，从而导致公众因缺乏知情权而无法对医疗服务机构进行有效选择和监督。从居民自愿医疗保险参与率看，2000 ~ 2009 年，俄罗斯居民参与自愿医疗保险的人数虽然逐年增加，但在总人口中所占比重仍然较低，在 13 岁以上居民中，2000 年参与自愿医疗保险的人员仅占 1.9%，2007 年最高时达 6.2%，之后因受金融危机影响，2009 年降至 4.5%[1]。

## 第三节　医疗体系进一步改革的方向

通过上述对俄罗斯医疗体系改革成效与存在问题的分析，可以预见，今后一段时期内，在进一步加强全民强制医疗保险的同时，俄罗斯医疗体系改革将会向前推进，改革的侧重点将集中在如下几个方面。

### 一　增加医疗支出

国际经验表明，国家医疗支出占 GDP 的比重每增加一个百分点，成年人口的死亡率就下降四个百分点[2]。发达市场经济国家人口的健康指标之所以较好，关键在于这些国家的国家医疗支出一般占到了 GDP 的 7% ~ 9%，中东欧国家一般也达 5% 左右（见表 3 - 3）。《2020 年前俄罗斯联邦经济社会长期发展战略构想》提出，到 2020 年俄罗斯国家医疗支出占 GDP 的比重将达到 5.5%。但截至 2011 年俄罗斯国家医疗支出占 GDP 的比重仅为 3.5%。从更长远看，在国家财力允许的情况下，把国家医疗支出增加到占 GDP 的 6% ~ 7% 是大势所趋。而且在医疗总支出中，国家医疗支出至少应占 80%，个人支出

---

① Расчеты Е. В. Селезневой по данным РМЭЗ, 2000 - 2009 гг.

② Е. Андрюшина, В. Катков, Актуальные проблемы развития политики финансирования российского здравоохранения 1995 - 2008. Здоровье и социально-демографические процессы в России: Сборник статей. Под редакцией А. Шевякова. М.: ИСЭПН РАН, 2010.

最多不应超过 20% （加上自愿医疗保险）。尤其应当提高医疗行业的工资水平。截至 2013 年，俄罗斯初级医护人员和中级医护人员平均工资仅为社会平均工资的 50.1% 和 75.6% ，医生平均工资为社会平均工资的 125.7% 。

表 3 - 3　各国国家医疗支出占 GDP 的比重

单位：%

| 国家/年份 | 2008 | 2009 | 2010 | 2011 |
|---|---|---|---|---|
| 俄 罗 斯 | 3.8 | 4.3 | 3.7 | 3.5 |
| 欧盟平均 | 6.9 | 7.6 | 7.5 | 7.3 |
| 美　　国 | 7.6 | 8.3 | 8.4 | 8.5 |
| 英　　国 | 7.3 | 8.2 | 8 | 7.8 |
| 法　　国 | 8.5 | 9 | 9 | 8.9 |
| 捷　　克 | 5.6 | 6.7 | 6.2 | 6.3 |
| 爱沙尼亚 | 4.7 | 5.3 | 5 | 4.7 |
| 匈 牙 利 | 5 | 5.1 | 5.2 | 5.1 |
| 波　　兰 | 4.9 | 5.2 | 5 | 4.8 |
| 土 耳 其 | 4.4 | — | — | — |
| 智　　利 | 3.1 | 3.7 | 3.5 | 3.5 |

资料来源：根据俄罗斯财政部数据整理。

## 二　改革医疗拨款模式，实行资金集中统一管理

目前世界各国实行的医疗拨款模式主要有两种：预算拨款型和强制医疗保险型。俄罗斯是典型的两者混合型。混合型模式造成医疗资金管理的碎片化，大大降低了资金的使用效率和公平度，导致了地区间医疗资源的不均衡。今后俄罗斯有可能在借鉴发达国家市场化管理经验的同时，进一步加强国家的宏观调控，实现资金管理的集中统一和资金分配的公正透明。改革涉及三个层面：首先，应当把资金集中到联邦强制医疗保险基金中，而非地区强制医疗保险基金中；其次，设定统一公式，把满足医疗救助需求可能面临的风险和当地消费价格作为参数；最后，对各联邦主体规定统一的医疗服务收费标准，对医疗服务提供者实行统一的付费方式，确定统一的医疗服务基础价费，并按各地区实际情况确定修正系数。

### 三　促进公平竞争，限制垄断

在医疗保险领域，针对各地区医疗保险公司相互割裂、缺乏竞争的现状，应该在加强国家对医疗服务质量监督并对医疗保险公司进行严格管控的前提下，允许医疗保险公司实施强制医疗保险纲要，使医疗保险公司之间的竞争透明化，以便进一步提高医疗支出的效益。在医疗服务领域，鉴于俄罗斯私人医疗服务机构经过多年发展，已经具备了一定实力，因此，应当创造条件把更多私人医疗机构纳入强制医疗保险体系，允许私人医疗机构参与完成国家医疗服务任务，其中包括高科技医疗服务，以此加强不同所有制医疗机构之间的竞争，提高医疗体系的效率。

### 四　更加注重改善劳动人口、老年人、儿童和育龄妇女的健康状况

首先应当更加注重改善劳动人口，尤其是男性劳动人口的健康状况。有关统计显示，现今俄罗斯仅有不足 50% 的男性公民能活到 65 岁以上。因此要想延长俄罗斯的人均寿命，关键在于提高劳动年龄男性公民的健康水平。根据有关专家的计算，如果到 2020 年时，能把劳动年龄男性公民的死亡率降低一半，则丧失劳动能力的天数就能减少 25%，如果再相应提高退休年龄（男性 65 岁，女性 60 岁），则创造的经济价值将高达 34.8 万亿卢布（按 2008 年价格计算）[①]。因此，针对当前劳动人口健康状况不佳和劳动环境较差的现实，必须恢复苏联时期对工业企业员工的医疗救助机制，并使之现代化。重点是防治循环系统疾病、意外死亡（特别是交通事故和自杀）、肿瘤。其次应当更加注重改善老年人口的健康状况。人口老龄化已经成为俄罗斯必须面对的现实，发展针对老年人的医疗社会服务，尤其是加强对老年患者和残疾人的长期护理已经势在必行。目前经合组织国家用于长期护理（即社会医疗救助）的支出平均占医疗预算支出的 11%，而俄罗斯仅为 1%，因此应多方筹措资金发展长期医疗护理服务。最后是应当更加注重改善儿童和妇女的健康状况，低出生率和较高的新生儿死亡率表明，俄罗斯医疗政策的优先方向应当是进一步改善儿童和育龄妇女的健康状况。

---

[①]　Г. Улумбекова, Здравоохранение России. Что надо делать：научное обоснование "Стратегии развития здравоохранения РФ до 2020 года". М.：ГЭОТАР-Медиа, 2010. С. 409.

## 五　倡导健康生活方式

世界卫生组织认为，人的健康和寿命 10% 取决于卫生保健状况和医疗服务水平，10% 取决于遗传因素，20% 取决于环境和气候，60% 取决于生活方式。当前，俄罗斯人生活方式中存在一些严重影响健康的问题。

第一，酗酒问题严重。导致俄罗斯劳动能力丧失的第一大因素是酗酒。根据俄罗斯消费者权益和民众福利监督署的数据，俄罗斯青少年中 33% 的男孩、20% 的女孩，成年人中约 70% 的男性和 47% 的女性每天饮酒（包括啤酒），1990～2006 年俄罗斯人均饮酒量增加了 1.5 倍。俄罗斯人年均酒类消费折合成纯酒精约为 18 升，远高于经合组织国家 9.5 升的平均水平（见表 3 - 4、表 3 - 5）。虽然从 2003 年之后患酒精依赖和酒精性精神病的居民比例逐年下降，到 2010 年仍为 1.07‰[1]。而且酗酒低龄化问题严重影响青少年健康。医生注意到，俄罗斯很多孩子从 12～13 岁开始饮酒。社会调查显示，俄罗斯 80% 以上的青少年饮酒，接触酒精饮品的平均年龄从之前的 16 岁降至 13 岁[2]。2007 年欧洲学校调查的数据也显示，俄罗斯青少年较早接触酒精饮品，25% 接受调查的男孩和 17% 的少女声称，他们接触酒精饮品是在 13 岁之前[3]。

第二，吸烟较为普遍。1985～2006 年俄罗斯烟草消费增长 87%，主要是妇女和青少年吸烟人数增加。15～16 岁的俄罗斯青少年中，66%（男孩占 73%，女孩占 57%）都有过吸烟体验，35%（男孩占 41%，女孩占 29%）在接受调查之前的 30 天内吸过烟。在年满 13 岁之前吸过烟的人群中，男孩占 54%，女孩占 31%，成为烟民的分别占 14% 和 7%[4]。俄罗斯目前有烟民 4390 万，占总人口的 40%，成年人中烟民所占比例为世界之最，是美国和欧盟国家的两倍。19～40 岁的俄罗斯居民中，吸烟者人数超过一半（男性烟民比例是 70%，女性烟民比例是 40%）。当前，俄罗斯烟民数量还在以每年 1.5%～

---

① Здравоохранение в России 2011： Стат. сб. Росстат. М.， 2011. С. 38.

② *Р. Нургалиев*，Свыше 80 процентов российских подростков пьют алкогольные напитки// Российская газета. 6 окт. 2010 г.

③ European School Survey Project on Alcohol and Other Drugs 2007.

④ European School Survey Project on Alcohol and Other Drugs 2007.

表3-4 世界各国公民人均酒精饮料年消费量（折合成纯酒精）

单位：升

| 国家/年份 | 1971 | 1975 | 1979 | 1983 | 1987 | 1991 | 1995 | 1999 | 2003 | 2007 |
|---|---|---|---|---|---|---|---|---|---|---|
| 俄罗斯 | 8.76 | 7.82 | 7.92 | 7.84 | 4.16 | 7.51 | 11.17 | 10.57 | 11.26 | 11.45 |
| 日 本 | 5.71 | 6.30 | 6.77 | 7.12 | 7.69 | 8.03 | 7.87 | 7.53 | 7.82 | 7.29 |
| 美 国 | 9.80 | 10.18 | 10.41 | 10.18 | 9.61 | 8.71 | 8.14 | 8.18 | 8.40 | 8.78 |
| 澳大利亚 | 11.13 | 12.63 | 12.78 | 12.22 | 11.27 | 10.11 | 9.69 | 9.41 | 9.97 | 10.32 |
| 英 国 | 7.00 | 8.87 | 9.29 | 8.59 | 9.14 | 9.41 | 9.55 | 9.89 | 11.70 | — |
| 挪 威 | 4.88 | 5.54 | 5.63 | 4.85 | 5.38 | 4.90 | 4.79 | 5.45 | 6.03 | 6.60 |
| 芬 兰 | 6.39 | 8.00 | 7.84 | 7.94 | 8.75 | 9.22 | 8.31 | 8.62 | 9.30 | 10.45 |
| 德 国 | 14.09 | 14.40 | 14.35 | 13.21 | 12.59 | 13.92 | 13.35 | 12.78 | 11.92 | 11.62 |
| 波 兰 | 7.96 | 9.61 | 10.93 | 8.55 | 9.68 | 8.75 | 8.14 | 8.34 | 9.33 | 10.34 |
| 匈牙利 | 11.95 | 12.68 | 14.18 | 14.59 | 13.69 | 13.18 | 12.21 | 12.80 | 12.33 | — |
| 捷 克 | 11.42 | 11.84 | 12.12 | 12.59 | 11.16 | 12.37 | 12.53 | 13.22 | 15.32 | 15.23 |
| 立陶宛 | — | — | — | — | 6.22 | 8.03 | 6.09 | 6.75 | 11.40 | 13.40 |
| 乌克兰 | — | 7.79 | — | 7.26 | 3.70 | 5.86 | 3.72 | 3.93 | 8.03 | — |

资料来源：apps. who. int/ghodatf/? vid=2490。

表3-5 世界各国公民人均烈性酒年消费量（折合成纯酒精）

单位：升

| 国家/年份 | 1971 | 1975 | 1979 | 1983 | 1987 | 1991 | 1995 | 1999 | 2003 | 2007 |
|---|---|---|---|---|---|---|---|---|---|---|
| 俄罗斯 | 4.92 | 4.30 | 4.22 | 4.24 | 2.08 | 5.31 | 8.87 | 7.99 | 7.28 | 6.37 |
| 日 本 | 1.31 | 1.65 | 2.12 | 2.67 | 2.61 | 2.55 | 2.62 | 3.06 | 3.34 | 3.41 |
| 美 国 | 4.24 | 4.20 | 4.01 | 3.63 | 3.10 | 2.69 | 2.38 | 2.38 | 2.54 | 2.76 |
| 澳大利亚 | 1.47 | 1.53 | 1.34 | 1.47 | 1.53 | — | 1.63 | 1.55 | 2.01 | 1.17 |
| 英 国 | 1.31 | 1.92 | 2.40 | 2.03 | 2.01 | 1.99 | 1.67 | 1.90 | 2.53 | — |
| 挪 威 | 2.10 | 2.41 | 2.34 | 1.63 | 1.63 | 1.12 | 1.00 | 1.05 | 1.22 | 1.35 |
| 芬 兰 | 2.85 | 3.90 | 3.72 | 3.78 | 3.98 | 3.28 | 2.41 | 2.37 | 2.38 | 2.86 |
| 德 国 | 0.41 | 3.87 | 4.17 | 2.98 | 2.66 | 2.83 | 2.82 | 2.37 | 2.35 | 2.47 |
| 波 兰 | 4.72 | 6.06 | 7.37 | 5.47 | 6.32 | 4.91 | 4.52 | 2.62 | 2.85 | 3.55 |
| 匈牙利 | 3.67 | 4.53 | 5.31 | 6.19 | 6.01 | 4.77 | 4.18 | 3.99 | 3.12 | 2.87 |
| 捷 克 | 3.35 | 3.71 | 4.22 | 4.35 | 4.31 | 4.04 | 3.93 | 4.45 | 4.02 | 3.58 |
| 立陶宛 | — | — | — | — | — | 4.94 | 3.44 | 2.16 | 3.80 | — |
| 乌克兰 | — | 3.38 | — | 2.93 | 1.66 | 3.41 | 2.54 | 2.51 | 5.53 | 5.32 |

资料来源：apps. who. int/ghodatf/? vid=2490。

2.0% 幅度增长。根据俄罗斯卫生与社会发展部预防医学中心的数据，俄罗斯每年有 22 万人因吸烟引发疾病致死。男性循环系统疾病致死事件中，有 40% 与吸烟有关。吸烟是导致俄罗斯人口死亡的第三大原因，排在高血压和高胆固醇之后。

第三，吸毒人数增加。俄联邦毒品流通监督局主任 B. 伊万诺夫称，目前俄罗斯吸毒规模已达到惊人程度。官方正式登记的毒品依赖人员为 62 万。如果根据联合国的统计方法，俄罗斯吸毒人数高达 250 万人。独立社会研究的资料显示，俄罗斯的实际吸毒人员是官方统计数据的 8 ~ 10 倍[1]。在吸毒人员中，20% 是中小学生，60% 是年龄在 16 ~ 30 岁的青年，20% 年龄稍大。接触毒品的平均年龄是 15 ~ 17 岁，9 ~ 13 岁开始接触毒品的孩子在增加。近 20 年来俄罗斯吸毒成瘾者增加了近 19 倍，每年死亡的瘾君子达 10 万人，其中八千到一万人因过量吸食毒品而亡。2010 年和 2011 年俄罗斯吸毒者的死亡率达 70%[2]。

第四，不合理膳食和运动量过少。世界卫生组织相关文件指出，约 1/3 的循环系统疾病与不合理膳食有关。尽管 1995 ~ 2007 年间俄罗斯居民人均蔬菜和水果消费量增加了 27%，但是依旧低于法国和意大利的水平（这两个国家循环系统疾病致死率较低）。合理膳食还会使肿瘤类疾病的致死率下降 30% ~ 40%。俄罗斯居民的饮食结构中还存在个别微量元素，如碘、铁等不足的问题。缺少运动也是不健康生活方式之一。世界银行研究报告显示，2002 年俄罗斯 73% ~ 81% 的男性、73% ~ 86% 的女性极少运动[3]。运动量不足导致体重增加，患病概率上升。高等经济学校的《俄罗斯居民经济与健康状况追踪》显示，2000 ~ 2008 年俄罗斯 1/3 的人体重有所增加[4]。

因此，俄罗斯政府应当创造条件倡导健康生活方式，甚至可以尝试实行有

---

① Федеральная целевая программа «Комплексные меры противодействия злоупотреблению наркотиками и их незаконному обороту на 2005 – 2009гг». Утверждена постановлением Правительства РФ от 13. 09. 2005 №561.

② И. Розмаинский, Почему капитал здоровья накапливается в развитых странах и «проедается» в постсоветской России? //Вопросы экономики. 2011. №10. С. 129.

③ Россия: рано умирать: доклад Всемирного банка. декабрь 2005.

④ П. Козырева, А. Низамова, А. Смирнов, Здоровье населения России: динамика и возрастные особенности (1994 – 2011 гг.) //Вестник социологии. май 2013 г. № 6.

差别的强制医疗保险缴费率：根据生活方式健康的程度设定不同的强制医疗保险缴费率。因为医疗体系现代化的目的是保障那些对自身健康状况比较关心的人群获得良好的医疗条件。

## 六 改善工作环境

2007 年俄罗斯水文气象和环境监控署列出了 90 个环境不佳城市，这些城市工业企业的有害物质排放均超过一千吨[1]。其中工业企业有害物质排放超过十万吨的城市有 12 个。排在第一位的是诺里尔斯克，排放量为 199.1 万吨，之后分别是新库兹涅茨克（39.7 万吨）、切列波韦茨（35.1 万吨）、利佩茨克（33.5 万吨）、马格尼托格尔斯克（26 万吨）、下塔吉尔（19.9 万吨）、鄂木斯克（17 万吨）、安加尔斯克（16.6 万吨）、克拉斯诺亚尔斯克（16.5 万吨）、乌法（15.4 万吨）、车里雅宾斯克（14.7 万吨）、布拉茨克（12.4 万吨）。土壤污染最严重的是下诺夫哥罗德州的捷尔任斯克[2]。环境因素造成劳动人口的工作环境不符合卫生标准，对公民健康造成了一定的影响。根据俄罗斯国家统计局数据，1990 ~ 2007 年间工业企业的员工在不良环境中工作的占比增加了 30% ~ 100%，交通行业员工在不良环境中工作的人员比重增加了2.8 倍。2007 年采掘业中 1/3 的工人、能源生产行业和加工业中 1/4 的工人的工作环境不符合卫生标准。俄罗斯消费者权益和居民福利保护署的数据则显示，2008 年，77% 的企业工作条件对员工健康不利。在不符合卫生标准环境中工作的员工比例较高的地区为科麦罗沃州、阿尔汉格尔斯克州、马加丹州、犹太自治州、摩尔曼斯克州，分别占 51.1%、42%、41.4%、41.1% 和40.15%。相关资料显示，俄罗斯适龄劳动人口 40% 以上的病症都直接或间接地与不良工作环境相关[3]。因此，改善工作环境，预防疾病刻不容缓。

---

① 根据俄罗斯国家统计局 2008 年数据。
② РБК Daily. 2007/http：//www.rbcdaily.ru/.
③ Доклад «О реализации государственной политики в области охраны труда в Российской Федерации в 2008 году». Минздравсоцразвития РФ. 2009.

# 第四章　住房制度

住房制度安排是一项关系国计民生的重大问题。本章纵览俄罗斯住房制度改革历程，从俄罗斯住房市场发展现状的视角对俄罗斯住房制度改革的绩效进行评价。

## 第一节　住房改革历程

苏联时期住房制度存在加重国家财政负担、住房分配不公平等弊端。叶利钦时期俄罗斯的住房改革为建立房地产市场创造了条件。2000 年之后，在完善有关住房的法律体系、持续推进住房私有化的同时，俄罗斯强化了对低收入者和特定人群的住房保障义务。2008 年世界金融危机发生后，俄罗斯把住房保障作为反危机政策中民生项目的主要方向之一，同时着眼于建立长效机制，力促住房市场健康发展。

### 一　苏联时期的住房制度

研究俄罗斯住房制度的演变，作为铺垫和初始条件，必须首先对苏联时期的住房制度进行简要回顾。

十月革命之前的 1913 年，俄国城镇人口人均住房面积为 6.3 平方米。之后因战争破坏与城市人口激增，1926 年城市人口的人均住房面积降至 5.8 平方米，近 30% 的工人家庭人均住房面积还不到三平方米。面对住房紧张的严峻形势，1926 年苏联共产党（布尔什维克）中央委员会和全体联席会议通过住房建设决议，第一次进行满足居民住房需求的尝试。1928 年 1 月苏联人民

委员会通过了《住房政策决议》。1931 年 3 月，苏联共产党（布）中央委员
会通过《发展简易住房决议》，随后，又出台了三个决议：《改进住房建设决
议》（1934 年 4 月）、《降低建设费用决议》（1936 年 2 月）、《规范住房建设
拨款决议》（1938 年 2 月）。但是这些决议的出台并没有根本改变不同住户合
住同一套住房的状况，1946 年苏联人均住房面积仅为六平方米①。

　　赫鲁晓夫时期，为切实保障居民的住房需求，政府制定了明确的目标：为
每个家庭分配独立住房，标准是人均九平方米。当时建立了几百家大型装配式
房屋建造工厂，在城市周边建造了大量预制板结构的五层住房（后来被称为
"赫鲁晓夫筒子楼"）。每套住房的面积不大，独户居住，从而结束了几户居民
合住同一套住房的尴尬状况，这在当时被称为住宅创新理念。当时建造的住房
带有简易经济房性质，相对缓和了住房的紧张状况，1965 年苏联居民人均住
房面积增加到十平方米，约有 30% 的家庭住进了单元房。

　　勃列日涅夫时期，开始实行国家和私人的合作建房机制，即房屋住户开始
部分出资，以弥补国家建房费用的不足。但是住房的维修养护费用仍由国家承担。

　　戈尔巴乔夫时期出台了两个决议：一是《引导居民用自有资金建造独家
住房、加速解决住房问题决议》；二是《国家加速解决住房问题的主要方向决
议》。当时开展了全苏优秀建设者竞赛，实行流动红旗制，用增加新建住房层
数的办法，来加速住房问题的解决。但是最终结果并不理想，导致了建筑工期
延长和建设费用的增加，特别是增加了住房使用费用。

　　与传统的计划经济体制相适应，苏联实行福利性质的住房制度，靠国家解
决住房问题，大多数公民的住房主要由国家负责建造和无偿分配，实行低租金
与高补贴政策。具体特点表现在五个方面。一是国家拥有城镇全部土地与住房
产权。二是大部分住房由国家规划建设。苏联虽然存在鼓励合作社建房与私人
建房政策，但始终没有改变以国家建房为主的状况。1986 ~ 1990 年，国家建
房占新建住房面积的 68.9%。三是国家所建住房由国家按统一规定标准无偿
提供给公民使用，只是象征性地收取一点租金。四是住房公用事业费，如水、
电、煤气与暖气供应等收费很低，并且价格长期不变。五是住房维修靠国家补

①　http：//demoscope. ru/weekly/2007/0307/analit03. php.

贴。如此一来，居民住房的开支仅占其家庭收入的很小一部分，1990 年占职工家庭收入的 2.5%，占集体农庄庄员家庭收入的 1.7%。

到苏联后期，上述住房制度的弊端日渐显露。首先是国家财政负担加重。长期以来，住房建设投资占到国民经济基础建设投资的 15%～18%，仅次于工业和农业投资。同时，房租极低，无法弥补住房的维修保养费用，需要国家大量补贴，导致财政不堪重负。其次是助长了住房分配中的不平等。分配住房过程中，受官本位制度影响，很难按统一标准分配住房，有些领导人会利用权力多占住房。最后是造成居民对国家的依赖，削弱了居民参与多渠道建房的积极性。

## 二 叶利钦时期的住房制度改革

1993 年 12 月通过的《俄罗斯宪法》规定，拥有住房是公民的宪法权利，创造条件使公民实现其权利是政府的宪法义务。《俄罗斯宪法》第 40 条确立了俄罗斯住房制度的基本原则：每个公民有权拥有住房；联邦和地方政府支持建房，为公民实现住房权创造条件；贫困公民及法律规定的特定群体，可免费获得公有住房或公有廉租住房。该时期住房制度改革的重点是向市场化住房制度过渡。1991 年 6 月，俄罗斯议会通过了《俄罗斯联邦住宅私有化法》，1992 年批准了《联邦住房政策基础》（1992 年 12 月 24 日第 4218 - 1 号），1993 年 6 月俄联邦政府第 595 号决议通过了《国家住房专项纲要》。这些法律文件详细规定了公民参与住房私有化的条件、范围、权利和义务。公有住房的私有化按"自愿、无偿和一次性付款"的原则进行。无偿转归居民所有的住房面积按俄罗斯人均住房面积确定，但不得少于每人 18 平方米，特殊条件下，可按住房状况再向每户提供 9 平方米。超标部分按一次性付款或分期付款方式解决。1995 年通过《保障每个家庭拥有独立单元房或独栋住房计划》。叶利钦连任总统的 1996 年，又推出了《自有住房计划》，并开始大量拆除赫鲁晓夫时期建造的五层建筑，翻建高层建筑。1997 年 4 月，叶利钦签署《住房公用事业改革》总统令，开始实行住房公用事业①的改革。为发展住房按揭贷款体

---

① 住房公用事业指包括冷热水、电、气、取暖、维修、电梯、垃圾清理等 30 多项与住房有关的服务。

系，1997 年俄罗斯成立了住房按揭贷款署（100% 国家控股），1998 年通过《俄罗斯联邦不动产抵押法》（第 102 号联邦法）。

叶利钦时期的住房制度改革取得了一定的效果。一是为建立房地产市场创造了条件。俄罗斯实行住房无偿私有化改革，使居民获得了进一步改善住房条件的启动资本，对住房一、二级市场的构建具有重要的意义。构建房地产市场的前提条件是需要一定数量的私有住房。到 2001 年，私人住房占存量住房的63%，公房仅占 37%，与 1989 年相比已明显不同，当时 67% 的住房属于公房，33% 为居民私人所有①。二是居民的住房条件明显改善。居民拥有单独单元房的比例从 1995 年的 72.3% 增加至 1999 年的 73.5%，拥有独栋住房的居民比例从 14.9% 增加到 18%，而共用一套住房的居民比例从 4.3% 下降到2.4%，在宿舍居住的居民从 5.3% 下降到 1.8%②，夫妻离异后不得不共用一套住房的家庭相应减少，与父母同住的人也越来越少。三是为住房按揭贷款市场发展奠定了一定的法律基础，长期住房抵押贷款开始受到推崇。

但是，叶利钦时期的住房制度改革也产生了一系列问题。首先是住房无偿私有化后，可供无偿分配或以优惠价出售的住房急剧减少，导致无房户增加。如 1990 年在属于社会保障住房申请之列的家庭中，排队等待分配住房的家庭中只有 14% 能获得新的住房，也就是平均等待时间约为七年，到 1999 年，仅有 5% 的家庭能分到住房，即平均等待时间变为 20 年。其次是住房价格上涨，特别是大城市房价上涨，使得低收入家庭乃至相当一部分中等收入家庭无力购买住房。1999 年，俄罗斯的收入房价比③平均已高达 6.2，超过了 6.0 这个国际公认的衡量一个国家居民购房经济承受能力的标准。最后是住房抵押贷款市场因相关配套法律没能跟上等而发展缓慢。

### 三　2000～2008 年普京执政时期的住房制度改革

2000 年普京上台伊始，就颁布了第 28 号政府令，批准了《俄罗斯联邦

---

① 根据俄罗斯联邦国家建设部数据计算。
② 根据俄罗斯联邦国家建设部数据计算。
③ 收入房价比是指一个国家一套标准住房面积乘以当年的住房平均价格再除以家庭年收入，它反映了居民家庭对住房的支付能力，比值越高，支付能力就越低。目前国际上公认的"合理的房价收入比"是在 3～6 之间。

住房按揭贷款体系发展构想》。其中规定，构建住房按揭贷款体系是国家住房政策的优先方向之一，目的是使中等收入阶层、有小量积蓄者和私有住房拥有者依靠住房按揭贷款改善住房条件。住房按揭贷款由银行发放，自负盈亏，国家的主要任务是为住房按揭贷款体系发展奠定法律基础。2002 年，俄罗斯人均住房面积达到 19 平方米，2004 年增加到 19.7 平方米，但中低收入居民住房难的问题仍未得到彻底解决，有 61% 的俄罗斯家庭对居住条件不满意①，只有 1/10 的居民能够依靠积蓄和利用住房贷款购买住房。当时俄罗斯住房市场存在诸多问题：新建住房不能满足居民的需求；缺乏有效运行的长期住房信贷体系；尚未制定有关土地销售和将土地划归住宅用地的有效办法；市政机构缺乏住房用地和城市建设规划；住房公用基础设施老化程度严重，53% 的事故是因其老化引起；社会保障型住房建造速度缓慢；建筑审批程序复杂；住房买卖中陷阱较多，当事人利益不能得到有效保障；住房价格持续上涨等。

针对住房领域存在的问题，普京总统在 2004 年国情咨文中特别强调了住房问题，并在其第二任期开始实施住房改革计划。普京住房改革的基本目标和基本方针包括在《住宅法典》和《2002～2010 年俄罗斯联邦住房专项纲要》（2005 年 12 月 31 日，俄政府第 865 号决议通过）等文件中。住房政策借助两条腿走路，一是实行计划机制，即国家依法保障低收入家庭和享受住房优惠阶层的住房，具体实施步骤是"住房"国家优先发展项目②；二是推动住房市场机制的有效运行，即创造条件保障国家计划机制外的居民利用抵押贷款和自有资金改善居住条件。

普京时期的住房改革可以概括为以下几个方面。

**（一）完善有关住房的法律体系，持续推进住房私有化**

2003 年制定并通过《有价证券抵押法》（№152 - Ф3，2003 年 11 月 11

---

① С. Сиваев, Э. Трутнев, В. Прокофьев, Государственная поддержка жилищного строительства и развития коммунальной инфраструктуры. М,：Издательство «Дело», 2009.

② 2005 年 9 月 5 日，普京总统召集政府、议会和地方领导开会，开始实施"住房"国家优先发展项目。住房国家优先项目的全称为"为俄罗斯居民提供质优价廉住房计划"，其实际是对《2002～2010 年俄联邦住房专项纲要》的具体实施。

日），为住房抵押贷款再贷款提供了法律依据。2004 年通过了《住宅法典》
（№188 - Ф3，2004 年 12 月 29 日）、《城市建设法典》（№190 - Ф3，2004 年
12 月 29 日）。如上法律旨在提高俄罗斯住房市场效率，降低住房交易成本；
强化对公民权的保护，为低收入居民提供社会保障型住房；推行城市建设规
划，规范住房用地和住房建设，实现住房用地公开拍卖，简化规划文件的审批
和鉴定程序，为建筑商和市政公用设施建设项目提供贷款并设定专门的收费标
准，完善居民购房和自建住房按揭贷款服务；利用税收手段提高住房市场透明
度①。2004 年 12 月通过的第 214 号联邦法《参与集资建造公寓和其他不动产
及相关法规修订》则有效保障了集资建房者的利益。

　　《住宅法典》持续推行住房私有化。其中规定，在 2005 年 3 月 1 日之前获
得公有住房的人可以将现居住房屋无偿私有化。后来又屡次延长住房无偿私有
化的截止期限，先是延至 2007 年 1 月 1 日，后又延至 2010 年 3 月 1 日，最后
一次是根据国家杜马一读审议的《俄罗斯联邦住宅法典实施法》修正案，将
住房无偿私有化期限延长至 2013 年 3 月 1 日。

　　**（二）确定各阶段住房保障的量化指标、资金来源和资金数额**

　　2005 年 12 月，俄联邦政府第 865 号决议通过《2002～2010 年俄罗斯联邦
住房专项纲要》。该纲要设定了到 2010 年的目标：存量住房在 2004 年 28.5 亿
平方米的基础上增加一倍；人均住房面积从 2004 年的 19.7 平方米增加到 21.7
平方米；新建住宅建设面积达到 8000 万平方米；住房按揭贷款额达到 4150 亿
卢布，贷款年利率下降至 8%，使有能力用自有资金和银行信贷购买标准住房
的家庭占到全俄家庭总数的 30%；收入房价比下降到 3；缩短等待分配公有社
会保障型住房的时间，由 20 年减至 5～7 年；提高住房公用事业服务质量，将
住房公用基础设施的老化程度从 60% 降低到 50%。阶段目标设定为：2002～
2010 年解决属于联邦法保障义务范围内的 22.91 万家庭的住房问题，其中
2002～2005 年帮助 9.68 万家庭改善居住条件，2006～2010 年解决其余 13.23
万家庭的住房问题；2002～2010 年联邦预算资金资助 29.57 万个年轻家庭改

①　*Н. Косарева，А. Копейкин，Н. Рогожина，Д. Сиваев，А. Туманов，Развитие ипотечного кредитования в Российской Федерации.* М.：Издательство «Дело»，РАНХ，2010.

善居住条件，其中 2003～2005 年资助 11.4 万个家庭，2006～2010 年资助 18.17 万个家庭，到 2010 年将拥有质优价廉住房的年轻家庭比例从 9% 增加到 30%。此外，确定实施《2002～2010 年俄罗斯联邦住房专项纲要》的资金来源与资金数额。各项资金总额为 9024 亿卢布，其中联邦预算出资 2398 亿卢布，联邦主体和地方预算出资 932 亿卢布，私人投资者和债权人出资 4704 亿卢布，公民自有资金和抵押贷款资金（主要是年轻家庭）990 亿卢布。

**（三）为发展住房抵押贷款市场构建住房抵押贷款再贷款体系，创建土地抵押贷款融资方式**

为构建住房抵押贷款再贷款体系，俄罗斯具体采取了三项措施：一是允许银行发行住房抵押贷款证券，到公开市场上吸纳私人投资者的资金，以此增强为公民提供信贷的能力；二是中央银行降低对商业银行发行抵押贷款债券的自有资金比例要求，从 14% 降低到 10%；三是政府借助住房抵押贷款公司[①]，直接参与住房抵押贷款市场的运作。住房抵押贷款公司可依靠联邦预算拨款，增强对商业银行的融资能力，依靠联邦预算提供的国家担保，扩大债券筹资的规模，其具体运行模式是由住房抵押贷款公司购买商业银行的不动产抵押贷款的抵押权，以此作为还债保障，发行和出售住房抵押贷款债券（国家提供担保），获得资金后为商业银行提供再贷款。2006 年国家为住房抵押贷款公司发行抵押贷款债券提供了 140 亿卢布的国家担保，又为其拨款 37 亿卢布以扩大资本；2007 年的拨款数量为 45 亿卢布，国家担保额为 160 亿卢布。当初计划在 2010 年把住房抵押贷款公司的注册资本金增至 220 亿卢布，2010 年前国家对其提供的担保总额达 1552 亿卢布。因此，在住房抵押贷款公司的运作下，商业银行即使在长期资金不足的情况下也可以扩大信贷规模、降低贷款利率和延长贷款期限。住房抵押贷款公司的经营模式表明，俄联邦政府是以联邦预算和国家信用承担居民住房抵押贷款中的商业风险，并通过市场运作降低承担风险的成本和扩大承担风险的能力。这一做法既有利于活跃住房市场，促进商业银行和建筑业的发展，更能使普通购房者受益。

---

① 1997 年 9 月成立，与其他商业银行共同从事住房抵押贷款业务。该公司在俄 87 个地区设有分支机构，形成了全俄统一的抵押贷款再贷款体系。

　　土地抵押贷款融资方式规定，自然人、市政机构和法人均可将土地抵押以获得贷款。具体步骤是：拥有土地的自然人或者法人可以将土地抵押获得贷款，用所获贷款在该块土地上修建住宅公用设施；之后将这块已建好公用设施的土地重新估价，获得新的贷款，再用新的贷款建造房屋主体结构；然后将修建好房屋主体结构的土地再重新估价，再次获得新贷款；最后用这笔新贷款将房屋建造完毕。

**（四）履行国家对低收入者和特定人群的住房保障义务**

　　俄罗斯政府为国家负有法定义务的五类人群提供社会保障住房或优先改善住房条件。这五类人群包括：从危房和从 20 世纪五六十年代建造的预制板结构五层楼住房（即赫鲁晓夫时期建造的住房）中搬迁出来的居民；在自然灾害和其他事故中丧失居所的居民；法律规定有权获得住房补贴的公民，如现职军人，在个别强力部门和法务部门工作的员工，以及从上述部门退役或退休的人员；从北极地区或类似地区迁移出来的居民；辐射事故的灾害救援人员及受害者，从拜科努尔迁移出的俄罗斯公民，卫国战争参战人员，孤儿院中的孤儿等。通常给如上五类人群提供记名有价的《国家住房证书》，持证者可在其常住地获得一套标准住房或相当于标准住房成本的购房补贴。房款或补贴由联邦预算支付，房价以当地市场平均价计算。住房标准或补贴面积为每一位家庭成员 18 平方米。

　　为低收入居民提供廉租房。《住宅法典》第 49～91 条规定，根据实际住房状况、家庭成员收入及资产状况，政府与符合条件的困难居民签署协议，向其提供公有廉租房，其中特别困难居民可获租金优惠或免缴租金。实践中还要参照如下标准：人均住房面积低于核定标准；居住在不符合居住要求的房屋中；家庭中有患病者，其他家庭成员不能与其共居。

　　向年轻家庭提供购房（建房）补贴。根据俄联邦政府 2006 年 3 月第 85 号决议，政府向夫妻双方均不超过 30 岁的年轻家庭提供购房（或建房）补贴。补贴方式是政府为其支付部分购房款（含支付购房首付款）。补贴面积为：二人家庭（含单亲家庭）42 平方米，三人或更多成员家庭（含单亲多子女家庭）按人均 18 平方米计算。补贴标准为：二人家庭不低于平均房价的 35%，三人或更多成员家庭不低于平均房价的 40%，在还贷期生育（或领养）一名子女的家庭，可再追加 5% 的补贴。补贴资金来源：10% 来自联邦预算，25%～

30% 来自地方预算，5% 追加补贴由地方预算独立承担。

为年轻学者提供住房补贴。2006 年 12 月第 765 号政府决议提出为年轻学者提供住房补贴。在科研机构从事科研工作五年以上、年龄不超过 35 岁的副博士和年龄低于 45 岁的博士可以申请。补贴方式同样是发放记名有价的《国家住房证书》。根据 2010 年 9 月俄罗斯地区发展部部长第 400 号令，2011 年为年轻学者发放《国家住房证书》243 个，总金额为 27.09 亿卢布。分配情况如下：俄罗斯科学院 140 个，总金额 1.899 亿卢布；俄罗斯医学科学院 4 个，总金额 660 万卢布；俄罗斯科学院西伯利亚分院 50 个，总金额 3960 万卢布；俄罗斯科学院乌拉尔分院 29 个，总金额 2240 万卢布；俄罗斯科学院远东分院 20 个，总金额 1240 万卢布。

向低收入家庭提供住房公用事业收费国家补贴。根据俄罗斯法律规定，如果住房公用事业收费在家庭收入中的比重超过 22%，俄罗斯公民有权获得住房公用事业收费国家补贴。近年来，获得此项补贴的家庭占公寓房中居住家庭的比重一直较为稳定，为 6.9% 左右。

**（五）持续推进住房公用事业改革**

普京执政后，着力推进住房公用事业改革，计划逐步提高居民公用事业收费的缴费比例。针对俄罗斯公寓房中有一半需要维修，但居民大多无力承担公共维修费用的问题，俄联邦政府于 2007 年成立住房公用事业基金，联合地区政府共同对公寓房的公共维修和危房拆迁进行拨款。按当初计划，基金的运作期限到 2012 年 1 月 1 日止。根据地区发展部的资料，截至 2011 年年初，国家和地区共同为住房公用事业基金拨款 2400 亿卢布，但该笔款项仅能维修 12% 的公寓住房，剩余需要进行公共维修的公寓住房还高达十多亿平方米，需 3.5 万亿 ~4 万亿卢布的费用。为此，普京签署法案，将基金的存续时间延长至 2013 年 1 月 1 日。截至 2010 年，俄罗斯的住房公共维修费用的 95% 由预算资金出资，居民仅负担 5%[①]，而根据 2010 年年初通过的《2010~2020 年住房公用事业系统现代化和改革构想》，到 2020 年，房屋所有者在住房现代化改造和公共维修服务中的缴费比例应当增至 90%。2007~2008 年住房公用事业收费涨幅分别为 14%、16.4%，均超过了当年的通胀水平（11.9% 和 13.3%）。实际

---

① 2010 年全俄"节能型城市"大会资料。

上，民营化改革是俄罗斯住房公用事业改革的主旋律，俄罗斯一直试图通过探索改革产权制度，引入新的物业管理机制、竞争机制、激励机制，以及应用节能技术等方式，进一步降低政府成本，改善住房公共服务的质量和水平。

### 四　2008 年以来的住房制度改革

2008 年国际金融危机使俄罗斯住房市场遭受冲击。俄罗斯把住房保障作为反危机政策中民生项目的主要方向之一，采取了一系列措施。这些措施中，确有应对金融危机的短期无奈之举，但着眼于建立长效机制以促进住房市场健康发展的政策倾向也非常明显。

#### （一）强化住房保障

2009 年联邦预算（包括从国民财富基金中的支出）用于住房建设和住房保障方面的支出达 5010 亿卢布，是 2008 年的 2.3 倍。强化住房保障的措施有：履行国家对军队服役人员和复员人员的住房保障义务；为需要改善居住条件的年轻家庭提供援助；保障卫国战争老战士的住房需求，仅在 2009 年就为 33% 的卫国战争参战人员家庭解决了住房问题；设立住房按揭贷款重组公司（作为住房按揭贷款公司的子公司），联合联邦政府与国有参股银行对陷入经济困难的公民的住房按揭贷款进行重组，2008 年为住房按揭贷款重组公司追加法定资本 600 亿卢布，2009 年又注资 200 亿卢布，同时还提供了 400 亿卢布贷款。在金融危机期间，约有 4 万~4.5 万贷款人借助住房按揭贷款重组公司实现了贷款重组，其中 84% 的贷款人如今已能按期还款；联邦预算支出 263 亿卢布，对享受多子女补助金的家庭提供按揭贷款支持（覆盖约 8.8 万个家庭），允许其利用多子女补助金偿还住房按揭贷款[①]。2010 年，政府进一步放宽了多子女补助金的使用方式，允许提取现金。2011 年年初，养老基金开始受理多子女补助金的提取申请，正在自建、翻修住房的多子女家庭均可申请。总额为 34.3 万卢布的多子女补助金中的一部分（不能超过 50%）将在申请手续履行完毕的两个月之内转入申请人指定账户，剩余部分可以在半年之后，待申请人向养老基金提交住房建设和翻修工程主要工序完成证明时再行提取。

---

① 该法案于 2008 年 12 月 19 日由俄国家杜马三读通过，并从 2009 年起执行。

**（二）增加住房用地供给，消除建筑行业行政性壁垒，鼓励合作（集资）建房**

2008 年俄罗斯设立推进住房建设联邦基金。作为住房建设用地市场上的特殊参与者，其主要职能之一是把属于联邦机构所有的废弃地块或者利用效率较低的地块推向土地流通市场[①]，以增加住房建设用地，同时负责住房用地的拍卖。2009 年该基金宣布 2009～2010 年间拍卖属于联邦所有的 27 个地块，总面积达 431.4876 公顷。其中 15 个地块在 2009 年组织拍卖，12 个地块在 2010 年拍卖。2009 年的拍卖比较成功，15 个地块全部拍出，在这些地块上能建造 190 多万平方米的经济型住房。截至 2011 年年初，属于机构所有的 177 个地块（总面积为 4485.66 公顷）已经作为政府住房发展委员会的资产性注资转移到该基金项下，计划在其中的 94 个地块上（共计 3469.3 公顷）建造 1000 多万平方米的经济型住房。另外，俄罗斯政府还明确了长远规划，计划从 2012 年开始，每年在联邦推进住房建设基金会提供的地块上建设的住房，将占俄罗斯新建住房总量的 30%。截至 2012 年年底，已经有 1230 万平方米的住房建设在该基金提供的地块之上。

根据经济发展部 2009 年 12 月第 534 号令，2010 年俄罗斯完成不动产登记和注册联邦统一体系的建设。这项举措不仅可以提高国家机构服务质量，优化组织结构，减少功能重叠，更重要的是可以减少制约房地产市场发展的行政性壁垒。针对大多数地区行政性收费在建筑行业成本中占比较高的问题，2010 年 1 月受时任总统梅德韦杰夫授权，经济发展部成立了专门工作组，制定了《消除建筑部门多余行政性职能措施规划》。工作组的主要建议为：一是修改相关法律，禁止公共服务部门和能源部门向建筑商征收额外的水、电、煤气等网络接入费用[②]；二是如果官员在发放各种必要的许可证时要求建筑商提交城建法典中所没有规定的文件，应当追究官员的行政责任。

一直以来，由于二级市场房屋供应量少，不动产抵押贷款体系发展不成熟，居民购买现房资金不足，开发商缺乏住房开发所需资金等，俄罗斯房地产

---

① 根据基金会的数据，如果把这些地块"抛向"住房市场，就会使建房速度成倍增长。

② ОРСИ（http://www.orsi.su）数据显示，莫斯科市的公用服务接入费用使建筑成本上涨 24%，圣彼得堡市这一比例则达 40%。

市场上的合作（集资）建房较为盛行。所谓合作（集资）建房，即购房者与开发商签订预购商品房合同，基本类似于中国的商品房预售。从 2005 年 4 月 1 日起，俄罗斯开始实施第 214 号联邦法，对合作（集资）建房流程予以规范。该法侧重于保护预售商品房购房者的权益，对开发商作了许多限制性规定，加大了开发商的责任。为鼓励合作（集资）建房，2010 年 6 月，俄罗斯对第 214 号联邦法进行了修订，取消了开发商在签订合作建房协议时必须缴纳增值税的规定。有关专家估计，该规定的取消将使莫斯科合作（集资）建房所占比例从先前的 8% 增加到 36%。

**（三）通过长期发展战略明确住房按揭贷款市场发展目标**

2010 年 7 月，俄联邦政府签署了《2030 年前住房按揭贷款发展战略》。该战略分三个阶段实施：2010~2012 年，2013~2020 年，2021~2030 年。总体战略目标如下：能够利用住房按揭贷款和自有资金购买或者自建房屋的家庭从 2009 年的占比 17% 增加到 2030 年的占比 60%；住房按揭贷款的发放额从 2009 年的 13 亿卢布增加到 2030 年的 87.3 亿卢布；房屋交易中，利用按揭贷款方式购房的比例从 2009 年的 12% 增加到 2030 年的 50%；住房贷款平均期限从 2009 年的 16.5 年增加到 2030 年的 32 年；2030 年，住房按揭贷款占 GDP 的比重达到 15.5%（见表 4-1）。

表 4-1　2009~2030 年住房按揭贷款市场发展目标

| 项目/年份 | 2009(实际数据) | 2012 | 2015 | 2020 | 2030 |
|---|---|---|---|---|---|
| 用自有资金或贷款买房的家庭所占比重(%) | 17 | 23 | 30 | 50 | 60 |
| 年贷款发放额(亿卢布) | 13 | 49 | 74.1 | 86.8 | 87.3 |
| 贷款购房占住房交易比例(%) | 12 | 20 | 26 | 40 | 50 |
| 住房按揭贷款量占 GDP 的比例(%) | 2.6 | 3.8 | 7.2 | 10.7 | 15.5 |
| 住房贷款平均利率超出通胀率水平(百分点) | 5.6 | 3.3 | 2.5 | 2.0 | 1.0 |
| 住房贷款平均期限(年) | 16.5 | 17.6 | 21.5 | 30 | 32 |
| 首付款比例(包括贷款保险) | 30 | 30(10) | 30(10) | 30(10) | 30(10) |
| 按揭贷款和贷款保险在总贷款额中占比(%) | — | 10 | 20 | 20 | 20 |
| 发放按揭贷款债券筹集资金在住房贷款总量中所占比重(%) | 21 | 45 | 50 | 55 | 66 |

**（四）推出《2011～2015 年俄罗斯联邦"住房"专项纲要》，确定住房市场中期发展目标**

2010 年 12 月，第 1050 号政府决议批准了《2011～2015 年俄罗斯联邦"住房"专项纲要》。该纲要总投资 5906.6 亿卢布，其中联邦预算出资 2857.4 亿卢布，地区和地方预算出资 969.6 亿卢布，预算外资金 2079.6 亿卢布。计划五年间建造 3.7 亿平方米住房（即每年新建住房量达到 9000 万平方米左右），其中经济型住房（包括低层住房）在新增住房面积中的比重不低于60%。此外，该纲要还规定，到 2015 年，俄罗斯 1/3 的家庭可以用个人积蓄和贷款买房（2009 年该比例仅为 12%），人均住房面积达到 24.2 平方米，收入房价比下降为 4[①]。

**（五）通过国家纲要继续履行国家住房保障义务，并逐步调整保障房政策**

2012 年 12 月，总理梅德韦杰夫批准了《保障居民住房及公用服务国家纲要》。该纲要的目标是使居民买得起房，并为居民提供高质量和安全的住房公用服务。具体措施是降低住房按揭贷款利率，到 2020 年使住房按揭贷款发放额增加至每年 86.8 亿卢布；为个别群体居民（年轻家庭、预算体系工作人员）的住房按揭贷款提供国家资助；发展廉租房市场，到 2020 年使廉租房在新建多层住房中占比达到 10% 以上。

莫斯科市应声而动，率先对其住房保障政策进行调整。莫斯科市在俄罗斯地区经济社会发展中占据特殊地位[②]，其做法也许会是今后各个地区的范本。莫斯科市政府的具体举措是减少免费住房建设数量，鼓励市民自行解决住房问题。按照规划，2013～2015 年莫斯科市将新建 187 万平方米的住宅，其中 47 万平方米用于免费分配，平均每年可解决 2900 户家庭的住房问题（按每户三口之家，每人 18 平方米计算）。住房分配采用两种方式：一是社会租赁房，可承租后再进行私有化购买；二是分期付款购买。同时莫斯科市政府拟通过两种方法减少免费住房申请人数。一是向购

---

① http://www.consultant.ru/document/cons-doc-LAM - 153458/? frame = 1#P31.

② 莫斯科市是俄罗斯商业中心、最大的服务业中心、纳米和生物技术中心、军事工业综合体科技生产中心和精密仪器制造中心，此外，莫斯科市还将发展成为国际金融中心、文化和旅游中心。

买住房人群提供补贴。补贴比例与申请免费住房的排队时间挂钩，排队时间满五年的家庭，补贴40%的购房款；排队满七年的，补贴60%；超过十年的，补贴70%。二是投放更多租赁住房。办法是与承租人签订租赁合同，租金每年核定一次。同时规定，租赁住房的承租人不享受住房公共服务费补贴。

# 第二节　住房市场现状

经过20多年的改革，俄罗斯住房市场得到了较大程度的发展，但同时也存在诸多亟待解决的问题。

## 一　住房市场的主要进展

总体来看，在各项改革政策和措施的推动下，俄罗斯住房市场经历了从初步建立到逐步发展完善的过程，取得了较大进展。

### （一）住房条件得到一定程度改善，住房产权结构发生较大变化

从总量上看，俄罗斯存量住房已从1991年年初的24.25亿平方米增加至2013年年初的约33亿平方米。从人均住房面积看，1991年年初俄罗斯人均住房面积为16.4平方米（其中城市人均15.7平方米，农村人均18.1平方米），2013年年初达23.4平方米（其中城市人均22.9平方米，农村人均24.8平方米）。从2010年的数据看，贫困家庭和非贫困家庭的住房条件差距不大。非贫困家庭中，74.3%的家庭拥有独立单元住房，贫困家庭中，也有54%的家庭居住于独立单元住房之中；非贫困家庭的人均住房面积为22.1平方米，贫困家庭为15.7平方米。此外，贫困家庭和非贫困家庭在住房公用服务设施配备上的差别也不大（见表4-2）。在住房数量增加的同时，住房产权结构也有了较大变化。目前俄罗斯存量住房中，私有住房约占86%，市政所有住房约占10%，国有住房约占4%，并且存量住房中的77%是在私有化过程中购得的。俄罗斯住房私有化率远远高于其他市场经济国家，如美国的65.8%，加拿大的62.4%，日本的59.8%，同时更远高于欧洲大陆国家平均50%的水平。

表 4 - 2　2010 年俄罗斯家庭住房条件

| 指　标 | 贫困家庭 | 非贫困家庭 |
|---|---|---|
| 居住于独立单元房的家庭占比(%) | 54.0 | 74.3 |
| 房间总量(个) | 2.44 | 2.58 |
| 其中独立房间数量(个) | 1.92 | 1.99 |
| 人均住房面积(平方米) | 15.7 | 22.1 |
| 每个房间居住的人口数 | 1.41 | 1.048 |
| 住房公用设施配备情况(%) | | |
| 　供电 | 100 | 100 |
| 　电炉 | 18.4 | 22.0 |
| 　燃气 | 62.3 | 67.0 |
| 　自来水 | 79.6 | 92.3 |
| 　集中供暖 | 49.7 | 70.9 |

资料来源：Социально-экономические индикаторы бедности в 2007 - 2010 гг.：стат. сб, Росстат. М. 2011. 转引自 Е. Гонтмахер, Российские социальные неравенства как фактор общественно-политической стабильности//Вопросы экономики. 2013. №4. С. 70.

居民对住房条件的满意度提高。2010 年俄罗斯国立社会大学在 39 个联邦主体 120 个居民点进行的问卷调查显示，对住房条件完全满意或部分满意的占受访者的 64.2%，与 2005 年相比提升了 3.6 个百分点，不满意的占 34.1%，与 2005 年相比下降了 2.6 个百分点。

**（二）收入房价比基本在合理区间之内**

从 2000 年开始，俄罗斯除了 2009 年因受金融危机影响住房价格下降明显（新房价格同比下降 7.6%，二手房价格同比下降 11%）之外，其他年份均呈上涨趋势，其中 2006 年涨幅明显，新房价格同比上涨 47.7%，二手房价格同比上涨 54.4%（见图 4 - 1）。其主要原因：一是住房供给不足；二是居民实际收入增加和按揭贷款条件改善使居民支付能力得到提高，导致对房屋的有效需求上升。正是这些因素大幅推高了住房价格。

尽管房价上涨，但按俄罗斯国家统计局的数据和俄罗斯政府设定的标准计

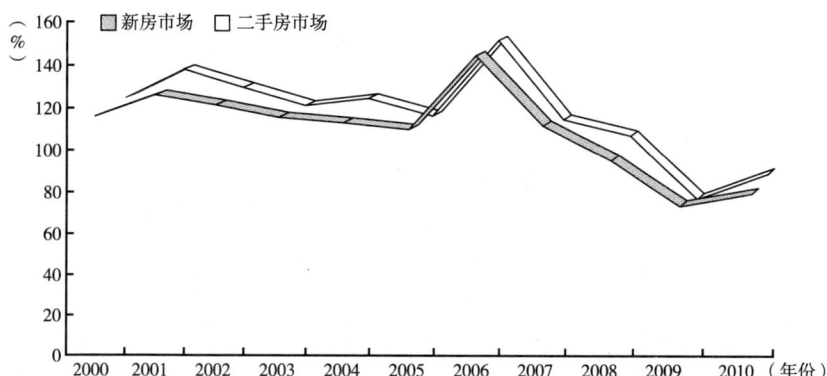

**图4-1 2000~2010年俄罗斯住房价格指数变化**

资料来源：根据俄罗斯国家统计局数据绘制。

算[1]，俄罗斯历年的收入房价比基本上都处于国际上公认的3~6的安全区间之内：从1998年的7.4下降到2003年的4.1，2007年和2008年升至5.3，之后又逐年下降，2011年为3.2，2012年又升至4.1（见图4-2）。2008~2011年住房实际价格在居民实际收入增长的背景下持续下降，导致收入房价比持续下降的主要原因在于居民对住房价格下降的预期。当然，各个地区的收入房价比差别较大。莫斯科市等大城市属于特例，2008年之前莫斯科市的收入房价比一直处于高速攀升状态，2000年为7，2006年达9.9，2007年和2008年超过10[2]，2011年虽然降至5.02[3]，但仍是全俄最高。

**（三）住房按揭贷款市场获得了一定发展**

联邦住房按揭贷款署成立之后，住房按揭贷款成为刺激住房需求的主要因素之一。俄罗斯住房按揭贷款市场取得发展的标志之一是发放住房贷款的商业银行明显增加。截至2012年年底，全俄82个地区均可办理住房按揭贷

---

[1] 俄罗斯在计算房价收入比时，引入的"标准住房"的概念是以三口之家购买54平方米的住房计算。

[2] Н. Ноздрина, А. Шевяков, И. Шнейдерман, Жилье в Москве: реалии и перспективы. М., 2009.

[3] http://www.urbaneconomics.ru/projects/? mat_ id = 272&page_ id = 568.

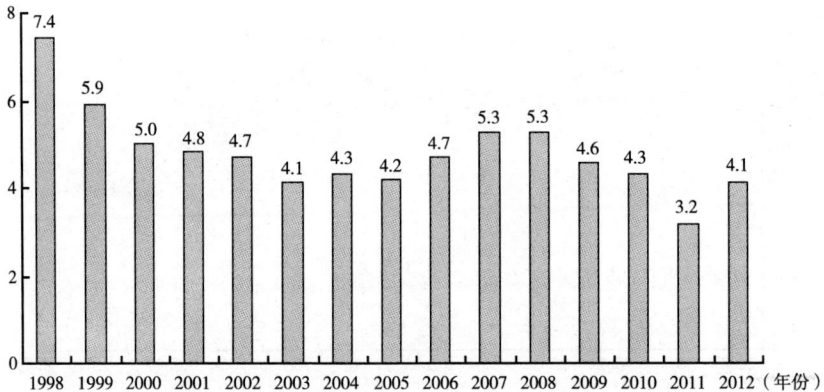

**图 4 - 2　1998 ~ 2012 年俄罗斯收入房价比**

资料来源：1998 ~ 2011 年数据来自城市经济研究所，http：//www. urbaneconomics. ru/ projects/？ mat_ id = 272&page_ id = 568，2012 年数据为俄罗斯国家统计局数据。

款业务，参与的金融机构达 700 多家，共计发放贷款 250 万笔。目前发放住房按揭贷款最多的是储蓄银行、对外贸易银行、莫斯科银行、俄罗斯农业银行和天然气工业银行等 20 多家银行。标志之二是居民按揭贷款购房比例增加。2005 年住房交易中仅有 3.6% 利用了住房按揭贷款，2008 年利用自有资金和住房按揭贷款改善了居住条件的家庭占 17.8%，近年来有能力使用自有资金或贷款购买或自建住房的家庭所占比例更是超出预期，城市经济研究所根据国家统计局和俄罗斯银行数据计算出的结果是：2010 年和 2011 年有能力使用自有资金或贷款购买或自建住房的家庭所占比例分别是 23.6% 和 38.3%，超过了 20% 和 22% 的预期指标。在进行登记产权的新建住房中，按揭贷款购房比重增至 25%①。标志之三是贷款利率下降，贷款期限增加。从 2010 年开始，各家银行开始降低住房按揭贷款利率，纷纷将利率降至危机前的水平，同时增加贷款年限和降低首付款比例，贷款年限从 10 ~ 15 年增加到 25 ~ 30 年，首付款比例从 30% 降至 15% ~ 20%，个别银行甚至降到 10%。截

---

① Годовой отчет за 2012 год открытого акционерного общества « Агентство по ипотечному жилищному кредитованию »/http：//www. ahml. ru/common/img/uploaded/files/agency/reporting/ annual/annual_ report_ 2012. pdf.

至 2013 年年初，俄罗斯住房按揭贷款平均利率为 12.3%①，远远低于最初 20% 的水平。

## 二 住房市场存在的主要问题

俄罗斯住房市场在呈现良性发展态势的同时，也存在诸多亟待解决的问题。

### （一）居民的住房需求未能得到有效满足

俄罗斯居民住房需求未能得到有效满足主要体现在五个方面。一是人均住房面积与发达国家相比差距较大。截至 2013 年，俄罗斯人均住房面积为 23.4 平方米，虽然比经济转轨之前增加了 7 平方米，但远未达到联合国公布的人均住房面积 30 平方米的国际标准。与发达国家相比，差距更大，如北欧国家的人均住房面积为 75 平方米，美国和加拿大为 70 平方米，德国为 50 平方米，法国为 43 平方米②。二是住房平均面积等住房条件不能满足现代生活的需要。俄罗斯住房的平均面积为 53.6 平方米，其中一居室住房平均面积为 33.8 平方米，两居室为 47.5 平方米，三居室为 64 平方米，四居室仅为 105.4 平方米。存量住房中，单间住房占 23.7%，一居室占 39.5%，两居室占 28.8%，三居室以上住房约占 8%。截至 2013 年，俄罗斯存量住房中，79% 拥有自来水、74% 配备下水设施、84% 装备暖气、67% 配备洗浴设施、68% 接通了天然气、66% 提供热水。而处于相同气候条件的北欧国家中，芬兰的住房基础设施配套齐全的住房约占 95%，瑞典占 100%③。同时，俄罗斯住房基础设施老化问题严重。目前，俄罗斯一半地区中 60% 的给排水管道、供热管道、电网和变电站需要更换④。而且在俄罗斯的存量住房中，1920 年之前建造的占 2.6%，

---

① Годовой отчет за 2012 год открытого акционерного общества «Агентство по ипотечному жилищному кредитованию »/http：//www. ahml. ru/common/img/uploaded/files/agency/reporting/annual/annual_ report_ 2012. pdf.

② В. Белкин，В. Стороженко，Жилищное строительство как фактор демографической динамики//Вопросы экономики. 2009. №10.

③ Россия и страны-члены Европейского союза，М.：Росстат，2007. с. 98.

④ В. Белкин，В. Стороженко，Жилищное строительство как фактор демографической динамики//Вопросы экономики. 2009. №10.

1921 ~ 1945 年间建造的占 4.8%，1946 ~ 1970 年间的占 30.9%，1971 ~ 1995 年间的占 43.7%，1995 年之后建造的仅占约 18%，很多房屋已经破旧不堪，目前危房占比达 3%。此外，俄罗斯仅有 1/3 的住房接入互联网。三是房屋的多样性欠佳，不能有效满足不同收入水平居民的住房需求。俄罗斯现有 77% 的居民居住在单元房中，居住在独栋住房内的居民仅占 23%，与美国有较大的差距，美国有 2/3 的居民住在独栋住房中。新建住房中，建筑商的市场定位是利润率较高的豪华住宅和商务住宅，他们对"经济型住房"兴趣不足。2010 年新建住房中，有 50.4% 是多层建筑，而且单元房占到 70% 以上，远高于大多数欧洲国家 40% ~ 60% 的水平[1]。12 层以上公寓住房占新建住房面积的 23%，而较适合居住的 4 ~ 8 层单元住房仅占 8.8%[2]。四是不同收入家庭的住房条件差距较大。如果按收入水平将俄罗斯全体居民分成五组，则在最低收入组家庭中，人均住房面积低于 13 平方米的占 39.6%，次低收入组家庭中，人均住房面积低于 13 平方米的占 25.9%[3]。五是保障性住房供给不足的问题日渐突出。

1990 年俄罗斯有 129.6 万个家庭分得了住房或者改善了居住条件（占俄罗斯家庭总数的 2.8%），到 1995 年降为 65.2 万个家庭，2000 年为 25.3 万个家庭，2005 年为 15.1 万个家庭，2010 年为 14.4 万个家庭。虽说排队等待分配住房的家庭占全俄家庭总量的比重从 1990 年的 20% 降至 2013 年的 5%，但排队等待的时间却越来越长。在排队等待分配住房的家庭中，1990 年有 14% 分到住房，也就是平均等待时间约为七年；2000 ~ 2009 年间，每年分到住房的家庭仅占 4% ~ 5%；2010 年略有改观，为 9%，2011 年和 2012 年又降为 6% 和 7%。如果按这样的速度，获得社会保障住房平均需要等待约 15 ~ 20 年。

截至目前，俄罗斯有 32.8% 的人口不为住房问题担忧，其他 67.2% 的人

[1] Housing Statistics in the European Union. OTB Resaarch Insititute for the Built Environment, Delft University of Technology, September 2010.

[2] Н. Косарева, Т. Полиди, А. Пузанов, Рынок жилищного строительства в России: современное состояние и перспективы развития//Вопросы экономики. 2013. №3. С. 115.

[3] Н. Денисов, Т. Коновалова, Жилищная политика в современной ситуации//Экономист. 2009. №6.

口在某种程度上都存在改善住房条件的需求。其中，亟待改善住房条件的人口占 35.5%；需求不是十分强烈，但也希望搬迁到较为舒适住房中居住的人口占 28.7%。以家庭为单位看，2010 年 8 月社会政策独立研究所一项名为"危机与家庭行为"的社会调查显示：仅有 26% 的家庭住房宽敞，且住房公用设施完备；19.5% 的家庭住房宽敞，但公用设施不完备；33.5% 的家庭住房面积不足，但住房公用设施齐备；19.4% 的家庭不仅住房狭窄，且住房公用设施不完备；还有 1.6% 的家庭住房情况不详①。可见，仅有 26% 的家庭暂时不需要改善住房条件，其他家庭均有改善居住条件的需求。而且住房需求存在较大的地区差异，西伯利亚联邦区 40.2% 的受访者声称亟待改善住房条件，远东联邦区为 54.5%，乌拉尔联邦区则为 29.5%②。

属于社会保障房的军队住房问题也未得到有效解决。近年来俄罗斯军方努力筹措资金，积极建房，争取完全解决军人的住房问题。但是效果不太理想，截至目前，仍有五万多符合分房标准的军人未能解决住房问题，有的甚至等待了十年之久。而且有住房需求的军官和准尉人数还在以每年 1 万 ~1.5 万人的数量递增。鉴于军队"实物分房"模式存在诸多弊端，如贪多求快，建房质量无法保证；房源位置、户型、采光、建筑材料等难以符合多数人的要求；住房分配不公平，催生军内腐败、涣散军心；分批次分房影响住房问题的解决速度等。俄罗斯军方正在酝酿一次性发放购房款的计划，让军人自主选择居住城市和满意的住房。

**（二）不同地区住房价格差异造成住房投资的过度集中**

俄罗斯城市发展不均衡。城市发展状况在很大程度上取决于其规模、地位、功能和地理位置。从整体规模来看，除莫斯科市等少数特大城市人口数量

---

① *A. Бурдяк*, Измерение потенциала развития ипотеки как сочетания потребностей, возможностей и намерений домашних хозяйств, SPERO. Весна-Лето 2012. №16. C. 169. 调查结果的计算标准是：单身者的住房面积超过 33 平方米，两口之家的住房面积超过 42 平方米，三口之家超过 54 平方米时，则纳入住房宽敞之列。

② *C. Варламова*, Жилищные условия россиян: потребности и стратегия решения вопроса. Качество и уровень жизни населения в современной России: состояние, тенденции и перспективы. Сборник материалов Международной научно-практической конференции. ОАО ВЦУЖ, ИСЭПН РАН. М.: ООО «М-Студио», 2012. C. 39.

有所增加以外，大部分城市的规模变化不大。联邦级城市（直辖市）凭借人力资本竞争优势和行政区位优势而地位超然，特大城市（人口在 100 万以上）依托经济资源优势、地理位置优势、人力资本优势和制度优势发展速度较快。地区中心城市也具有一定的发展优势。但产业结构单一城市、小城市的发展状况堪忧。城市发展现状与前景决定了住房价格的差异。

莫斯科市是俄罗斯房价最高的城市。2010 年 12 月各城市的房价与莫斯科相比可以大略分为三组：房价介于莫斯科房价 1/4 ~ 1/3 之间的城市有叶卡捷琳堡、顿河－罗斯托夫、新西伯利亚、特维尔、下诺夫哥罗德、秋明、彼尔姆、乌法、克拉斯诺亚尔斯克、雅罗斯拉夫尔；房价仅为莫斯科房价 1/5 ~ 1/4 的城市有克麦罗沃、弗拉基米尔、车里雅宾斯克、奥姆斯克、巴尔瑙尔、伊热夫斯克、梁赞；房价不足莫斯科 1/5 的城市有斯塔夫罗波尔、乌里扬诺夫斯克、沙赫特、斯捷尔利塔马克。即使是第二大城市圣彼得堡，其房价也仅为莫斯科房价的 49%，莫斯科州的房价则是莫斯科市的 43% [①]。

房价的差距造成了住房投资多集中在房价较高地区。2005 ~ 2009 年的数据显示，新建住房主要集中在九个地区：莫斯科州、莫斯科市、圣彼得堡、克拉斯诺达尔边疆区、罗斯托夫州、巴什科尔托斯坦共和国、鞑靼斯坦共和国、秋明州、车里雅宾斯克州，九个地区在全俄新建住房总量中的比重为 44% ~ 48%，几近一半。

**（三）住房公用服务招致民怨较多，改革难度较大**

按照俄罗斯住房公用事业改革最初的计划，到 2005 年，住房公用服务费应由住户全部承担。但因遭到抵制，当年住户实际承担的比例仅为 85%，到 2009 年也仅达到 88%。尽管如此，居民对此项改革的不满情绪的有增无减，焦点集中在服务费上涨的同时服务质量不升反降的问题上。莫斯科住房公用服务费上涨幅度较具代表性。2011 年，冷水供应、热水供应、供暖、供电、煤气等收费分别是 2001 年的 3.6 倍、10.5 倍、6.1 倍、4.2/7.5 倍和 7.2 倍（见表 4 -3）。2011 年年初，SuperJob 网站的调查显示，近一年来，认为住房公用

---

① Российская экономика в 2010 году. Тенденции и перспективы. （Выпуск 32）/http：//www.iet.ru/.

服务质量下降的人占被调查人数的 33%，认为没有改变的占 50%，认为服务质量改善的仅占 8%。对住房公用服务费连年上涨问题，占 33% 的调查对象声称极为不满，70% 的人则表示，如果继续增加住房公共服务费，他们将难以承受[1]。截至 2009 年，居民欠缴的住房公用服务费占应缴费用的 6.7%。

表 4 - 3　莫斯科住房公用服务费上涨情况

| 服务种类/年份 | 2001 | 2002 | 2003 | 2009 | 2010 | 2011 |
|---|---|---|---|---|---|---|
| 冷水供应（卢布/人） | 44.84 | 50.70 | 68.40 | 107.15 | 137.66 | 161.65 |
| 热水供应（卢布/人） | 47.60 | 61.2 | 77.3 | 354 | 444.06 | 500.36 |
| 供暖（卢布/平方米） | 2.6 | 3.3 | 4.2 | 15.3 | 19.04 | 15.83 |
| 电（卢布/度） | 0.63/0.51 | 0.84/0.72 | 0.92/0.84 | 2.06/2.91 | 2.42/3.45 | 2.66/3.8 |
| 煤气（卢布/人） | 4.7 | 6.5 | 8.2 | 24.3 | 29.04 | 33.91 |

资料来源：根据 Penny Lane Realty 公司数据整理。

　　事实上，从全俄看，住房公用服务费上涨幅度确实惊人。2000～2009 年居民月人均货币收入从 2281 卢布增加至 16887 卢布，增加了 6.4 倍。与此同时，国家和市政所有住房的租金增加了 9.1 倍，房屋维修费增加了 9.6 倍，供热费增加了 10.3 倍，电费增加了 4.3 倍。不仅如此，住房公用服务费的涨幅还远远超过其他商品和服务费的涨幅。居民住房公用服务缴费在居民家庭消费支出中所占的比重也从 1991 年的 3% 增加至 2009 年的 9%。农村地区居民的住房公用服务缴费负担更重，特别是贫困家庭。2009 年住房公用服务费用在贫困家庭的消费支出中占 16%，而在富裕家庭仅占 5%[2]。与 2012 年相比，2013 年民用燃气价格上涨 15%，电价上涨 12%～15%，供热费上涨 10%。居民对此的反对呼声越来越高。2013 年 2 月普京总统不得不要求居民住房公共服务费年涨幅不得超过 6%。

---

[1]　M. Сергеев, Российское ЖКХ на пороге кризиса//Независимая газета. 24 марта 2011г.

[2]　根据俄罗斯国家统计局历年数据计算，转引自：В. Гришанов, А. Гузанова, Региональные и социальные различия в доступности для населения жилищно-коммунальных услуг. Качество и уровень жизни населения в современной России: состояние, тенденции и перспективы. Сборник материалов Международной научно-практической конференции. ОАО ВЦУЖ, ИСЭПН РАН. М.: ООО «М-Студио», 2012.

159

### （四）住房租赁市场不发达

俄罗斯住房租赁市场不发达的原因有四点。一是受需求的限制。俄罗斯因地区发展差异较大，劳动力流动多是从其他地区向莫斯科、圣彼得堡等大城市流动，劳动移民仅占劳动人口的 2%～3%（美国为 15%）[1]，这部分人多把在大城市购房作为落地生根和事业成功的标志，而且因房租价格不断上涨，很多人从房价租售比的角度考虑觉得还是买房更合适；二是受供给的限制。俄罗斯投资性住房需求较小，不超过住房总需求的 10%，从 2003～2007 年的数据看，仅有 10%～15% 的第二套住房用于出租[2]。截至目前，全俄仅有 5% 的房屋用于出租（莫斯科市稍高，超过 15%），与西方国家差距较大（出租的房屋占住房总量的 55%～65%）[3]。三是住房租金较高。俄罗斯联邦"房产世界"协会 2011 年 10 月公布的主要城市住房租金价格调查结果显示，莫斯科市一居室平均月租金为 1000 美元，两居室为 1723 美元，三居室为 3502 美元。圣彼得堡一居室为 644 美元，二居室为 925 美元，三居室为 2103 美元。莫斯科州一居室为 639 美元，二居室为 827 美元。四是中介服务存在问题。俄罗斯住房租赁市场完全被中介控制，他们从每笔交易中获取高昂的服务费，一般是房屋月租金的 100%，甚至 200%[4]，而且个别中介公司存在欺诈和其他的不规范行为，吓退了一部分租房者。

# 第三节 对住房改革的评价

针对俄罗斯住房市场发展中存在的供给和有效需求不足、供需结构不平衡、住房基础设施老化、危房所占比重较高、住房公用服务费大幅上涨等问题，俄罗斯住房政策在坚持对低收入者和特定群体的住房保障义务的同时，意在建立起适应市场经济要求的住房制度框架，并通过刺激需求、增加供给

---

[1] *В. Белкин, В. Стороженко, Жилищное строительство как фактор демографической динамики//* Вопросы экономики. 2009. №10.

[2] http://demoscope.ru/weekly/2007/0307/analit03.php.

[3] 高际香：《区域经济社会发展：俄罗斯的探索与实践》，社会科学文献出版社，2013，第 105 页。

[4] *А. Белых, Сдача по правилам//* Коммерсантъ. 24 марта 2011г.

和减少行政障碍等途径对住房市场发展施以影响。但 20 年住房改革实践的整体效果尚不理想：改革虽然使俄罗斯建立了不动产市场制度，特别是市场经济条件下的住房建设制度，但是只有一部分收入较高的居民通过购房改善了居住条件，大多数受收入水平所限而难以购房的人群被排斥在国家住房政策之外。尽管致力于住房公用事业改革，但住房公用事业尚未成为能够按市场经济客观规律自主运行的经济部门，对私人投资者来说，投资吸引力不足；存量住房虽然已经进行了所有权转移，但是所有权人未承担相关的责任，一部分所有权人无力进行住房公用设施的维修与维护，特别是原单元房的所有权人。

　　总而言之，俄罗斯住房改革的最大问题是未能尽快弥补住房供给与潜在需求之间的巨大缺口。2000～2008 年间，俄罗斯 GDP 增加了 80%，居民实际收入增加了 130%，而改善居住条件的家庭平均每年仅占家庭总量的 0.3% [1]。有关专家计算，俄罗斯的住房潜在需求缺口达 18 亿～30 亿平方米，即每千人每年需要 12～15 套住房 [2]。1992 年以来的数据显示，1992～2000 年间俄罗斯每年新建住房面积呈逐年下降趋势，2000 年仅新建 3030 万平方米。2000 年之后虽然基本呈现了稳定增长态势，但直到 2011 年，每年新建住房面积均在 6500 万平方米之下。虽然 2012 年达到了 6520 万平方米，但也仅为 1987 年的 89.6%。可见，自 1991 年之后，俄罗斯建筑行业每年为每千人建造的住房仅为 5～6 套，即每年每人约 0.3～0.4 平方米（见图 4-3），远远低于世界大多数国家每年每人 0.9～1.4 平方米的标准（法国 2008 年为人均 0.6 平方米，西班牙为 1.35 平方米，芬兰为 0.6 平方米，波兰为 1 平方米，美国 2007 年为人均 1 平方米 [3]）。有关机构进行的测算显示，在人均住房面积每年增加 1 平方米的乐观方案下，俄罗斯住房保障水平赶上发达国家需要 14～53 年，在人均住房面积每年增加 0.5 平方米的悲观方案下，俄罗斯住房保障水平赶上发达国

---

① А. Аганбегян, Строительство жилья-локомотив социально-экономического развития страны// Вопросы экономики. 2012. №5. С. 61。

② http://demoscope.ru/weekly/2007/0307/analit03.php.

③ А. Аганбегян, Строительство жилья-локомотив социально-экономического развития страны// Вопросы экономики. 2012. №5. С. 60.

家需要的时间则更是长达 39~147 年（见表 4-4）。此外，俄罗斯还有 30 万套严重老化、事故频发的住房需要维修和重建，如果将这部分需求也计算在内，俄罗斯住房的供需缺口会更大。新建住房中，自建住房所占比例较高。2010 年公民自建住房达 18.86 万栋，多分布在城乡接合部。

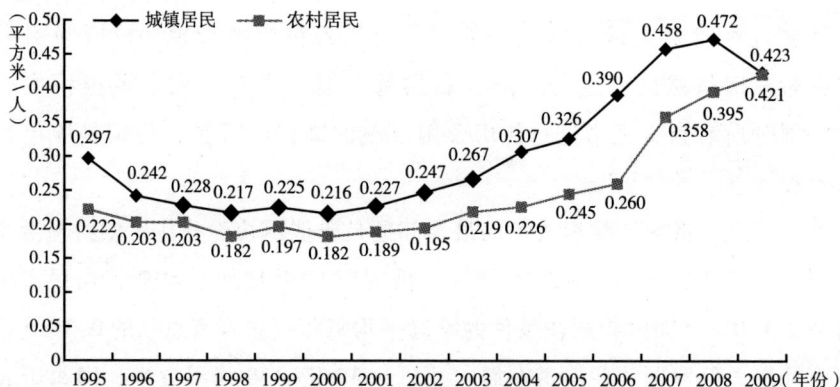

**图 4-3 1995~2009 年俄罗斯每年人均新建住房面积**

资料来源：根据俄罗斯国家统计局数据整理。

**表 4-4 不同建筑速度下俄罗斯赶上发达国家的住房保障水平需要的时间**

| 国 家 | 缩小与这些国家住房保障差距需要的时间（年） | |
|---|---|---|
| | 悲观方案 | 乐观方案 |
| 挪 威 | 147 | 53 |
| 美 国 | 122 | 44 |
| 丹 麦 | 82 | 30 |
| 瑞 典 | 65 | 24 |
| 英 国 | 64 | 23 |
| 瑞 士 | 64 | 23 |
| 荷 兰 | 55 | 20 |
| 德 国 | 53 | 19 |
| 奥 地 利 | 48 | 17 |
| 法 国 | 46 | 17 |
| 芬 兰 | 42 | 15 |
| 爱 尔 兰 | 39 | 14 |

资料来源：www.urban-planet.org。

　　之所以出现上述局面，主要是俄罗斯房地产投资不足所致。2005～2009年俄罗斯房地产投资占固定资产投资的比重平均为13.1%，2009年为15.3%，与国际上公认的20%～25%的水平还有较大差距。造成房地产投资不足的主要原因有如下几点。

　　第一是融资渠道不畅。俄罗斯新建住房中，用银行信贷资金建成的住房比例不高。根据城市经济研究所的计算，2007～2011年间，每年新建住房中用自有资金和借贷资金建造的住房数量平均不足30%，用集资方式建成的住房约占30%，用其他资金建造的住房约占一半（见表4-5）。新建住房总面积中，居民自建住房面积占较大比例。1990～2011年间，自建住房在新建住房面积中的占比增加了三倍，2011年达到了43.7%，同期，自建住房数量占当年新建住房总数量的26%（自建住房面积是公寓平均面积的2.1倍）。自建住房多为单层或两层，居民自行筹款建设，很少是由专业建筑商承建。以2010年为例，由专业建筑商承建的单层和两层住房仅占4%（7600栋，1600万平方米）。居民自筹款项建设住房更多是无奈之举，这与俄罗斯住房按揭贷款市场欠发达有关。截至2013年年初，俄罗斯住房按揭贷款投放量仅占GDP的3.18%[①]，与世界标准差距较大。根据世界银行的标准，中等收入国家的住房按揭贷款在GDP中所占的比重约为25%。与发达国家相比更是相距甚远，2009年德国住房按揭贷款在GDP中所占的比重为52.4%，美国为64.5%，英国为72.5%[②]。俄罗斯住房按揭贷款利率与发达国家差距也较大，目前俄罗斯住房按揭贷款年利率约为12.3%，而同期英国的住房按揭贷款年利率为2.5%，美国为2%，欧盟国家为3%。此外，俄罗斯住房按揭贷款手续繁杂，附加费较高，首付款比例也较高（一般为30%）。此外，对未来经济发展前景预期的不明朗也限制了住房按揭贷款市场的发展，俄罗斯资源出口型经济的特点使居民对未来收入水平的预期处于不确定状态，很多需要改善住房条件的居民被排除在住房按揭贷款市场之外。建筑商也很少用银行贷款建房。主要原因有三个：一是提供给建筑商的建筑用地多为租赁用地，不能用来做浮动抵押；二是建筑行业对银行来说是信

---

① Динамика роста задолжнности по жилищным кредитам и ипотечным жилищным кредитам к ВВП/http：//www.kvmeter.ru/mortgage/222975.html.

② 根据 European Mortgage Federation，ЦБ РФ，АИЖК 数据整理。

息不透明的行业，很少能够得到银行贷款支持；三是集资建房人提供"免费"资金①，使建筑商缺乏寻找其他资金来源包括银行贷款的动力。

表 4-5　俄罗斯新建住房资金来源

单位：%

| 资金来源/年份 | 2007 | 2008 | 2009 | 2010 | 2011 |
|---|---|---|---|---|---|
| 自有资金和借贷资金建造 | 26 | 26 | 30 | 26 | 26 |
| 第 214 号联邦法 * 项下的集资建房 | 22 | 25 | 37 | 28 | 28 |
| 其他资金建造 | 52 | 49 | 33 | 46 | 46 |

　* 2004 年 12 月通过的第 214 号联邦法《参与集资建造公寓和其他不动产及相关法规修订》。

　资料来源：城市经济研究所根据俄罗斯国家统计局和俄罗斯登记、地籍和制图署数据计算。

第二是制约建筑行业发展的因素较多。一是建筑行业税收水平较高。目前开发商需要交纳的税费主要有三项：利润税（税率为 20%），增值税（税率为 18%），土地租金（根据地块位置不同而变化较大，一般年租金为土地登记价的 1.8% ~ 2%）或土地税（拥有土地产权，土地税为土地登记价的 1.5% ~ 2%）。2009 年对建筑企业负责人的一次问卷调查显示，41% 的被调查者认为，抑制建筑企业发展的主要因素是税收水平较高。二是住房建设行业的行政壁垒无处不在。住房建设行业的发展高度依赖行政机构，竞争程度低，行政壁垒过高。2011 年国家建筑商协会和城市经济研究所用 43 个城市做样本，对俄罗斯住房建筑市场的行政手续进行了调查②。调查结果显示，建造多层单元房的建筑商在国家或市政机构拿到一个许可证平均需要经过 100 多道行政手续，历时三年，花费 2500 万卢布，其中 84%（2100 万卢布）为住房公用服务网络的平均接通费用（不含土地租赁费用）。这笔费用平均占到住房建设规划资金的 10%，有些城市甚至高达 30%③。另外一些专家的计算结果基本上与上述调查

①　相对于银行贷款需要支付利息而言。

②　Л. Бандорин, Н. Косарева, Т. Полиди, В. Фадеев, К. Холопик, Мониторинг административных барьеров в жилищном строительстве в России. М.: национальное объединение строителей (НОСТРОЙ), 2012.

③　Мониторинг и оценка административных барьеров в жилищном строительстве. Институт экономики города. М. 2011.

吻合：一般情况下，建筑商所建房屋供电和供暖网接通平均需要经过 13 道手续，电网接通需要耗时 227 天，花费 400 万卢布；供暖网接通平均耗时 187天，花费 670 万卢布；最耗时耗力的是公寓房的天然气供应网，接通平均要经过 15 道手续，耗时 253 天；最昂贵的是这些住房的上下水管道接通，平均需要 970 万卢布[①]。三是建筑行业从业人员不足，且技能水平下降。苏联时期，俄罗斯建筑业从业人员有 300 万，其中约一半是技术人员，这些人都受过专业培训，且大多是职业技术学校、技术学院毕业生，或者最起码上过职业技能提高班。而当前俄罗斯建筑业从业人员仅约 100 万，其中 20% ~ 25% 是来自独联体国家的公民[②]。四是建筑行业投资回报率低。尽管 2008 年金融危机之前房价大幅增长，其中 2003 ~ 2007 年房价增速是居民收入增速的两倍，2007 ~ 2008 年间更是增速惊人，但是建筑部门的利润率始终没有超过石油天然气部门。2010 年上半年，建筑业中（不包括小企业）有 37.2% 的企业出现亏损。五是建筑业中实力较强的企业不多。2010 年初，俄罗斯有 17.58 万家建筑企业，其中 16.65 万家属于小企业，而且其中 81% 是平均人数不足 15 人的超小企业。2011 年前五大建筑商建造的住房仅占新建住房面积的 7.4%，约占专业建筑商建造住房面积的 13%。前 11 大建筑商建造的住房也仅占新建住房面积的 11%，约占专业建筑商建造住房面积的 19%[③]，这从一个侧面反映出俄罗斯建筑行业中具有较强竞争力的大企业不多，产业集中度不高。

　　第三是住房建设用地供给问题突出。俄罗斯大量的住房建设用地是公有财产，为联邦、联邦主体、市政机构所有，因此在次级土地市场上，卖方成为事实上的垄断者。2005 年之前，住房用地一直采用划拨方式分配，违规现象较为严重，官商勾结进行非法交易的现象比比皆是。从 2005 年开始，政府开始通过竞拍方式分配住房用地使用权，但违反规定的情况仍是时有发生，如在竞

---

① Н. Косарева，Т. Полиди，А. Пузанов，Рынок жилищного строительства в России：современное состояние и перспективы развития//Вопросы экономики. 2013. №3. С. 122.

② В. Белкин，В. Стороженко，Жилищное строительство как фактор демографической динамики//Вопросы экономики. 2009. №10.

③ 莫斯科市和圣彼得堡市的建筑市场垄断程度相对较高，2008 年莫斯科市五大建筑商建造的住房占新建住房的 62.7%，圣彼得堡市占 36%，转引自：Индикаторы оценки социально-экономической эффективности федеральной целевой программы «Жилище» на 2002 - 2010.

买人资格、"三通"（通水、通电、通煤气）的技术指标上做手脚，中标人在承担拍卖组织费用和其他费用等方面存在违规操作等。拍卖组织者滥用职权与竞买人进行暗箱操作以规避拍卖的情况也不时发生。双方联手的结果造成土地竞拍经常因为只有一个竞买人而不能如期举行，这种情况下，按法律规定，竞买人有权按起拍价签订土地租赁合同。因此，很多情况下经拍卖产生的住房用地租赁价格低于市场价格。有关专家的研究显示，俄罗斯国家和市政所有土地的拍卖均价是市场均价的 56.1%[1]。与此同时，住房用地的囤积问题较为严重。2007 年通过拍卖方式提供给建筑商的公有土地占当年住房用地供给量的50%，2011 年占 90%[2]。一般情况下，土地供给和住房建成之间的"时滞"为两年。按照 2007~2009 年建房用地的供应量计算，其间应当建成的住房分别为 1.8 亿平方米、2 亿平方米和 1.8 亿平方米。但是实际上每年新建住房面积不足潜在供应量的 1/3，剩余土地的"消化"需要多年。由此可见开发商"囤地"情况较为严重。此外，俄罗斯地方自治机构对在辖区内提供土地并建造住房的积极性不高，主要是经济动因不足。与发达国家不同，俄罗斯地方预算收入中，土地税和不动产税所占比例较低。在英国和加拿大，土地税和不动产税在地方预算收入中所占比重分别为 90% 和 70%，经合组织国家中的联邦制国家平均为 50%。俄罗斯城市各区预算的税收收入中，个人缴纳的土地税和财产税仅占 14%（占预算总收入的 5.4%），城市和农村的预算收入中，上述两个数值分别为 40% 和 11.4%。正因为如此，俄罗斯住房建设用地的公共设施配套不足，住房建设用地中公共设施配套良好的地块数量较少。

众所周知，住房公用服务状况直接影响住房价格，但是住房公用设施建设和住房公用服务提供单位都与权力机构有着某种联系或者间接受权力机构管控，而俄罗斯现行住房公用设施方面的国家调控体系存在诸多漏洞，从而为建筑商和住房公用服务综合体相互勾结和共谋提供了条件。

由此可见，住房建设市场高度依赖行政机构，使得城市规划和土地利用系统成为权力寻租的源头，难以提供公正透明的法律和制度环境，对投资者、建

---

① Н. Косарева, Т. Полиди, А. Пузанов, Рынок жилищного строительства в России: современное состояние и перспективы развития//Вопросы экономики. 2013. №3. С. 121.

② 城市经济研究所根据俄罗斯联邦反垄断署资料计算。

筑商甚至自筹资金建房者而言，其中都存在较大的风险。

第四，有效需求不足也是阻碍俄罗斯住房市场发展的主要原因之一。俄罗斯大多数居民收入水平不高，精英阶层与绝大多数居民之间的收入差距悬殊。社会调查显示，目前收入状况允许、有改善居住条件的需求并打算买房的家庭占受访家庭总数的 6.5%，还有 1.2% 的家庭需要买房投资，加起来一共只有 7.7%。有改善居住条件的需求并打算买房，但收入状况不允许的占 12.5%[①]。可见，改革在有效提高俄罗斯居民住房购买力方面成效不佳[②]。尽管俄罗斯政府一再强调降低住房按揭贷款利率来增加居民的住房购买力，但住房价格远远高于建设成本是不争的事实。专家计算结果显示，俄罗斯住房价格是住房建筑成本的四倍[③]。

因此，俄罗斯住房制度进一步改革的重中之重是克服现有住房建设市场存在的突出矛盾和问题。国家应加强调控，并努力做好如下工作。

第一，提高住房建设市场透明度，包括完善城市建设调控、住房公用服务基础设施规划和服务收费管理体系。

第二，促进住房建设、住房配套体系建设和社会服务设施建设的信贷体系发展，降低信贷资金使用成本，增加信贷资金对如上领域建筑商的吸引力；根据住房建设市场特点实施相应的反垄断措施。

第三，通过增加地方预算相关税收收入，提高地方自治机构对发展住房市场的积极性，特别是应当征收统一的不动产税并纳入地方预算。

第四，在经济型住房建设中应当积极推动公平透明的"国家－私人伙伴关系"模式，合理划分公私职责，并根据住房建设需求提供配套设施和社会服务设施。

---

① 2010 年 8 月，社会政策独立研究所在储蓄银行资助下进行的一项名为"危机与家庭行为"的社会调查结果，转引自：А. Бурдяк, Измерение потенциала развития ипотеки как сочетания потребностей, возможностей и намерений домашних хозяйств//SPERO. Весна-Лето 2012. №16。

② Н. Косарева, Т. Полиди, А. Пузанов, Рынок жилищного строительства в России: современное состояние и перспективы развития//Вопросы экономики, №3, 2013. С. 109.

③ А. Куликов, В. Янин, О стратегии развития жилищной сферы//Экономист, №1, 2013. С. 61.

第五，进一步推动租赁住房建设，包括为收入较低居民建设非商业型的廉租房。

第六，完善地区土地市场和住房市场信息（如住房价格、建筑成本、土地价格、主要建筑商信息、住房公用服务基础设施的运行能力和建筑能力等）的采集、存储和分析体系。

第七，通过发展道路和公用设施网络，扩大大型城市的辐射范围，吸纳更多的土地用于住房建设。

# 第五章　教育制度

本章从教育与民生关系入手，对俄罗斯教育改革战略调整和教育改革实践进行追溯，评估教育改革绩效，分析教育体系存在的问题，并对俄罗斯教育制度改革的未来方向进行展望。

## 第一节　教育与民生的关系

教育关乎国家的未来，更在诸多方面影响居民的生活。教育对居民生活的影响主要表现在五个方面。一是教育与人口流动密切相关。如果农村撤销学校，人口便会随即离开，边远地区的年轻人到大城市接受高等教育后大多数会留在大城市工作，一般不会再回去。二是教育影响受教育者的未来收入。国际上一般用高等教育收益，即受过高等教育与未受过高等教育人口的工资收入差距来衡量高等教育对个人收入的影响。相关数据表明，受过高等教育的从业人员的收入比没受过高等教育的从业人员的收入要高。以经合组织国家相关数据为例，受过高等教育的从业人员的工资平均是未受过高等教育的从业人员的工资的两倍，其中美国为2.68倍，匈牙利为2.88倍，最低的爱沙尼亚也为1.42倍（见表5-1）。俄罗斯约为1.84倍，与世界平均水平相近。此外，相关调查显示，因受教育水平不同，俄罗斯居民之间的收入存在一定差异，普遍呈现受教育程度越高，收入越高的态势（见表5-2）。三是教育直接影响居民的职业选择。以俄罗斯为例，领导层中，受过高等教育的占63.7%，高级专家中占90.1%，而一般工人中，受过高等教育的人只占3.6%（见表5-3）。四是受教育水平与居民的失业率密切相关。研究表明，受教育程度越高，失业风险越低。2009 年第一季度，欧盟国家失业率与受教育程度呈如下相关关系：未受过中等教育的经济自立人口的失业率为 12.6%，受过中等教育的为 7.1%，受过高等教育的为 4.2%①。2008 年俄罗斯受过高等教育人口的失业率不足社会平均失业率的一半，而只受过初中和小学教育人口的失业率是社会平均失业率的 2~2.5 倍（见表 5-4）。从 1992~2008 年的数据看，1992~1998 年俄罗斯经济困难时期，受过高等教育人口的失业率增加得较为缓慢，而 1999~2008 年经济状况较好时期，受过高等教育人口的失业率下降得较为迅速。1992 年受过高等教育人口失业率为社会平均失业率的 0.63%，2008 年降至 0.43%。同期，受过高等教育人口的失业率仅分别为受过中等教育人口失业率的 0.56% 和 0.29%。受过高等教育的年轻人的就业状况得到明显改善，1992 年他们找不到工作的概率是仅受过高中教育的年轻人的 5/7，2008 年则为 5/18。五是教育影响居民健康和寿命。相关数据显示，受过高等教育人群的健康状况明显优于只受过高中和高中以下教育人群，经合组织国家受过高等教育的人群中，健康状况良好的占 83.44%，欧盟国家平均水平为 81.84%，而在经合组织国家只受过高中以下教育的人群中，健康状况良好的仅为 61.16%，欧盟国家平均仅为 57.31%（见表 5-5）。与此同时，相关研究表明，受教育程度与寿命呈正相关关系。C. 多哥巴罗娃的研究证实，俄罗斯受过高等教育人口的寿命比未受过高等教育的人口长 3~4 年②。B. 巴斯卡科夫等人的研究则证明，1989 年俄罗斯受过高等教育的男性平均寿命比未受过高等教育者长七年，女性长两年③。И. 威尔康斯卡娅的研究显示，接受高等教育的时间每增加一年，男性死亡率降低 9%，女性死亡率降低 7%④。这一结

① E. Щербакова, Более высокий уровень образования снижает риск безработицы, повышает уровень доходов и продолжительность жизни//Демоскоп Weekly. 1–14 ноября 2010. №441–442.

② С. Долгополова, Дольше живет тот, кто учится всю жизнь//Политический журнал. 24. марта 2008. №5 (182) /http://www.politjournal.ru/index? action = Articles&dirid = 56&tek = 80798&issue = 217.

③ В. Баскаков, М. Баскакова, О пенсиях для мужчин и женщин: социальные аспекты пенсионной реформы. М.: Московский философский фонд, 1998. С. 200.

④ И. Вирганская, Уровень образования и продолжительность жизни//Советское здравоохранение. 1990. №8. С. 27–31.

论在 E. 安德烈耶夫，Д. 日丹诺夫的研究中得到证实①。可见，教育对民生具有非常重要的意义。

表 5 - 1　经合组织国家与俄罗斯受过高等教育员工与未受过高等教育员工的工资之比

| 国家 | 年份 | 受过高等教育员工与未受过高等教育员工的工资之比（倍） |
|---|---|---|
| 澳大利亚 | 2005 | 1.62 |
| 奥 地 利 | 2008 | 2.35 |
| 比 利 时 | 2005 | 1.49 |
| 俄 罗 斯 | 2008 | 1.84 |
| 加 拿 大 | 2007 | 1.8 |
| 捷 克 | 2008 | 2.54 |
| 丹 麦 | 2008 | 1.51 |
| 芬 兰 | 2007 | 1.57 |
| 法 国 | 2007 | 1.79 |
| 德 国 | 2008 | 1.86 |
| 匈 牙 利 | 2008 | 2.88 |
| 爱 尔 兰 | 2005 | 1.8 |
| 意 大 利 | 2006 | 2.04 |
| 日 本 | 2007 | 1.85 |
| 韩 国 | 2007 | 2.32 |
| 卢 森 堡 | 2006 | 2.07 |
| 荷 兰 | 2006 | 1.81 |
| 新 西 兰 | 2008 | 1.44 |
| 挪 威 | 2007 | 1.62 |
| 波 兰 | 2008 | 2.01 |
| 斯洛伐克 | 2008 | 2.62 |
| 西 班 牙 | 2007 | 1.7 |
| 瑞 典 | 2008 | 1.52 |
| 瑞 士 | 2008 | 2.08 |
| 土 耳 其 | 2005 | 2.16 |
| 英 国 | 2008 | 2.17 |
| 美 国 | 2008 | 2.68 |
| 爱沙尼亚* | 2008 | 1.42 |
| 以色列* | 2008 | 2.03 |
| 斯洛文尼亚* | 2007 | 2.59 |

注：爱沙尼亚、以色列、斯洛文尼亚三国于 2010 年成为经合组织新成员。

资料来源：Под Ред. М. Карпенко, Образовательная геодемография России. М. : Изд-во СГУ, 2011. С. 97 - 98。

———————————

① Е. Андреев, Д. Жданов, Продолжительность жизни российских академиков. А образованные шведы живут еще дольше. // Демоскоп Weekly. №283 - 284. 2 - 15 ноября 2007г. http：//domoscope. ru/weekly/2007/283/tama04. php.

表 5 - 2   俄罗斯居民受教育程度与月工资的关系

| 受教育水平 | 职业工资调查 *（2009 年数据） | | | 居民经济与健康状况监控 **（2010 年数据）（万卢布） | | |
|---|---|---|---|---|---|---|
| | 所有居民 | 男性 | 女性 | 所有居民 | 男性 | 女性 |
| 完全高等教育 | 2.44 | 3.07 | 2.04 | 1.87 | 2.36 | 1.57 |
| 不完全高等教育 | 1.51 | 1.9 | 1.31 | — | — | — |
| 中等职业教育 | 1.53 | 1.95 | 1.29 | 1.31 | 1.71 | 1.07 |
| 高中之后的职业技术学校 | 1.53 | 1.84 | 1.09 | 1.32 | 1.57 | 0.98 |
| 初中之后的职业技术学校 | | | | 1.23 | 1.5 | 0.88 |
| 高　中 | 1.48 | 1.84 | 1.06 | 1.34 | 1.57 | 1.05 |
| 初中及以下 | 1.23 | 1.52 | 0.88 | 1.13 | 1.31 | 0.83 |
| 社会平均 | 1.81 | 2.21 | 1.5 | 1.47 | 1.76 | 1.21 |

注：* ОЗПП（Обследования заработной платы по профессиям）。

** Мониторинг экономического положения и здоровья населния（РМЭЗ）。

资料来源：ОНПЗ（Обследования населения по проблемам занятости），2008。

表 5 - 3   2008 年俄罗斯就业人员职业状况

单位：%

| 职业/受过不同教育的人群 | 完全高等教育 | 不完全高等教育 | 中等职业教育 | 初等职业教育 | 高中教育 | 初中教育 | 小学及以下 | 总计 |
|---|---|---|---|---|---|---|---|---|
| 领导层 | 63.7 | 1.6 | 23.5 | 5.1 | 5.5 | 0.4 | 0 | 100 |
| 高级专家 | 90.1 | 1.5 | 7.2 | 0.5 | 0.7 | 0 | 0 | 100 |
| 中级专家 | 15.1 | 2.5 | 67.5 | 7.2 | 7.1 | 0.7 | 0 | 100 |
| 信息编辑人员 | 16.8 | 3.5 | 38.8 | 16.7 | 22.5 | 1.7 | 0 | 100 |
| 服务业员工 | 10 | 2.3 | 26.7 | 27.1 | 29.5 | 4.2 | 0.3 | 100 |
| 农业高级技工 | 4.6 | 0.7 | 14.9 | 16.2 | 38.9 | 19.9 | 4.7 | 100 |
| 工业高级技工 | 4.4 | 1.1 | 24.2 | 38.5 | 26.4 | 5 | 0 | 100 |
| 工业中级技工 | 4.3 | 0.9 | 21.4 | 35.6 | 32.2 | 5.3 | 0.3 | 100 |
| 一般工人 | 3.6 | 1 | 15.8 | 18.9 | 44.8 | 14.1 | 1.7 | 100 |

资料来源：ОНПЗ（Обследования населения по проблемам занятости），2008。转引自：*B. Гимпельсон，P. Капелюшников*，Российский работник：образование，профессия，публикация. М.：Издательский дом ВШЭ，2011。

表 5－4　2008 年俄罗斯失业率与居民受教育程度的关系

单位：%

|  | 完全高等教育 | 不完全高等教育 | 中等职业教育 | 初等职业教育 | 高中教育 | 初中教育 | 小学及以下 | 平均 |
|---|---|---|---|---|---|---|---|---|
| 全体居民 | 2.8 | 12.1 | 4.7 | 6.6 | 9.7 | 14.7 | 16.3 | 6.3 |
| 男性公民 | 2.7 | 11.7 | 4.7 | 6.4 | 9.4 | 14.9 | 18.7 | 6.6 |
| 女性公民 | 2.9 | 12.6 | 4.6 | 6.9 | 10.2 | 14.4 | 13.1 | 6.1 |

资料来源：ОНПЗ（Обследования населения по проблемам занятости），2008；转引自 *Р. Капелюшников*，Спрос и предложение высококвалифицированной рабочей силы в России：кто бежал быстрее？ ЧастьII，Вопросы экономики，№ 3，2012 г. С. 122。

表 5－5　教育与健康的关系（拥有良好健康状况人口的比例）

单位：%

| 经合组织国家 | 受教育水平 | | |
|---|---|---|---|
|  | 接受高中教育以下人群 | 接受高中教育人群 | 接受高等教育人群 |
| 澳大利亚 | 78.24 | 85.69 | 89.14 |
| 比 利 时 | 63.89 | 79.60 | 85.26 |
| 加 拿 大 | 70.93 | 84.77 | 90.42 |
| 捷 克 | 29.97 | 65.58 | 81.9 |
| 丹 麦 | 57.26 | 79.22 | 86.6 |
| 芬 兰 | 50.59 | 68.4 | 79.12 |
| 法 国 | 55.05 | 66.25 | 77.63 |
| 希 腊 | 78.55 | 89.37 | 94.34 |
| 匈 牙 利 | 33.94 | 55.69 | 75.37 |
| 爱 尔 兰 | 81.4 | 86.7 | 88.49 |
| 意 大 利 | 54.39 | 70.89 | 79.61 |
| 韩 国 | 33.4 | 53.76 | 60.28 |
| 荷 兰 | 69.24 | 80.31 | 86.55 |
| 新 西 兰 | 82.49 | 90.55 | 91.83 |
| 挪 威 | 64.89 | 73.22 | 86.57 |
| 波 兰 | 49.82 | 63.75 | 77.66 |
| 斯洛伐克 | 42.38 | 61.33 | 74.29 |
| 西 班 牙 | 68.87 | 78.46 | 84.53 |
| 瑞 典 | 76.67 | 79.01 | 86.43 |
| 瑞 士 | 69.22 | 84.91 | 91.93 |

| 经合组织国家 | 受教育水平 | | |
|---|---|---|---|
| | 接受高中教育以下人群 | 接受高中教育人群 | 接受高等教育人群 |
| 土 耳 其 | 65.27 | 79.37 | 79.21 |
| 英 国 | 65.94 | 75.77 | 85.51 |
| 美 国 | 75.06 | 86.96 | 94.54 |
| 爱沙尼亚 | 37.93 | 44.33 | 67.62 |
| 以 色 列 | 66.95 | 77.6 | 80.82 |
| 斯洛文尼亚 | 44.29 | 65.19 | 79.74 |
| 经合组织国家平均 | 61.16 | 75.52 | 83.44 |

资料来源：Под Ред. *М. Карпенко*, Образовательная геодемография России. М. ：Изд-во СГУ，2011. С. 103 – 104。

## 第二节　教育制度改革

俄罗斯现代教育体系的产生晚于欧洲。1701 年，俄罗斯第一所数学和航海学校成立，1724 年俄罗斯科学院建立，1755 年，俄罗斯第一所大学在莫斯科成立，1804 年，国民教育部成立。1917 年 10 月革命后，教育得到真正意义上的普及，逐渐扫除了文盲，解决了流浪儿童问题，从普及初等义务教育逐渐过渡到普及 11 年义务教育，并创建了职业教育体系。可以说，苏联时期在扫除文盲、扩大教育机构网络、培养高素质劳动者、打造国家科技潜力、发展民族教育体系、保证教育的普及等方面成就卓著。此外，苏联注重基础学科教育，特别是自然科学。

当然，苏联教育制度也存有顽疾，主要表现是：第一，国家垄断，官僚主义的中央集权管理制度；第二，学校生活以及青少年组织生活过分政治化；第三，教学过程和教学方法千篇一律，教学大纲和方法论高度一致，教育不是致力于发展学生创造性和个性，而是按照社会平均化和一般化的要求，培养"符合标准"的人才，为高度集中与统一的社会服务；第四，青年人的理论知识不少，但往往与实践脱节，被教育者缺乏主动性和自主性。

苏联解体后，在向市场经济转型的过程中，俄罗斯同时着手对教育制度进行改革。整体而言，俄罗斯教育改革是在宪法的基本框架下进行的，并以教育法为基础。

1993 年的《俄罗斯联邦宪法》第 43 条规定，每个人都有受教育的权利；保障国家或地方教育机构和企业提供的学前教育、基础普通教育和中等职业教育的普及性和免费性；每个人都有通过竞争获得在国家或地方教育机构和企业中接受高等教育的权利；基础普通教育为义务教育，父母或其替代者应保证使孩子接受基础普通教育；俄罗斯联邦确定联邦国家教育标准，支持各种形式的教育和自修。

1992 年 7 月《俄罗斯联邦教育法》颁布。之后于 1996 年、2004 年和 2012 年进行了三次修订。随着教育法的调整，俄罗斯的教育改革也在不断尝试中稳步推进。调整内容包括：教育战略调整、教育管理体制改革、教育经费改革、高等教育改革、实施国家统一考试（ЕГЭ）、推行国家"教育"优先发展项目、实施教育发展联邦目标纲要等七个方面。

## 一　教育战略调整

20 世纪 90 年代中期之前，俄罗斯教育战略的调整思路主要在 1992 年的《俄罗斯联邦教育法》中得以彰显。《俄罗斯联邦教育法》明确提出了俄罗斯新的教育观，即社会、政治和人道主义价值观，把全人类价值、人的生命与健康、个性的自由发展置于优先地位。在指导思想上实行教育的"去党化""去政治化""去意识形态化"。《俄罗斯联邦教育法》禁止在学校建立政党和宗教团体，禁止强迫学生参加社会政治组织、运动和党派活动。此外，改变过去整齐划一的标准化教育，倡导教育大纲的人性化与多样化。

20 世纪 90 年代后半期，俄罗斯开始对教育战略进行重新思考，重点涉及教育目的、教育价值和教育世界观等方面内容。因为 20 世纪 90 年代上半期在抛弃共产主义意识形态时，整个社会都力图抛弃集体主义，认为它是集权主义的丑恶现象，从而使得俄罗斯的共同价值观遭到摧毁。因此，对教育战略的重新思考旨在确立民族的、全俄罗斯的、人道主义的教育意识形态，研究俄罗斯国家的教育理论。

直至 2000 年之后，政府关于教育现代化的方针才得以逐步确立。其标志是通过了一系列有关教育的文件，如《俄罗斯联邦国家教育学说》（2000 年10 月俄罗斯联邦政府第 751 号决议）、《2010 年前俄罗斯教育现代化构想》（2001 年 12 月第 1756 号政府令）。这些文件预示着国家对教育事业重新重视起来，并把教育作为国家优先发展领域之一。《俄罗斯联邦国家教育学说》（以下简称《学说》）作为国家政策基础文件，对 20 世纪 90 年代俄罗斯的教育进行了反思与总结，认为 90 年代俄罗斯的教育是失去的十年，需要加强全社会对教育在国家社会发展中决定性作用的认知。《学说》确定了国家长期教育战略，提出了教育的基本目标是用高尚的道德精神并结合本国的经验和传统对青少年进行教育。《2010 年前俄罗斯教育现代化构想》论证了教育在俄罗斯社会发展中的地位、作用以及教育现代化的必要性，强调教育应具有优先发展权，国家应为提高教育质量、公民平等接受教育提供保障，并提出教育现代化的目标在于建立稳定的教育发展体制。

2013 年 5 月普京再次就任总统后提出了依靠教育提升科技潜力、推动创新经济发展的战略目标。经过修订于 2013 年 9 月正式生效的《俄罗斯联邦教育法》是实施这一战略的重要步骤之一。该法从国家战略的高度确立了教育发展的基本原则，明确规定教育是国家优先发展的领域，并致力保障每一位公民的受教育权。

## 二　教育管理体制改革

俄罗斯教育管理体制改革的出发点是改变苏联时期自上而下的中央集权制的教育管理体系，实现教育管理的"去中心化"，把教育管理权力下放给地方政府，赋予联邦主体创建、改建和取缔下属教育机构的权力，同时鼓励社会团体参与教育管理过程[①]。1992 年的《俄罗斯联邦教育法》确立了联邦、地区和地方三级分权式教育管理体制，用以代替过去单一、集权式的管理体制。联邦教育管理机构集中制定和贯彻联邦教育政策，制定国家教育标准，开办、改组和撤销直属教育机构，对教育机构进行鉴定和国家认证，编制联邦教育预

---

① 朱小蔓、H. 鲍列夫斯卡娅、B. 鲍利辛柯夫主编《20～21 世纪之交中俄教育改革比较》，教育科学出版社，2006。

算，监督联邦教育法和教育标准的执行情况。联邦主体的权限是制定本地区的教育法规，管理辖区内的教育机构，从本地区实际出发制定并实施地区教育发展纲要，编制国家教育标准中涉及本地区的内容，编制本地区教育预算。地方的权限是管理监督地方教育行政管理机构和学校的工作，贯彻国家和联邦主体教育政策，在本地区组织并提供免费义务教育，开办、改组和撤销所属教育机构。可见，1992年的《俄罗斯联邦教育法》大幅削减了联邦中央教育管理机构在直接管理日常事务方面的权限，但基本保留了其制定和实施全国教育政策的职能，其在依法调节教育领域各种关系方面仍起主要作用。与苏联时期相比，地区和地方管理机构的权力明显增强，对市级教育体系的业务管理作为特有权力被转交给地方自治机构。此外，1992年的《俄罗斯联邦教育法》还规定教育机构具有法人地位，其在教学、科研以及资金筹措和使用方面将获得更多的自主权。当然，俄罗斯不同类型学校的独立程度不同，且根据教育不同阶段的性质而定。国立和地方教育机构由选举产生的校委会实施总领导，委员会的选择程序由教育机构章程规定。非国立教育机构由创办人直接领导，或由创办人组建、委托的管理委员会具体管理。1996年的《俄罗斯联邦高等职业教育和大学后职业教育法》则规定，高校享有自治权和学术自由。

2004年随着行政改革的整体推进，联邦教育管理部门的职权范围进一步压缩，地方职权范围进一步扩大。2004年修订的《俄罗斯联邦教育法》规定，联邦教育管理部门负责制定联邦一级学校的创建、调整和取缔等方面的规则，以及联邦一级学校劳动标准和劳动报酬标准。隶属于各联邦主体的教育机构的创办程序由联邦主体权力机关规定，而隶属于地方的教育机构的创办程序则由地方自治机构自行规定。联邦政府通过补贴地方预算的方式，将国家保证公民获得免费学前教育、初等普通教育、普通基础教育和完全中等教育，以及在学校获得补充教育①的责任都移交给地方，普通学校基本由市级教育管理部门管理。2005年年初开始，几乎所有的初等职业教育机构和大部分中等职业教育机构归联邦主体管理，约1/10归属市一级管理。2004年的《俄罗斯联邦教育法》进一步扩大了教育机构对教学内容的自主管理权，各校可根据地区特点、

---

① 指职业再培训。

资源优势和学生个性进行特色教育。在机构设置上，2004 年设立了教育与科学部，并赋予其制定并推行教育政策的职能。教育业务管理和资源保证职能移交给了联邦教育署，教育质量监管职能则移交给了教育与科学监察署。

## 三　教育经费改革

俄罗斯在教育经费改革中秉持多渠道筹资原则。

首先是国家拨款范围不断缩小。1992 年的《俄罗斯联邦教育法》规定，国家优先发展教育并保证教育拨款，教育经费不少于国民收入的 10%；非国立普通教育机构自获得国家认证起，便享有获得国家或地方拨款的权利，拨款标准不得低于该地区同类国立和市立教育机构的拨款标准。1996 年修订的《俄罗斯联邦教育法》对高校拨款方式进行了改革，规定只有考取国立高校的公费生，国家才支付其教育费用，即国家不再承担非国立高校的免费教育。2004 年修订的《俄罗斯联邦教育法》删除了 1992 年《俄罗斯联邦教育法》中有关教育财政拨款不少于国民收入 10% 的条款，重新确定预算拨款方式，隶属于联邦的国立教育机构，按照国立教育机构联邦预算拨款标准实施，隶属于各联邦主体、市政机构的教育机构，其预算拨款根据联邦标准和联邦主体标准实施。从 2005 年起，取消了对所有非国立教育机构的预算拨款，国家不再补偿公民在非国立教育机构学习的费用。

其次是鼓励多渠道筹措教育经费。1992 年的《俄罗斯联邦教育法》规定，高校除了得到国家教育拨款外，还可以接受社会组织、机构、企业及个人对教育的投资，或通过商业性经济活动以及非商业性的经济活动（指提供有偿教育服务）获得收入。1996 年颁布的《俄罗斯联邦高等和大学后专业教育法》又明确规定，高等学校在完成国家招生计划后，可以招收自费生。2004 年的《俄罗斯联邦教育法》则规定，政府给予教育机构最大的经济自主权并为学校进行经济活动创造条件，赋予其进行自主经营活动的权利，教育机构可以利用自身资源向学生和社会提供有偿的补充教育服务，可以通过出租校产、接受馈赠、成立教育基金等手段开拓非财政性教育经费筹措渠道。同时取消对国立高校和技术学校招收经济、法律、工商管理、国家行政管理等热门专业自费生数量的限制，从 2005 年开始减少对这些专业的财政拨款，扩大预算外收入。对助学金制度也进行逐步调整，2002年开始实行新的助学金制度，助学金分为提供给经济困难学生的社会性助学金和对优秀学生进行鼓励的学术性助学金。同一名大学生可以同时获得两类助学金。社会性助学金主要发放给一级和二级残疾人、孤儿大学生以及伤残军人和老战士的子女，此外，平均收入在最低生活保障线之下的大学生也可以获得此类助学金。为了解决年轻人对高校收费承受能力不足的问题，俄联邦教育科学部出台支持教育贷款规范化法令，从2007年开始，新入学的大学生可以申请教育贷款，利率为中央银行的再贷款利率减去2%。贷款人可以在毕业后十年内偿还。申请贷款既不需要押金，也不需要担保。

尽管俄罗斯通过多渠道来筹集资金，但教育经费不足问题依旧较为突出。2012年新修订的《俄罗斯联邦教育法》扩大了国家承担免费教育的责任范围，如免费提供教科书，接送学生上下学和配餐等。此外，新修订的《俄罗斯联邦教育法》还确定了多种类型的奖学金，比如国立高等学校和国家社会奖学金、国家研究生奖学金、俄罗斯联邦政府总统奖学金等。

### 四　积极推进高等教育改革

俄罗斯高等教育改革主要在如下几个方面推进。

#### 1. 高等教育结构调整

针对苏联高等教育只有一个本科教育层次，大学毕业生不授予学位，只获得所在领域的专家称号，不利于俄罗斯大学毕业生参与国际人才交流的情况，1992年3月俄罗斯联邦科学院、高等学校与技术政策部高等学校委员会通过了《关于在俄罗斯联邦建立多层次高等教育结构的决议》，之后又颁布了《俄罗斯联邦高等教育多层次结构暂行条例》。根据如上文件，俄罗斯高等教育逐步向不完全高等教育、基础高等教育和专业高等教育三个层次过渡。完成基础高等教育可以获得学士学位，完成专业高等教育后获得硕士学位。近年来，俄罗斯正在尝试引入应用型学士的教育体系，即在中等专业学校培养学士并保证与高等教育特有的理论学习相结合，之后授予高等教育证书。2009年8月《关于在中等和高等职业学校中创建应用型学士》的政府令提出，应用型学士属于高等教育层次，可由中等职业技术学校和高等职业技术学校合作实施，或者由高等职业技术学校独立实行。随后俄罗斯联邦教育科学部开始推动应用型学士的实验。应用型学士改革的效果目前虽然难以断言，但无疑是俄罗斯对高等教育结构改革的有益尝试。

**2. 持续更新高等教育标准**

俄罗斯国家教育标准确定了高等教育结构、高等教育文凭、对高等教育计划实施条件的基本要求，也包括了学生学习负担量等内容。1994年、2002年和2007年，俄罗斯教育部分别批准和实行了第一代、第二代和第三代高等教育国家标准。

**3. 建立高校评估机制**

20世纪90年代初，俄罗斯建立了相对独立的许可、评定和鉴定三级高等教育质量保障与评估制度。许可制度是根据高校办学硬件而实行的准入制度，通过对学校建筑、教学设施装备、师资等方面的评定，判断学校是否具备办学资格；评定制度根据国家教育标准对高校的教学内容、教育水平和教育质量进行评价并证明其是否合格；鉴定制度是在评定的基础上对高校的类型与种类做出判断，决定高等学校获得资助的程度以及是否可以发放带有国家字样和国徽印章的毕业证书。高校未经许可，无权办学；未经评定，则无法进入国家鉴定程序；未通过国家鉴定，则不能获得相应的国家地位，无法向毕业生颁发带有国家字样和国徽印章的毕业证书，并且不能被列入财政拨款名册和享受其他优惠政策。2000年，在对此前的评估程序进行修正的基础上，俄罗斯教育科学部开始对已获得办学资格三年以上的高校实施综合评估方案，该方案由对高校的再次许可、评定与鉴定构成。高等学校综合实力评估指标也逐渐建立起来。评估指标将高校的核心竞争力细分为品牌竞争力、财政经济竞争力、物质技术竞争力、人力资源竞争力和毕业生竞争力等，并在此基础上实行重点大学评审制度，在高校中划分出重点大学，并对其加大经费投入。

**4. 对高校进行监察、重组**

俄罗斯教育科学部于2012年秋季首次对高校进行监察，共监察了541所国立高校和994所分校。监察设定五个评价指标：教育水平、科研水平、国际影响力、经济状况以及基础设施。2012年11月俄罗斯教育科学部公布了监察结果，其中136所大学和262所分校水平低下。2013年8月俄罗斯教育科学部启动了第二轮对高校的监察。此次监察涵盖了非国立高校及分校，且在与国立高校标准相同的基础之上进行。此次监察根据教育机构的特点，把毕业生就业安置纳入了评估范畴，同时进一步提升了指标门槛，如留学生所占比重不应低于1%，地区中心城市的大学中，留学生所占比重不能低于3%；校舍人均面积不得低于五平方米，中心城市大学校舍人均面积不得低于13平方米[①]。

**5. 参与"博洛尼亚进程"[②]，促进高等教育现代化和国际化**

2003年9月俄联邦教育科学部长 B. 菲利波夫在柏林签署《博洛尼亚宣言》，俄罗斯成为第40个参与"博洛尼亚进程"的国家，并承担在欧洲一体化背景下进行必要改革的义务。"博洛尼亚进程"是俄罗斯加强与欧洲合作的一个机会，为俄罗斯高等教育的国际化提供了平台，并且能够使俄罗斯的教育产品进入欧洲市场，巩固俄罗斯教育体系在世界上的地位。这样，俄罗斯既能从本国的需要出发，又能结合国际教育发展趋势，建立起独具特色的教育体制。在《博洛尼亚宣言》框架下，俄罗斯采取的教育改革措施主要是建立高等教育学士－硕士两级体制，实行以欧洲学分转换系统（ECTS）为基础的学分制，增加大学生和教师的国际交流机会，加强高等教育领域的国际合作等。2013年2月，俄罗斯教育科学部网站公布了俄罗斯政府《关于国家支持重点高校提高在世界知名科学教育中心机构中竞争力的实施办法》决议草案。草案明确规定了项目经费的具体用途：引进人才，特别是来自国外的国际教师和大学高级管理人员；建立教师学术流动机制，安排他们到世界顶尖大学进修；改善副博士和博士培养部门的工作条件；为研究生、大学生、进修生和年轻的科学教育工作者提供资金支持等。草案计划给符合条件的高校拨款90亿卢布。

## 五 实施国家统一考试（ЕГЭ）

2001年2月俄罗斯联邦政府第119号决议通过《关于试行国家统一考试的决定》，对传统中学毕业考试和大学自主招生考试模式进行了变革，将二者合二为一，统称"国家统一考试"。从2001年开始，俄罗斯开始在四个联邦主体

---

① *T. Клячко*, Мониторинг эффективности вузов//Экономическое развитие России. 2013. №12. /http：//www. iep. ru/ru/ekonomicheskoe－razvitie－rossii－12－2013. html.

② 1999年在意大利博洛尼亚29个欧洲国家提出的欧洲高等教育改革计划，目标是到2010年创建欧洲统一的高等教育认证制度，在成员国间互相承认大学毕业生的毕业证书和成绩。

所属高校中进行国家统一考试试验。2002 年，正式成立了国家统一考试的管理机构——俄罗斯联邦国家考试委员会，领导和协调国家统一考试实施过程中的各项日常事务。2009 年起国家统一考试在全国范围内全面推行。考试分必考和选考科目，必考科目为数学和俄语，选考科目为社会知识、文学、历史、地理、物理、生物、化学、信息学、外语九门，考生可根据所申请大学及专业方向选择相应的科目进行考试。考试由国家考试委员会组织人员命题，在指定地点、规定时间内进行，考点设在当地大学或中学内，每个考场人数限制在 15 人以下。各联邦主体采用同一类型的试卷和同样的评判标准。考试结束后一周内公布成绩。之后，考生将自己的报考材料向所申报的学校投档。高校根据考生志愿和考试成绩完成录取并在网上公布录取结果。

## 六 推行国家"教育"优先发展项目

国家"教育"优先发展项目于 2006 年 4 月经俄罗斯联邦教育科学部第 95 号令批准。项目主要内容包括以下几点。

班主任额外奖励计划。对于负责标准班级的普通教育院校的班主任，每月可以从联邦预算拨付给地方预算的款项中得到 1000 卢布额外奖励，对于班级容量小于标准人数的，则按学生人数折合成相应比例发放。

优秀教师鼓励计划。从 2006 年开始，每年在各地方通过公开选拔评选出 10000 名优秀教育工作者，他们每人将获得 10 万卢布的奖金。从 2010 年开始每年将奖励 1000 名优秀教师，人均奖金 20 万卢布。

鼓励普通院校进行教育创新计划。每年在各联邦主体中选拔出 3000 所进行教育创新的院校，这些院校将获得国家给予的 100 万卢布的资金支持。2007 ~ 2010 年国家支持创新型学校的总投入为 90 亿卢布。

教育信息化计划。到 2010 年年底，俄罗斯全境所有没有接通互联网的学校，包括农村学校，都必须完成互联网的接通，并且流量不小于 128KB/秒。

为学校装备教学设备计划。通过该项计划，为各学校的物理、化学、地理和生物研究室配备了通信设备和新的教学设备，有的还配备了程控设备。因为2007 年是俄语年，因此在该项目下又增加了为俄罗斯语言文学研究室配置设备的计划。

为农村地区学校配备校车计划。为了解决农村中小学生上学交通困难问题，由联邦和地区财政出资为农村学校购买校车。

支持初等和中等职业教育院校师资培养计划。2007 年，选拔 76 所初等或中等职业教育院校，每所院校将从联邦预算获得 2000 万～3000 万卢布的资金。

鼓励高等职业教育机构发展计划。对于实行教学创新成绩突出的院校，在其购买试验设备、购买或研制程控设备或教学设备以及提高业务水平时，国家从联邦预算中出资为其提供补贴。2006～2008 年，根据评审结果，有 57 所教学创新院校获得了联邦预算的支持。

设立联邦大学和商学院计划。2011 年之前开办北方（北极）、喀山（伏尔加沿岸）、乌拉尔、远东、东北、南方、西伯利亚联邦大学。为了培养现代型的管理人才，成立两所商学院：圣彼得堡高等管理学院和莫斯科"斯科尔科沃"管理学院。

国家资助天才青年计划。从 2006 年开始，1250 名在国际和全俄奥林匹克比赛和竞赛中获胜的年轻人每人可获得六万卢布奖金，而 4100 名在全俄、地区间以及地区级的奥林匹克竞赛中的获胜者每人奖励三万卢布。

对现役军人的职业教育计划。2006～2007 年，在 24 个部队单位中组织了教学中心，主要是进行初等职业教育。

国家支持联邦主体推行教育现代化计划。经过评选，21 个联邦主体在 2007～2009 年获得联邦预算的拨款。这些拨款用于推行教育员工劳动报酬新机制，目的是增加教师收入、发展地区教育质量评估体系、发展地区普通教育机构网、扩大教育管理的社会参与度。

## 七 实施教育发展联邦目标纲要

2005 年 12 月俄罗斯联邦政府第 803 号决议批准了《2006～2010 年联邦教育发展目标纲要》（以下简称《纲要》）。《纲要》确定了俄罗斯 2010 年教育发展目标：在 2005 年基础上，完成制定 60% 的学科并开始实行新的教育标准；国际承认的职业教育规划数量增加 30%；接受信息技术教育的学生比例增加 50%；年龄在 25～65 岁的公民接受再教育的人数增加 30%；提高俄罗斯在国际教育质量排名中的位次，达到经合组织国家平均水平（前 20 名）；在俄罗斯接受中高等职业教育的外国学生比例从 0.9% 增加到 1.6%，其中包括自费生；通过国家统一考试进入中高等职业教育机构的学生比例从 40% 增加到 90%；转入"学士－硕士"两级教育体制的学校比例从 15% 增加到 70%。《纲要》共计拨款 619.52 亿卢布（按 2006 年价格计算），其中联邦预算拨款 453.35 亿卢布，联邦各主体预算拨款 125.01 亿卢布，预算外资金 41.16 亿卢布。俄联邦政府报告显示，2010 年《纲要》已按计划如期完成。

2011 年 2 月俄罗斯联邦政府第 61 号决议批准了《2011～2015 年联邦教育发展目标纲要》。新纲要立足国家教育政策的战略目标：根据经济创新发展、现代社会需要和个人需求提高优质教育普及率，各类居民，无论其居住地、财产状况和健康状态如何，均能接受优质教育。新的纲要提出了教育服务在 GDP 中所占比重不低于 7%；接受过高等、中等和初等职业教育的就业人口的失业率降低 16% 等经济社会目标。这一纲要实施总金额为 1379.09 亿卢布，其中 542.29 亿卢布来自联邦预算，670.7 亿卢布来自联邦主体预算，166.1 亿卢布来自预算外资金。

### 八　对私立教育发展采取了由"松"到"紧"的政策

1992 年的《俄罗斯联邦教育法》规定："教育机构可以是国立的（由联邦或联邦主体开办）、地方的或非国立的（私立的以及由社会和宗教组织开办）。"获得认证的各层次私立学校不仅享有国家拨款，而且还享有包括土地、税收在内的各种优惠政策。1996 年修订的《俄罗斯联邦教育法》在对公立学校以及私立中小学进行财政保障的同时，取消了经过认证的非国立大学享受财政保障和税收优惠的条款。2004 年修改后的《俄罗斯联邦教育法》完全取消了国家对私立教育的支持和保障条款，剥夺了私立教育的所有税收优惠。从 2005 年年初开始，国家对非国立教育机构停止拨款，私立学校需要缴纳财产税和土地税。

## 第三节　教育改革绩效

俄罗斯的教育改革与其他向市场经济转型的国家一样，一直在探索三个层面的问题：教育是社会福利还是商业服务；教育是大众教育还是精英教育；教育的民族性如何与欧洲经验相互衔接。"博洛尼亚进程"文件正式提出，必须把教育看作社会福利和社会责任。联合国教科文组织国际教育委员会的报告也指出，教育是一种集体性的福利，而不是借助市场进行简单调节的对象。但在向市场经济转型过程中，俄罗斯的教育改革同其他方面的改革一样，在不断尝试和探索中加以完善，从改革初期追求急速市场化，到市场性与福利性兼顾，直至把教育视为实现经济创新发展的主要动力之一。

如今，俄罗斯教育改革已经走过20多年的历程，可以对其改革效果进行简要的阶段性总结。

## 一 教育支出结构的变化

俄罗斯教育的资金来自五个渠道：联邦预算支出、联邦主体预算支出、地方（市政）预算支出、企业和机构支出、居民个人支出。

从2005~2011年间的数据看，俄联邦联合预算①教育支出连年增加，2011年达23301亿卢布，同比增加23.0%，其中联邦预算教育支出5595亿卢布，同比增加26.4%，联邦主体联合预算②教育支出17706亿卢布，同比增长22%。但从俄联邦联合预算教育支出占GDP的比重看，增加并不明显，2005年占3.7%，2006年占3.9%，2011年为4.3%。从教育支出在俄联邦联合预算中所占比例看，多年来一直保持在11%~12%的水平（见表5-6）。

对教育的固定资产投资大幅增加，从2000年的160亿卢布增至2008年的1735亿卢布，教育领域固定资产投资在固定资产总投资中所占比重从1.4%相应增至2.5%。教育固定资产投资中，预算投资所占比重逐年增加，从2000年的76.2%增加至2008年的85.7%。教育机构自有资金所占比重逐年下降，从2000年的12.1%降至2008年的5.2%。预算投资中，联邦预算投资所占比重呈逐年上升趋势，2000年仅占11.1%，2008年已占近1/4（见表5-7）。

---

① 俄联邦联合预算是联邦预算和联邦主体联合预算的总和，不包括国家预算外基金和预算间转移支付。
② 联邦主体联合预算是行政上隶属于联邦主体的地区和地方预算的总和，以及地区强制医疗保险基金。

表 5 - 6    2005 ~ 2011 年俄罗斯预算教育支出

单位：亿卢布

| 来源/年份 | 2005 | 2006 | 2007 | 2008 | 2009 | 2010 | 2011 |
|---|---|---|---|---|---|---|---|
| 俄联邦联合预算教育支出 | 8009 | 10333 | 13423 | 16642 | 17835 | 18937 | 23301 |
| 联邦预算教育支出 | 1722 | 2016 | 2785 | 3549 | 4180 | 4428 | 5595 |
| 联邦主体联合预算教育支出 | 6287 | 8317 | 10638 | 13093 | 13655 | 14509 | 17706 |
| 俄联邦联合预算教育支出/GDP（%） | 3.7 | 3.9 | 4.1 | 4.1 | 4.6 | 4.4 | 4.3 |
| 联邦预算教育支出/GDP（%） | 0.8 | 0.8 | 0.8 | 0.8 | 1.1 | 1 | 1 |
| 联邦主体联合预算教育支出/GDP（%） | 2.9 | 3.1 | 3.3 | 3.3 | 3.5 | 3.5 | 3.3 |
| 教育支出在俄联邦联合预算中占比（%） | 11.8 | 12.3 | 11.9 | 11.8 | 11.1 | 11.2 | 12.1 |
| 联邦预算教育支出在联合预算中占比（%） | 2.4 | 2.4 | 2.5 | 2.5 | 2.6 | 2.6 | 2.9 |
| 联邦主体联合预算教育支出在联合预算中占比（%） | 9.4 | 9.9 | 9.4 | 9.3 | 8.5 | 8.6 | 9.2 |

资料来源：Федеральное казначейство。

表 5 - 7    2000 ~ 2008 年俄罗斯教育领域固定资产投资来源结构

单位：%

| 资金来源/年份 | 2000 | 2001 | 2002 | 2003 | 2004 | 2005 | 2006 | 2007 | 2008 |
|---|---|---|---|---|---|---|---|---|---|
| 教育领域固定资产投资 | 100 | 100 | 100 | 100 | 100 | 100 | 100 | 100 | 100 |
| **教育机构自有资金** | 12.1 | 11.3 | 10.0 | 8.4 | 8.8 | 9.6 | 7.2 | 5.9 | 5.2 |
| **外来资金** | 87.9 | 88.7 | 90.0 | 91.6 | 91.2 | 90.4 | 92.8 | 94.1 | 94.8 |
| 其中预算资金 | 76.2 | 75.9 | 77.3 | 78.3 | 76.5 | 79.4 | 80.6 | 80.3 | 85.7 |
| 其中，联邦预算资金 | 11.1 | 14.9 | 15.1 | 18.7 | 17.3 | 21.7 | 20.2 | 22.8 | 24.9 |
| 联邦主体预算资金 | 53.7 | 50.2 | 53.4 | 55.1 | 53.0 | 50.0 | 51.6 | 47.9 | 48.4 |

资料来源：Федеральное казначейство。

居民自费教育支出也连年增加。2000 ~ 2009 年在读大学生中自费生从 34.4% 增加至 54%，毕业生中自费生比重从 21.9% 增至 51.3%。同期，预算资金支持的在读大学生从占 64.5% 降至占 44.9%，预算资金支持的毕业生数量从 76.9% 降至 47.5%。2011 年入学的大学生中，公费生仅占 42.3%。从绝对数看，2000 年居民自费教育支出为 415 亿卢布，2004 年已突破 1000 亿卢布，2007 年突破 2000 亿卢布，2009 年突破 3000 亿卢布，2011 年达 3443 亿卢布。每年居民自费教育支出在 GDP 中的占比基本保持在 0.6%～0.8%（见表 5－8）。

表 5－8　2000～2011 年俄罗斯居民自费教育支出

| 年份 | 2000 | 2001 | 2002 | 2003 | 2004 | 2005 | 2006 | 2007 | 2008 | 2009 | 2010 | 2011 |
|---|---|---|---|---|---|---|---|---|---|---|---|---|
| 自费教育支出（亿卢布） | 415 | 560 | 729 | 954 | 1187 | 1470 | 1896 | 2317 | 2812 | 3060 | 3260 | 3443 |
| 在 GDP 中占比（%） | 0.6 | 0.6 | 0.7 | 0.7 | 0.7 | 0.7 | 0.7 | 0.7 | 0.7 | 0.8 | 0.76 | 0.65 |

资料来源：根据俄罗斯国家统计局、财政部数据整理。

从教育预算支出的流向看，学前教育支出在教育预算支出中所占比重不断增加，从 2005 年的 14.1% 增至 2011 年的 17.6%。同期学前教育支出在 GDP 中所占比重也从 0.52% 增至 0.77%。高等教育支出在教育预算支出中所占比重和在 GDP 中所占比重也呈现逐年增加趋势，前者从 2005 年的 15.7% 增至 2011 年的 18.2%，后者从占 0.58% 增至占 0.79%。初等职业教育支出在教育预算支出中所占比例和在 GDP 中所占比重连年下降，在教育预算支出中所占比重从 2005 年占 4.9% 降至 2011 年占 2.7%，同期在 GDP 中所占比重从 0.18% 降至 0.12%。普通教育支出和中级职业教育支出在教育预算支出中所占比重变化不大（见表 5－9）。

表 5－9　2005～2011 年俄罗斯教育预算支出结构

| 分类/年份 | 2005 | 2006 | 2007 | 2008 | 2009 | 2010 | 2011 |
|---|---|---|---|---|---|---|---|
| 预算教育支出（亿卢布） | 8019 | 10333 | 13423 | 16642 | 17835 | 18939 | 23301 |
| 学前教育支出（亿卢布） | 1130 | 1453 | 1897 | 2545 | 2875 | 3213 | 4100 |
| 学前教育支出在教育预算支出中占比（%） | 14.1 | 14 | 14.1 | 15.3 | 16.1 | 17 | 17.6 |
| 学前教育支出在 GDP 中占比（%） | 0.52 | 0.54 | 0.57 | 0.61 | 0.74 | 0.75 | 0.77 |
| 学前教育支出同比增幅（%） | 23.2 | 28.6 | 30.6 | 34.2 | 13 | 11.8 | 27.6 |
| 普通教育支出（亿卢布） | 3560 | 4759 | 5990 | 7371 | 7957 | 8274 | 10432 |

续表

| 分类/年份 | 2005 | 2006 | 2007 | 2008 | 2009 | 2010 | 2011 |
|---|---|---|---|---|---|---|---|
| 普通教育支出在教育预算支出中占比(%) | 44.4 | 45.9 | 44.6 | 44.3 | 44.6 | 43.7 | 44.8 |
| 普通教育支出在 GDP 中占比(%) | 1.65 | 1.77 | 1.8 | 1.78 | 2.04 | 1.93 | 1.96 |
| 普通教育支出同比增幅(%) | 19.4 | 33.7 | 25.9 | 23.1 | 8 | 4 | 26.1 |
| 初等职业教育支出(亿卢布) | 394 | 474 | 576 | 655 | 668 | 617 | 640 |
| 初等职业教育支出在教育预算支出中占比(%) | 4.9 | 4.6 | 4.3 | 3.9 | 3.7 | 3.3 | 2.7 |
| 初等职业教育支出在 GDP 中占比(%) | 0.18 | 0.17 | 0.17 | 0.16 | 0.17 | 0.14 | 0.12 |
| 初等职业教育支出同比增幅(%) | 10.7 | 20.3 | 21.5 | 13.7 | 2 | − 7.6 | 3.7 |
| 中级职业教育支出(亿卢布) | 433 | 553 | 704 | 939 | 1022 | 1021 | 1164 |
| 中级职业教育支出在教育预算支出中占比(%) | 5.4 | 5.3 | 5.2 | 5.6 | 5.7 | 5.4 | 5 |
| 中级职业教育支出在 GDP 中占比(%) | 0.2 | 0.21 | 0.21 | 0.23 | 0.26 | 0.24 | 0.22 |
| 中级职业教育支出同比增幅(%) | 42 | 27.7 | 27.3 | 33.4 | 8.8 | − 0.1 | 14 |
| 高等教育(包括研究生教育)支出(亿卢布) | 1259 | 1699 | 2402 | 2946 | 3472 | 3778 | 4232 |
| 高等教育(包括研究生教育)支出在教育预算支出中占比(%) | 15.7 | 16.4 | 17.9 | 17.7 | 19.5 | 19.9 | 18.2 |
| 高等教育(包括研究生教育)支出在 GDP 中占比(%) | 0.58 | 0.63 | 0.72 | 0.71 | 0.89 | 0.88 | 0.79 |
| 高等教育(包括研究生教育)支出同比增幅(%) | 63.7 | 34.9 | 41.4 | 22.6 | 17.9 | 8.8 | 12 |

资料来源：Федеральное казначейство。

从国际比较角度看，俄罗斯教育支出不仅与发达国家有着较大的差距，甚至落后于大部分发展中国家。以 2008 年为例，俄罗斯教育支出占 GDP 的比重为 4.1%，而法国、德国、美国、日本分别为 6.3%、5.3%、7.5% 和 4.8%，波兰、巴西和印度分别为 6.4%、4.4% 和 4.8%[①]。

---

[①] Р. Капелюшников, Записка об отечественном человеческом капитале：препринт WP3/2008/01. М.：ГУ ВШЭ, 2008. С. 22.

## 二　居民受教育程度变化

从每万人中拥有在读大学生数量看，1990 年俄罗斯每万人中拥有在读大学生 190 名，2007 年达 523 名，仅次于美国，排名世界第二。如果加上中等职业教育机构在校学生（按照国际标准的专科学生），则上述指标是 673 名，在世界上排名第一。2008 年之后，俄罗斯每万人中拥有的在读大学生数量逐年下降，2012 年为 424 名。

1989～2002 年，俄罗斯受过高等教育的人口在 15 岁以上人口中的比重增加了六个百分点，在 15 岁以上就业人口中的比重增加了近 11 个百分点。2002～2010 年，如上两个指标又分别增长了近九个和十个百分点。到 2010 年，15 岁以上居民中，受过高等教育者占 28%；15 岁以上就业人口中受过高等教育者占近 36%（见表 5 – 10）。

表 5 – 10　1989 年、2002 年和 2010 年俄罗斯居民受教育程度比较

单位：%

| 受教育程度/年份 | 15 岁以上居民 | | | 15 岁以上就业人口 | | |
| --- | --- | --- | --- | --- | --- | --- |
| | 1989 | 2002 | 2010 | 1989 | 2002 | 2010 |
| 完全高等职业教育 | 11.3 | 16.2 | 23.4 | 14.6 | 23.3 | 31.7 |
| 不完全高等职业教育 | 1.7 | 3.1 | 4.6 | 1.3 | 3 | 4.2 |
| 中等职业教育 | 19.2 | 27.5 | 31.2 | 24.3 | 35.7 | 36.6 |
| 初等职业教育 | 13 | 12.8 | 5.6 | 17.8 | 15.3 | 6.2 |
| 普通高中教育 | 17.9 | 17.7 | 18.2 | 20.8 | 16.2 | 15.9 |
| 普通初中教育 | 17.5 | 13.9 | 11 | 13.5 | 5.6 | 4.8 |
| 小学教育 | 12.9 | 7.8 | 5.4 | 6.7 | 0.9 | 0.6 |
| 未受过小学教育 | 6.5 | 1 | 0.6 | 1.1 | 0.1 | 0.1 |

资料来源：根据俄罗斯国家统计局数据整理。

其中女性人口中受过高等教育者比例大幅攀升。1989 年女性人口中受过高等教育者占 12.6%，比男性人口中受过高等教育者所占比例低 0.8 个百分点，女性就业人口中受过高等教育者占 17.7%，比男性就业人口中受过高等教育者所占比例高两个百分点。到 2010 年，男性受过高等教育者占 1/4 强，

而女性约达 1/3；女性就业人口中，受过高等教育者占 40.1%，男性则只占约 32%（见表 5 – 11）。

表 5 – 11　1989 年和 2010 年俄罗斯男性和女性居民受教育程度比较

单位：%

| 受教育程度 | 15 岁以上居民 | | | | 15 岁以上就业人口 | | | |
|---|---|---|---|---|---|---|---|---|
| | 男　性 | | 女　性 | | 男　性 | | 女　性 | |
| | 1989 年 | 2010 年 | 1989 年 | 2010 年 | 1989 年 | 2010 年 | 1989 年 | 2010 年 |
| 完全高等职业教育 | 11.7 | 21.7 | 10.9 | 24.8 | 13.8 | 27.7 | 15.4 | 35.8 |
| 不完全高等职业教育 | 1.7 | 4.6 | 1.7 | 4.6 | 1.9 | 4.1 | 2.3 | 4.3 |
| 中等职业教育 | 16.6 | 30.1 | 21.4 | 32.1 | 18.6 | 35.1 | 28.8 | 38.1 |
| 初等职业教育 | 18.9 | 7 | 9.3 | 4.4 | 22.1 | 7.6 | 13 | 4.7 |
| 普通高中教育 | 19.8 | 20.1 | 16.3 | 16.7 | 21.5 | 18.3 | 20 | 13.3 |
| 普通初中教育 | 17.9 | 11.8 | 17.2 | 10.3 | 13.8 | 6.3 | 13.2 | 3.3 |
| 小学教育 | 10.7 | 4.1 | 13.4 | 6.4 | 7.3 | 0.8 | 6.1 | 0.4 |
| 未受过小学教育 | 2.7 | 0.5 | 9.7 | 0.7 | 1 | 0.1 | 1.2 | 0 |

资料来源：根据俄罗斯国家统计局数据整理。

从国际比较看，2011 年 25～64 岁的俄罗斯人口中，53% 受过高等教育，高于加拿大、日本、美国，更远远高于经合组织国家平均值、欧盟国家平均值和 G20 平均值（见表 5 – 12）。从性别上看，俄罗斯男性中受过高等教育者所

表 5 – 12　2011 年各国 25～64 岁人口中受过高等教育者所占的比重

单位：%

| 国　家 | 受过高等教育者所占比重 | 国　家 | 受过高等教育者所占比重 |
|---|---|---|---|
| 加拿大 | 52 | 丹　麦 | 34 |
| 日　本 | 46 | 瑞　士 | 36 |
| 美　国 | 42 | 英　国 | 40 |
| 新西兰 | 40 | 荷　兰 | 32 |
| 韩　国 | 41 | 瑞　典 | 35 |
| 澳大利亚 | 38 | 俄罗斯 | 53 |
| 芬　兰 | 39 | 经合组织国家平均 | 32 |
| 挪　威 | 38 | 欧盟国家平均 | 29 |
| 爱尔兰 | 38 | G20 平均 | 25 |
| 比利时 | 35 | | |

资料来源：Education at Glance 2013，OECD INDICATORS1. P. 37。

占比重次于日本、韩国、荷兰、美国、挪威和瑞士，俄罗斯女性中受过高等教育者所占比重仅次于挪威和美国。

从人口平均受教育年限看，俄罗斯居民经济和健康状况监测显示，到2010 年，俄罗斯 15～64 岁年龄段人口中，人均受教育时间为 12.7 年，就业人口中人均受教育时间为 13 年。

## 三 教育机构变化

### （一）教育机构数量

1990～2012 年，俄罗斯学前教育机构减少了 4.36 万家，普通教育机构缩减了 2.19 万所，初等职业教育机构关停了 2609 所，中级职业教育机构减少了378 家，大学增加了 532 所，大学数量增加主要得益于私立大学的发展。2000年之后，大学入学率①增长较快，2000 年为 50%，2012 年已达 90%。

### （二）在读学生和毕业生数量

2010 年俄罗斯在读大学生数量为 1990 年的 2.5 倍（从 282.4 万人增加至705 万人），高校毕业生数量是 1990 年的 3.7 倍，但初等职业教育机构毕业生数量与 1990 年相比减少了 54.3%。1990～2009 年，大学男生数量增加了一倍，女生数量增加了两倍。但是俄罗斯大学招收的留学生人数不多。根据联合国教科文组织的数据，2009 年各国大学生中外国留学生所占比例为：澳大利亚占 21%，奥地利占 19%，英国占 15%，瑞士占 15%，俄罗斯仅占 1.5%②。经合组织发布的《教育概览 2013》显示，2011 年世界主要留学目的地国（高等教育）中，美国排名第一，吸纳了 16.5% 的留学生，英国吸纳 13%，德国6.3%，法国 6.2%，澳大利亚 6.1%，加拿大 4.7%，俄罗斯为 4%。俄罗斯大学主要吸纳独联体国家留学生，对这些国家的留学生而言，俄罗斯的优势更多在于社会、经济和文化层面，如学费较低，无语言门槛、地缘和文化上的亲缘性等，而非教育质量本身。

### （三）私立学校发展

俄罗斯私立普通教育机构从 1995 年的 500 家发展到 2012 年的 700 家，在

---

① 适龄人口中的在校生数与适龄人口之比。
② 截至 2013 年，俄罗斯大学生中，外国留学生所占比例也仅为 2.3%。

读学生数量从 4.6 万名增至 9.2 万名；私立中等职业教育机构从 1995 年的 22 所增至 2012 年的 256 所，学生数量也从 0.7 万名增至 10.3 万名；私立高校从 193 所增至 437 所，在读学生也从 13.6 万名增至 93 万名。私立学校主要集中在莫斯科市和圣彼得堡市这样的大城市。虽然，私立学校取得了一定发展，但近年来，私立学校数量和学生数量都有下降趋势。私立中等职业教育机构从 2010 年的 264 所减至 2012 年的 256 所，学生数量从 2005 年的 11.8 万名降至 2012 年的 10.3 万名，私立高校从 2010 年的 462 所降至 2012 年的 437 所，学生数量也从 120.1 万名降至 93 万名（见表 5-13）。由此可见，俄罗斯私立教育处在成长和变动过程中。对市场和政策的高度敏感是制约私立学校长期生存的主要因素之一。除了日趋严峻的政策环境外，学生数量的减少也是重要原因。目前，俄罗斯私立学校面临市场份额不断缩小的危机。

表 5-13  1990~2012 年俄罗斯学校数量和在读学生情况

| 机构/年份 | 1990 | 1995 | 2000 | 2005 | 2010 | 2011 | 2012 |
|---|---|---|---|---|---|---|---|
| **普通教育机构数量（万所）** | 6.76 | 6.89 | 6.7 | 6.15 | 4.95 | 4.72 | 4.57 |
| 国立和市立学校 | 6.76 | 6.84 | 6.64 | 6.08 | 4.88 | 4.65 | 4.5 |
| 私立学校 | — | 0.05 | 0.06 | 0.07 | 0.07 | 0.07 | 0.07 |
| 在读学生数量（万名） | 2032.8 | 2156.7 | 2007.4 | 1518.5 | 1331.8 | 1344.6 | 1353.7 |
| 国立和市立学校 | 2032.8 | 2152.1 | 2001.3 | 1511.3 | 1324.4 | 1336.2 | 1344.5 |
| 私立学校 | — | 4.6 | 6.1 | 7.2 | 7.4 | 8.4 | 9.2 |
| **中等职业教育机构（所）** | 2603 | 2634 | 2703 | 2905 | 2850 | 2925 | 2981 |
| 国立和市立学校 | 2603 | 2612 | 2589 | 2688 | 2586 | 2665 | 2725 |
| 私立学校 | — | 22 | 114 | 217 | 264 | 260 | 256 |
| 在读学生数量（万名） | 2270 | 193 | 236.1 | 259.1 | 212.6 | 208.2 | 208.7 |
| 国立和市立学校 | 227 | 192.3 | 230.9 | 247.3 | 202.7 | 198.4 | 198.4 |
| 私立学校 | — | 0.7 | 5.2 | 11.8 | 9.9 | 9.8 | 10.3 |
| **高等学校（所）** | 514 | 762 | 965 | 1068 | 1115 | 1080 | 1046 |
| 国立和市立高校 | 514 | 569 | 607 | 655 | 653 | 634 | 609 |
| 私立高校 | — | 193 | 358 | 413 | 462 | 446 | 437 |
| 在读学生数量（万名） | 282.5 | 279.1 | 474.1 | 706.5 | 705 | 649 | 607.5 |
| 国立和市立高校 | 282.5 | 265.5 | 427.1 | 598.5 | 584.9 | 545.4 | 514.5 |
| 私立高校 | — | 13.6 | 47.1 | 107.9 | 120.1 | 103.6 | 93 |

资料来源：根据俄罗斯国家统计局数据整理。

**（四）大学国际排名**

近年来俄罗斯大学在世界大学的排名有下降趋势。2012 年上海交通大学发布的《世界大学学术排名 500 强（2012～2013 年)》（ARWU）中，莫斯科国立大学排名下跌至第 80 名，圣彼得堡国立大学下跌至 400～500 名之间，俄罗斯其他高校没有进入前 500 强，而在 2008 年，莫斯科国立大学排名第 10 位，此前圣彼得堡国立大学也一直排在 400 强以内。在 2013～2014 年 QS 世界大学排名中，莫斯科国立大学排在 120 位，圣彼得堡国立大学排在 240 位。

**（五）大学专业设置**

从 2009 年俄罗斯高校毕业生专业方向看，35% 为经济与管理专业，19.8% 为人文社会科学专业，8.8% 为教育学专业，理工专业方向仅占 20.1%。这与 1990 年的情况大相径庭。1990 年大学毕业生中经济管理专业占 12%，人文社会科学专业占 11%，教育专业占 9%，理工科专业占 49%。从国际比较的角度看，俄罗斯学习法律的大学生所占比例较高，学习自然科学的大学生所占比例较低。联合国教科文组织统计机构数据显示，2010 年俄罗斯大学毕业生中，学法律的占 11.2%，学自然科学的占 5.8%。联合国教科文组织选取的 95 个国家的平均数据是：学法律的毕业生占 6.2%，学自然科学的占 8.3%。而法治指数[①]超过中位数的国家中，上述两个数据平均为 4.2% 和 9.7%[②]。当前俄罗斯高等教育专业方向侧重经济管理专业是其市场经济发展的结果，大量新生企业的涌现，对经济专业方向劳动力的需求大幅增加。法学专业大学生较多是因为中学毕业生偏好法学专业，俄罗斯大学为迎合他们的偏好扩大招收自费生的结果。

## 四 师资队伍变化

2010 年俄罗斯教师队伍人数比 1990 年减少了 24.8 万。其中，因职业威

---

[①] 法治指数是判断、衡量一个国家的法治（Rule of Law index）状况及其程度的量化标准和评估体系。是由美国律师协会联合国际律师协会、泛美律师协会、泛太平洋律师协会等律师组织发起的"世界正义工程"（the World Justice Project）中提出并得到世界各国响应的、作为衡量一国法治状况的重要"量化"标准和趋于完善的评估体系。

[②] T. Natkhov, L. Polishchuk, Institutions and the Allocation of Talent. WP BRP15/EC/2012/Higher School of Economics Basic Research Program.

望下降、工资低、工作条件不理想等原因，中小学教师减少了 38.1 万人。同期大学教师增加了 13.7 万人，主要是私立大学的创办和大学招收自费生对大学老师的需求上升使然。2010 年与 1990 年相比，大学工作人员中，拥有博士学位的人数从 1990 年的 1.37 万人增加到 2010 年的 4.7 万人，增加了 2.4 倍。2009～2010 学年国立和地方大学专职教师数量达 34.27 万人，与 2000～2001 学年相比增加了 7.75 万人。同期专职教师中拥有博士学位的教师从 2.8 万人增至 4.26 万人，拥有副博士学位的教师从 12.54 万人增至 17.59 万人，教授从 2.7 万人增至 3.57 万人，副教授从 8.98 万人增至 11.13 万人。截至 2009～2010 学年，博士和副博士在专职教师中所占比重达 63.7%，比 2000～2001 学年提高了 5.9 个百分点。与经合组织国家相比，俄罗斯大学师资较为充裕，2008 年俄罗斯每 10.9 名大学生配备一位教师，这一比例在意大利为 19.5 名、英国为 17.6 名、法国为 16.6 名、美国为 15.1 名、德国为 12.1 名。

## 五 职业再培训体系发展

1992 年的《俄罗斯联邦教育法》中，把职业再培训称为"补充教育"。其中规定："补充教育"由普通教育机构、职业教育机构和补充职业教育机构实施。目前，俄罗斯职业再培训体系中发展较为成熟的是公务员培训和教师培训。俄罗斯联邦公务员培训贯穿公务员的整个职业生涯。公务员培训实行招投标制，财政拨款与自筹资金并举，课程设计采用模块化方式，职业培训与职业转换之间相互衔接，教师聘任采用专职和兼职制，评估采用国家标准的教育质量管理体系。教师培训领域，办学机构呈现多样化发展趋势，涌现出了教育技能大学、教育技能提高及再培训学院、地方教育发展中心、教学－科研－师范综合体等不同规格和类型的师资再培训机构。但是在俄罗斯职业再培训中，尤其是高层次人才和银行家的再培训领域，教育服务进口占较大比例。整体而言，俄罗斯劳动人口中，接受再培训的人员比例低于欧洲国家水平。2006 年，俄罗斯 25～64 岁的劳动人口最近 12 个月内参加过再培训的人占被调查者的比例为 8%，而 2005 年的相关数据显示，瑞士的这一比例为 53.3%，北欧国家中的瑞典、丹麦、芬兰都在 40% 以上，英国、挪威在 30% 以上（见表 5－14）。

表 5 - 14　2005 年各国 25 ~ 64 岁劳动人口参加过再培训的占被调查者的比例

单位：%

| 国　家 | 比　例 | 国　家 | 比　例 |
|---|---|---|---|
| 瑞　　士 | 53.3 | 捷　克 | 12.9 |
| 瑞　　典 | 48.0 | 德　国 | 12.7 |
| 丹　　麦 | 47.1 | 荷　兰 | 11.0 |
| 芬　　兰 | 41.3 | 西班牙 | 10.3 |
| 英　　国 | 34.4 | 波　兰 | 9.8 |
| 挪　　威 | 32.9 | 马耳他 | 9.4 |
| 澳大利亚 | 25.3 | 葡萄牙 | 9.3 |
| 斯洛文尼亚 | 23.5 | 俄罗斯 | 8.0 |
| 塞浦路斯 | 20.6 | 立陶宛 | 7.8 |
| 斯洛伐克 | 20.5 | 意大利 | 5.1 |
| 法　　国 | 20.1 | 希　腊 | 4.9 |
| 比利时 | 19.5 | 匈牙利 | 4.8 |
| 卢森堡 | 15.9 | 保加利亚 | 1.7 |
| 爱沙尼亚 | 14.8 | 罗马尼亚 | 0.6 |
| 爱　尔　兰 | 14.0 | 欧盟 21 国平均 | 17.0 |
| 拉脱维亚 | 13.4 | | |

资料来源：欧洲统计（http：//epp. eurostat. ec. europa. eu，Lifelong learning），转引自 Институт statистических исследований и экономики зананий ГУ-ВШЭ. 欧洲国家为 2005 年数据，俄罗斯为 2006 年数据。

## 六　人力资本发展

从人类发展指数看[①]，在进入联合国人类发展指数排名的 187 个国家中，俄罗斯从 1998 ~ 2013 年一直处于中间水平，在第 55 ~ 72 位徘徊（见表 5 - 15）。按照 2009 年之前的旧计算方法[②]，俄罗斯与加拿大、美国、日本、英国、

---

① 人类发展指数是由联合国开发计划署在《1990 年人文发展报告》中提出的用以衡量联合国各成员国经济社会发展水平的指标。

② 2009 年之前，人类发展指数是在三个指标的基础上计算出来的：预期寿命（用出生时预期寿命来衡量）；教育程度（用成人识字率占 2/3 权重，小学、中学、大学综合入学率占 1/3 权重共同衡量）；生活水平（用按购买力价美元计算的实际人均 GDP 衡量）。2010 年之后，新计算方法的指标体系有所调整，设定为三个指数，分别是预期寿命指数、教育指数和收入指数。

法国、德国、意大利七国相比，在教育水平指数、成年人识字率、每千人中拥有的科研人员数量指标上相近，差距较大的指标是教育投入占 GDP 的比重、人均实际 GDP 以及预期寿命[①]。

表 5－15　联合国人类发展指数国家排名

| 国家/年份 | 1998 | 2000 | 2002 | 2004 | 2007 | 2010 | 2013 |
|---|---|---|---|---|---|---|---|
| 加拿大 | 1 | 3 | 4 | 6 | 4 | 6 | 11 |
| 美　国 | 4 | 6 | 8 | 8 | 13 | 4 | 3 |
| 日　本 | 8 | 9 | 9 | 7 | 10 | 12 | 10 |
| 英　国 | 14 | 13 | 12 | 18 | 21 | 28 | 27 |
| 法　国 | 2 | 12 | 16 | 16 | 8 | 20 | 20 |
| 德　国 | 19 | 17 | 19 | 21 | 22 | 9 | 5 |
| 意大利 | 21 | 20 | 21 | 17 | 18 | 24 | 25 |
| 俄罗斯 | 72 | 60 | 57 | 65 | 71 | 66 | 55 |

资料来源：转引自 А. Егоршин, Управление российским образованием, НИМБ, 2012. С. 34。

从人力资本在国民财富中所占比重看，俄罗斯与发达国家还有较大的差距。美国的国民财富中，人力资本约占 75%，生产资源占 20%，自然资源占 5%；俄罗斯则分别为 50%、10% 和 40%[②]。

从劳动产出看，俄罗斯每位就业人员产出的附加值是美国的 10/59、欧洲国家的 5/26、日本的 10/43。按每人每小时的产出率看，俄罗斯是美国的 10/61、欧洲国家的 5/27[③]。

从就业人口的职业分类看，2008 年与 1997 年相比，俄罗斯高级专家所占比例从 15.3% 上升至 18.5%，服务业从业人员占比从 10.8% 增长至 13.8%，农业高级技工所占份额从 2.8% 升至 4.1%。工业高级技工、工业中级技工和一般工

---

① 转引自 А. Егоршин, Управление российским образованием. М.：НИМБ, 2012. С. 36 – 37.

② В. Иноземцев, Н. Кричевский, Конец русской народной сказки//Московский комсомолец/6 ноября. 2008.

③ А. Балакина, Высшее образование современной России, ВГНА Минфина России. М.：«Экономика», 2012. С. 10.

人所占比例下降明显，其中工业高级技工从占 16.6% 降至 14.8%，工业中级技工从占 14.5% 降至 12.5%，一般工人从占 15.3% 降至 11.2%（见表 5 – 16）。

表 5 – 16　1997 年与 2008 年俄罗斯就业人口职业分类

单位：%

| 职业/年份 | 1997 | 2008 | 职　　业 | 1997 | 2008 |
|---|---|---|---|---|---|
| 领导层 | 6.3 | 7.0 | 农业高级技工 | 2.8 | 4.1 |
| 高级专家 | 15.3 | 18.5 | 工业高级技工 | 16.6 | 14.8 |
| 中级专家 | 15.2 | 15.2 | 工业中级技工 | 14.5 | 12.5 |
| 信息编辑人员 | 3.2 | 2.9 | 一般工人 | 15.3 | 11.2 |
| 服务业从业人员 | 10.8 | 13.8 | 总　　计 | 100 | 100 |

资料来源：ОНПЗ（Обследования населения по проблемам занятости），2008。

# 第四节　教育体系存在的问题和进一步改革的方向

从俄罗斯教育体系改革绩效分析看，俄罗斯 20 年来的教育改革产生了积极效果，但看到成绩的同时，也必须清醒地认识到，俄罗斯现行教育体系还存在一些不容忽视的矛盾和问题，进一步深化改革十分必要。

## 一　俄罗斯教育体系现存问题

### （一）学前教育供需矛盾突出

在学前教育领域，1991 年之后，公立幼教机构的数量和规模持续萎缩。1995 年全俄各类幼教机构为 6.86 万所，在园儿童总数为 558.36 万人，到 2009 年，各类幼教机构减少至 4.53 万所，在园儿童数量降至 522.82 万人。幼儿入园难问题变得日趋尖锐。2008 年 60% 的适龄儿童能够进入学前教育机构，2009 年这一指标降至 59.2%，仅与发展中国家水平相当[1]。不少家长被迫提前两三年就到公立幼儿园排队报名。目前莫斯科市幼儿园的入园容量缺

[1]　Российское образование — экстренные вызовы 23 мая 2011/http：//opec.ru/1359314.html，13.5.2011.

197

口就高达一万名。

**（二） 普通教育存在一定问题**

首先，经费支持不足。在普通教育领域，教师工资低于全国平均工资的状况继续存在。2011 年教育行业的工资水平仅是全俄平均水平的 65%。其中学院和技工学校教师的平均工资是全俄平均水平的 68%，普通教育机构教师的平均工资是全俄平均水平的 62% ~ 64%。很多教育机构为了增加办学经费，增加教师收入，被迫从事商业活动，部分教学课程开始收费，贫困家庭的孩子可能因此失去公平学习的机会。其次，学生学业负担较重。与其他国家相比，俄罗斯中学生负担较重。七年级学生每周的学习时间为 34 小时，而芬兰、日本、美国、法国分别为 33 小时、29 小时、28.5 小时和 27 小时[1]。再次，教学质量参差不齐。目前俄罗斯的普通教育机构（无论乡村学校还是城市学校）中，教学质量低下的学校在各个地区所占的比重从 4% 到 25% 不等。个别联邦主体中，1/3 的孩子就读的学校教学效果不佳。这些学校 2011 年十一年级的毕业生中，有 50% 的人在国家统一考试中数学成绩低于 45 分（满分 100 分）。虽然俄罗斯普通教育实行按居住地就近入学的原则，但有效实施比较困难，特别是学校教育质量不齐加剧了对好学校名额的争夺，并催生了腐败。教育不再履行社会阶梯职能，而是加剧并固化社会分化[2]。最后，俄罗斯民众对义务教育的满意度不高。2011 年 8 月列瓦达中心的一项调查中，当问到"您、您的孩子或者孙子在现行义务教育体系下能否获得良好教育"时，回答"大体不能"和"肯定不能"的占被调查者的 50%，回答"大体能"和"肯定能"的占 32%[3]。

**（三） 高等教育问题重重**

第一是教育质量堪忧。俄罗斯高等教育普及率逐年提高，2000 年，17 岁年轻人中，有 50.1% 的人进入大学，2005 年这个数字达到 68.4%，2009 年约达 87%，但是高等教育质量却饱受社会诟病。由于缺乏提高学术标准和改善

---

① Российское образование — экстренные вызовы 23 мая 2011/http：//opec. ru/1359314. html, 13. 5. 2011.

② http：//2020strategy. ru/data/2012/03/14/1214585998/1itog. pdf.

③ http：//www. constitution. ru/10003000/10003000 – 4. htm/.

教学质量的激励，高等教育收费无序增加①，教学方法创新不足，国立大学在争取公费生名额、通过国家统一考试招生、考试成绩评估等方面存在腐败与贿赂，缺少经济类院校的地区工科类高校转而培养经济学、法学和管理学方向的学生，小城市和个别地区的管理类、经济类和法学类专业的函授水平急剧下降，从而导致俄罗斯高等教育呈现二元化趋势：一方面因自费教育增加，使得高等教育呈现精英化趋势；另一方面很多大学的分校由于实行远程教学，教育质量无法保证。俄罗斯雇主抱怨大学毕业生素质急遽下降，很多大学生交流沟通、协同合作、解决问题的能力较弱。

工科大学生素质更是让人忧虑。2009～2010年大学新生统一国家考试成绩显示，由于公费生的考试成绩必须在60～65分（满分100分）以上，法学、医学、人文、经济和管理、社会学专业方向的学生多是公费生，而农经、地质、冶金、机械制造、海洋学等专业方向的学生多数是自费生②。法学专业学生中，国家统一考试成绩在75分以上者占55%；航空和导弹技术专业中，国家统一考试成绩在75分以上者分别占37%和20%；冶金、技术机械和设备制造专业中，国家统一考试成绩在70分以上的学生更是少之又少。特别是机械制造专业中，国家统一考试成绩不足40分的学生占70%。可见，中学成绩较好的学生中，大学选择自然科学专业的较少，多倾向于选择法学等专业③。由此，大学一年级新生中，40%是中学部分功课成绩仅有2～3分的学生，这些学生很难掌握必要的职业技能。中学数学和物理成绩仅为3分的学生，让他们研究高等数学等自然科学，对社会而言风险巨大。俄罗斯相关人士为此忧心忡忡，认为俄罗斯要实现创新发展，需要大量的工程技术人员，而工程类专业的大学生素质较低，势必对创新发展产生不利影响，俄罗斯的创新潜力将受到影响。当然，出现如上状况的原因是中学毕业生选择大学专业受到对未来俄罗斯各行业就业状况和收入情况预期的影响。目前俄罗斯的经济结构对大学工科

① *B. May и др.*, Российское образование: тенденции и вызовы. М.: Издательство «Дело», 2009.; *Л. Полищук*, Коллективная репутация в высшей школе: анализ равновесной модели//Журнал Новой экономической ассоциации. 2010. №7.

② Доклад Я. Кузьминова на конференции НЭО. 21. декабря 2010.

③ *Г. Андрущак*, *М. Добрякова*, Прием в российские государственные вузы в 2010: увидеть, чтобы задуматься, Вопросы образования, №4, 2010.

专业毕业生不利，只有40%的工科专业毕业生能找到与专业对口的工作，而法学和其他文科专业毕业生找到与专业对口工作的比例是工科专业的1.5倍①。

第二是教育体系与国际接轨难度较大。俄罗斯1992年开始酝酿推行高校"两级"人才培育体系，2003年加入"博洛尼亚进程"，2005年立法规定，2009年开始用"学士－硕士"两级体系取代过去的五年制"专家"培育体系（个别专业除外）。对于此项改革，俄罗斯社会的认可度较低，特别是雇主。社会调查显示，雇主对"学士"不太认同，对他们而言，"学士"是"半杆子"专家，"火候欠佳"②。雇主向来较钟情于硕士或者副博士，之前对"专家"（五年制大学毕业生）的兴趣寥寥，更何况目前距"专家"水平尚有差距的"学士"。

第三是高校专业设置与劳动力市场需求不太匹配。俄罗斯很多大学生抱怨，高校中传授的知识和技能在社会上很难"学有所用"。目前国立大学毕业生中，按专业方向就业的约占60%。在对各个专业领域大学生的问卷调查中，毕业后还打算从事所学专业工作的学生中，医学专业学生所占比例最高，达到79.7%，文化、艺术、设计专业则占57.2%，电脑技术、数学专业占49.3%，技术类专业占49.3%，自然科学专业占47.2%，经济、社会学专业占46.8%，服务、旅游和广告专业占45.9%，师范专业占43.5%，外语专业占40.2%，人文学专业占34.8%，体育专业占30.8%，农科专业仅占17.6%③。

目前俄罗斯有20%～30%受过高等教育的人群，特别是工程师，往往在不需要较高专业技能的岗位上工作。这些人群接受高等教育后的工资收入比没接受高等教育人员的收入仅高10%～15%。对他们而言，最大的收获是社会地位的提升。按照当前的发展趋势，到2050年，俄罗斯劳动力中受过高等教育的人口将占2/3。劳动力市场上，掌握基本技能和中级技能的人员所占比例

---

① *В. Гимпельсон, Р. Капелюшников*, Российский работник: образование, професся, публикация. М.: Издательский дом ВШЭ, 2011.

② Исследования ЦЭНО 2004 г., ИСЭПН 2007 и 2011 гг.

③ *В. Гимпельсон, Р. Капелюшников*, Российский работник: образование, професся, публикация. М.: Издательский дом ВШЭ, 2011.

将持续下降，从目前占35%降至2020年占25%，再到2030年占20%，而且其中的一半将是外来临时劳动移民[1]。有关专家担忧，劳动力供给与需求的矛盾或许会加剧，将来俄罗斯劳动力市场提供的优厚工作岗位不足，会使大量受过高等教育的人员失业。

第四是高校科研实力有待进一步加强。2000～2011年从事科研工作的俄罗斯高校数量增加了近1/3，高校从事科研工作的人员增加了45.8%[2]，增幅明显。为增强大学科研实力，研究型大学多年来与科学院建立了较为紧密的联系，很多科学院的研究人员在大学承担教学工作。根据2008年3月俄罗斯科学院主席团第196号决议，副研究员以上人员必须参加高校的教学活动。此外，赋予大学国家研究型大学地位，各类高校合并成联邦级大学，对一部分制定和实施发展规划的大学增加拨款等，这也有效促进了高校科研工作的积极推进。如2001～2009年在国家的科研投入中，高校科研机构占5%～7%，2011年已达8.7%[3]。政府计划到2020年使高校在国家科研投入中的比重占到15%。尽管如此，2010年对大学科研的预算拨款按可比价格计算仅为1990年的1/30，高校科研人员不足1990年的1/2（1990年和2010年分别为153.3万人和74.2万人）。目前俄罗斯高校教师从事科研工作的平均不超过20%[4]。国家人才培养基金的监测显示，虽然国家研究型大学和联邦级大学发表论文的积极性在提高，但距世界水平还有较大差距。按引用率较高的论文数量计算，莫斯科国立大学仅是麻省理工学院的1/20，2001～2011年麻省理工学院引用率较高的论文有2147篇，莫斯科大学仅有181篇[5]。

[1] *В. Гимпельсон, Р. Капелюшников*, Российский работник: образование, професся, публикация. М.: Издательский дом ВШЭ, 2011.

[2] И. Дежпна, А. Поиоцареб, 100 Лораморщ: ионце ирож цпиот ориашзачцц ноупцош робоми вгосаш//Вопросы экономики. №3. 2013. С. 71.

[3] Наука, технологии и инновация России: 2012, Краткий стат. сб. М.: ИПРАН РАН, 2012. С. 29, 44.

[4] *Г. Андрущак, М. Юдкевич*, Высшее образование в России: заработная плата и контракты, Как платят профессорам, Глобальное сравнение систем вознаграждения и контрактов, Под. ред. *Ф. Альтбаха и др.* М.: Издательский. дом ВШЭ, 2011.

[5] *И. Аржанова*, Динамика развития научного потенциала ведущих вузов, Презентация на VI Балтийском образовательном форуме. Калининград. 2012.

第五是高校师资队伍和硬件设施老化。1991～2010 年俄罗斯高校中师资队伍老化趋势明显。30 岁以下年轻教师所占比重从 2005～2006 学年的 16.1% 降至 2009～2010 学年的 13.9%，30～39 岁教师占比从 18.9% 增至 22.4%，60～65 岁教师占比从 9.6% 增至 10.9%，65 岁以上教师占比从 11.7% 增至 13.8%。目前技术类院校教授的平均年龄接近 60 岁，人文和经济管理类院校情况稍好，但是教授平均年龄也达 55 岁。大学校长的平均年龄为 51.6 岁，系主任为 52.9 岁，教研室主任为 56.1 岁[①]。师资队伍老化的主要原因是高等教育行业对年轻教师的吸引力较差，这从教师工资上可见一斑，1990 年大学教师平均工资是社会平均工资的 67%，2000 年为 56%，2005 年为 53%，2009 年为 70%，2011 年为 93.5%。

1990～2000 年，许多边远地区大学失去了维修校舍和新建校舍的预算拨款，硬件设施老化严重。自实施俄罗斯"教育"国家优先发展项目以来，大型高校状况有所改善。但整体而言，因基本建设投资不足，校舍大楼等设施的老化速度超过楼房的重建和新建速度。32% 的高校为解决校舍不足问题，只能把学生分成上、下午两班或者上、下午和晚上三班轮流上课，只有 46% 的校舍设施完备。

第六是大学教学科研氛围相对保守。俄罗斯大学教师对教学的兴趣远高于研究，大部分大学教师认为自己的教学质量为优或良，对问责制和竞争机制较为排斥，存在改革的惰性。俄罗斯大学教师在两项指标上显然处于劣势：一是较少参与国际研究项目，英语教学能力不足；二是用外语发表论文者寥寥。俄罗斯大学学术文化的相对保守和自我，使大学教师注重在具体的大学或者研究室中寻找归属感，而非教师职业本身。教师在一所大学的平均课时量并不高，在各个大学的流动性又不足。很多大学教师毕业于现在供职的学校，之后就留任下来。其中主要原因是绝大多数大学实行垂直管理，大学学术自由得不到充分展现[②]。

---

① *А. Балакина*, Высшее образование современной России, ВГНА Минфина России. М.: «Экономика», 2012. С. 6

② *М. Юдкевич*, Российская академическая профессия и построение передовых университетов// Отечественные записки. 2013. № 4.

## 二 俄罗斯教育体系进一步改革的方向

俄罗斯教育体系未来需要面对三个方面的挑战。一是需要应对人口数量变化带来的影响。近年来出生率提高使得学前教育机构不足问题突出，但其他各级教育机构的学生人数不断下降。在普通教育机构，虽然近年来小学学生增多，但初中和高中学生继续减少，初等和中等职业教育机构的学生人数也持续下降，而且下降速度加快。高等教育机构中，从 2008 年开始，学生数量连年下降，2009 年大学招生人数同比减少 9.8 万人，下降幅度达 6%，2010 年同比减少 14.5 万人，降幅达 9.3%，主要原因是 17 ~ 25 岁年龄段的人口持续减少。有效平衡人口变化带来的影响，将是今后俄罗斯教育体系需要面对的主要问题之一。二是通过教育进一步提高劳动生产率。目前俄罗斯的劳动生产率仅为经合组织国家平均水平的 50%。三是通过教育进一步提高经济创新能力，目前俄罗斯仅有 9% 的企业在进行技术创新。[①]

综合俄罗斯政府相关文件和《2020 战略》修订小组[②]的意见，俄罗斯教育体系进一步改革的方向将包括如下几个方面。

第一是增加高校资金投入，拓展专业方向。目前俄罗斯对高等教育投入不足，资金到位率仅占计划投入的 50% ~ 60%。与此同时，亟须发展工科学校，拓展工科专业方向，并且发展非核心专业。根据"关于教育科技领域国家政策实施措施"的总统令，今后俄罗斯将增加对培养工程技术、医疗和自然科学专家的领军大学的财政拨款。

第二是提高教师工资水平。把大学教师平均工资提高到社会平均工资的两倍，学院和技工学校教师的工资提高到社会平均工资的 1.5 倍，中小学教师的工资提高到 1.15 倍。

---

[①] Дефицит навыков в России: вызовы для системы образования в условиях перехода к инновационной экономике. Доклад Всемирного банка и НИУ ВШЭ. 2013.

[②] 从 2010 年开始，俄罗斯成立专家组，对 2008 年 11 月批准的《2020 年前俄罗斯经济社会发展战略构想》（简称《2020 战略》）进行更新。更新包括 21 个板块，由 21 个专家小组完成，其中涉及教育改革的为第七和第八板块，分别是劳动力市场、职业教育和移民政策板块和"新学校"板块。第七板块的专家小组组长是高等经济学校校长 Я. 库兹米诺夫，第八板块的专家小组组长是高等经济学校教育发展研究所所长 И. 弗鲁明。

第三是设立应用硕士学位。针对初等和中等职业教育对年轻人吸引力下降问题，如 2010 年 20% 的初等职业教育机构毕业生和 70% 的中等职业教育机构毕业生在毕业后都继续进入大学深造，设立应用硕士学位将被提上日程。

第四是将高校间公费生名额竞争机制改为分配机制。针对国立大学在争取公费生名额方面存在的腐败与贿赂等问题，俄罗斯教育科学部计划改革高校公费名额分配机制，未来将按地区教育部的需求而非高校的申请进行公费名额分配。教育科学部在分配公费名额时，将首先考虑地区教育部的意见，参照当地经济发展和劳动力市场需求等情况确定。

第五是鼓励大学走向世界，提高国际竞争力。2012 年 5 月，普京总统签署了《教育科技领域国家政策实施措施》的总统令，要求制定提高大学国际竞争力的计划，2020 年前至少要保证有五所俄罗斯高校进入世界百强大学排名。为此，政府已推出《对俄罗斯联邦主要大学国家扶持措施》，俄联邦政府将拨款 11 亿美元提升大学的竞争力。另外，俄联邦教科部目前正在制定文件，今后几年将大幅提高俄罗斯高校中的外国留学生比例。2015年将这一比例增加到 6%，2018 年达到 10%，并增加留学生中公费生的名额。

当然，在增加教育投入上也存在争议。原因在于如下几个方面：一是2011 年高等教育预算经费投入是 2005 年的 3.4 倍，但高等学校教育质量却未见提高；二是相关专家认为，俄罗斯教育投入占 GDP 的比重[1]为约 5.5%，已处于世界各国平均区间内（如土耳其不足 3%，爱尔兰高于 8%）[2]；三是俄罗斯相关研究的回归分析结果表明，学生成绩与国家教育投入占 GDP 比重、国家教育投入占国家总支出的比重、教师工资是否高于社会平均工资等没有相关关系[3]。因此，有关学者建议，尽管国家提出的任务是把教师工资提高到社会

---

[1] 国家教育支出加上私人教育支出。

[2] 这是高等经济学校教育发展研究所所长 И. 弗鲁明的看法，其对俄罗斯数据的估算与俄罗斯财政部的数据略有出入，俄罗斯财政部的数据约为 5%。

[3] *Е. Савицкая，Д. Чертыковцева*，Финансирование и качество школьного образования：экономический подход，Вопросы экономики. 2013. №4.

平均水平，但是应当有差别地提高教师工资，对于刚参加工作的教师，可以允许其工资低于社会平均水平，但对从教 15 年以上的教师，应当使其工资高于社会平均工资。在增加教育投入方面，不要紧盯教育投入占 GDP 的比重是否增加，而是应将注意力集中在国家对每个学生的实际投入上。教育投入稳定持续的增加是必要的，但这不是提高学生素质的充分条件，还应注重教学标准的制定和教学方法的改进。

# 结　语

　　向市场经济转型20余年来，俄罗斯通过养老保障制度、医疗制度、住房制度、教育制度等民生制度的重构与完善，对整体民生状况改善起到了一定积极的促进作用。当前，我国正处在全面深化改革、完善政府治理的关键时期，民生制度的健全也正处在加速推进过程之中，借鉴俄罗斯等其他国家的经验和教训，无疑是十分有益的，也是十分必要的。总体而言，俄罗斯民生制度的重构与完善对我国民生制度的建设有如下启示。

## 一　坚持把保障民生作为国家发展的优先方向

　　1993年《俄罗斯联邦宪法》明确规定了国家在民生保障中的义务。其第1章第7条规定：俄罗斯联邦是社会国家①，其政策目的在于创造条件，保证人的体面生活与自由发展；在俄罗斯联邦，人的劳动与健康受到保护，公民有权获得最低劳动报酬；国家保障对家庭、母亲、父亲、儿童、残废人和老年公民的支持；发展社会服务体系，保障国家退休金、补助金的发放并提供其他社会保障。《俄罗斯联邦宪法》第39条、第40条、第41条、第43条分别规定国家在社会保障、住房、医疗、教育等民生领域的具体义务，并赋予公民享受相应保障的宪法权利。当然，20世纪90年代因经济困难，国家在提供基本民生保障方面捉襟见肘，甚至遭到了有些学者的批评："国家实际上把维持居民

---

① "社会国家"的概念首先出现在战后西欧国家（意大利、联邦德国和法国等国）的宪法中。"社会国家"作为民主国家，为社会利益服务，坚持市场经济发展的社会目标，实行积极、强劲、有效的社会政策，秉持社会公正原则，强化社会保障，提高居民生活水平，保障公民的权利和自由，建立现代化的医疗、教育和社会保障制度，扶助贫困阶层，预防和化解社会冲突等。

最低生活标准的责任推到了居民自己身上。"①

2000 年之后，随着经济形势好转，俄罗斯更加注重民生保障。特别是 2005 年之后，国家增加了对医疗、教育和文化事业等民生项目的支出。2005 ~ 2012 年各级预算支出中，教育支出占 11% ~ 12%，医疗和体育支出为 10% ~ 12%。保障民生政策支出所占比重逐年增加，2005 年为 27.7%，2010 年是 33.9%，2011 年和 2012 年占约 32.5%（见表 6 - 1）。从国家民生项目支出占 GDP 的比重看，增加也较为明显。2004 年为 16.4%，2005 年为 17.2%，2010 年高达 22.4%，2011 年为 21%。其中，社会保障支出所占比重增加最为明显，从 2004 年的 8.9% 增至 2010 年的 13.8%。

表 6 - 1　2005 ~ 2012 年俄罗斯各项预算支出结构

单位：%

| 项目/年份 | 2005 | 2008 | 2010 | 2011 | 2012 |
|---|---|---|---|---|---|
| 公　务 | 11.1 | 9.1 | 8.3 | 6.8 | 6.3 |
| 国　防 | 8.5 | 7.4 | 7.4 | 7.6 | 7.9 |
| 国家安全和执法 | 8.6 | 7.7 | 7.7 | 7.6 | 8.5 |
| 国民经济 | 11.2 | 16 | 13.4 | 14 | 14.3 |
| 住房公用事业 | 6.9 | 8.1 | 6.2 | 6.0 | 4.7 |
| 环　保 | — | | | | |
| 教　育 | 11.8 | 11.8 | 10.9 | 11.2 | 11.2 |
| 文化、电影和大众传媒 | 2.3 | 2.2 | 2.0 | 2.0 | 2.0 |
| 医疗和体育 | 11.7 | 10.9 | 9.9 | 10.5 | 10.8 |
| 民生政策 | 27.7 | 26.6 | 33.9 | 32.6 | 32.4 |
| 国债和地方债还本付息 | — | | | | |

资料来源：*Е. Горина*，Государственные расходы и приоритеты социальной политики в России，доклад насеминаре Центра «Методика и анализ эффективности государственных расходов на социальную защиту населенияв России: федеральный и региональныйуровень» в мае 2013 г.

2008 ~ 2009 年金融危机期间，为保障居民生活水平不受冲击，俄罗斯政府专注民生福利。《2009 年俄罗斯政府反危机措施纲要》指出，全面履行国家对公民的民生义务是反危机措施无可争议的优先方向。为此，2009 年联邦预算支出 43654 亿卢布，同比增加 30.4%，其中，用于实施民生政策和发放养

---

① *П. Романов*，*Е. Ярская-Смирнова*，Социальная политика в современной России: реформы и повседневность. М. : ООО «Вариант»，ЦСПГИ，2008. С. 7.

老金的联邦预算支出达 24588 亿卢布，占联邦预算支出总额的 56.3%，同比增加 31.2%。加强民生保障的具体举措包括如下几项内容。一是根据通货膨胀率对部分社会性开支和补助实行指数化。这部分开支和补助包括从联邦预算和社会保险基金中支出的国家对儿童的补贴、多子女鼓励基金和依照社会保障法对一些公民发放的社会救助金。二是大幅增加养老金。2009 年将社会养老金平均水平提高到与最低生活保障线持平；养老保险金 2009 年同比增加 35%，2010 年同比增加 45%；对个别地区养老金低于最低生活保障线的退休人员，发放专门的社会补贴。三是稳定劳动力市场。从 2009 年年初开始，失业人员最高补助提高 50%；向各联邦主体追加拨款 339.5 亿卢布，用于对失业人员实施社会救助；对 17 万人进行职业培训；设立约 100 万个临时和公益性工作岗位；用提供物质支持的方式帮助 5.7 万人自主创业，帮助 1.5 万人实现异地就业；关注残疾人就业问题，责令得到国家援助的企业要为残疾人保留工作岗位；优先解决俄罗斯公民就业。四是强化住房保障。2009 年联邦预算（包括从国民财富基金中的支出）在住房建设和住房保障方面的支出达 5010 亿卢布，是 2008 年的 2.3 倍。主要履行国家对军队服役人员和复员人员的住房保障义务；为需要改善居住条件的年轻家庭提供援助；参与市政基础设施发展计划；支持建设低层住宅；保障卫国战争老战士的住房需求；建立有效机制，从 2010 年起吸纳国家和居民资金启动经济适用房建设；为合作建房制定法规依据；简化社会保障住房和经济适用住房建设用地审批手续；以住房公用事业改革基金项目运作方式支持住房建设；联邦政府与国有参股银行及住房按揭贷款署联合对陷入经济困难的公民的住房按揭贷款进行重组；联邦预算支出 263 亿卢布，对享受多子女救助基金的家庭提供按揭贷款支持（约覆盖 8.8 万个家庭）。五是促进人力资本发展，援助在校生和安置毕业生就业。援助在校学生的措施主要有三个。首先是将自费生转为公费生。对于自费上学又遇到经济困难的学生，在有相应公费生名额空缺时，将他们转为公费生。其次是增加公费生名额。全日制大学公费生名额保持在 2008 年水平之上，同时增加公费硕士研究生名额，使其达到 3.5 万人（增加 1.5 万人），公费博士研究生名额增加到 2.9 万人（增加三千人）。再次是试行低息教育贷款。六是促进毕业生就业，其措施主要包括：根据人才需求和毕业生的就业导向，重新制定人才培养计划，增加高技术、农业和建筑等专业的公费生名额；通过相关法律，允许科研和教育机构成立至少2500家小企业，提供三万个就业岗位，优先安置大学毕业生；在职业教育机构的毕业生安置中推广定向培养方式，让高年级学生提前与企业签订合同。

民生保障目标还被纳入长期发展战略。2008年11月俄罗斯政府批准《2020年前俄罗斯经济社会长期发展战略构想》。其中，建设"宜居型国家"作为民生目标，是四大具体目标之一。《构想》对"宜居型国家"设定的指标体系包括五个方面。第一是达到发达国家的福利水平。到2020年，俄罗斯按购买力平价计算的人均GDP从2007年的1.39万美元（OECD国家平均水平的42%）增加到2020年的三万美元（OECD国家平均水平的70%）。第二是收入差距明显缩小。10%最富有居民的收入和10%最贫穷居民的收入之比从2007年的16.8倍降低到2020年的12倍；绝对贫困人口占总人口的比重从2007年的13.4%降低到2020年的6%～7%；相对贫困和低收入人群占总人口的比重从2007年的22%降低到2020年的15%；中产阶级占总人口的比重从2006年的18%增加到2020年的占52%～55%。第三是居民能够获得高质量的教育和医疗服务。2020年高等和中等职业教育的普及率达到60%～70%（2007年约为50%），国家医疗投入在GDP中的比重从2008年的3.6%增加到2020年的5.2%～5.5%。第四是具有舒适的人居环境。住房保障水平大幅提高，2020年住房保障水平提高到人均28～35平方米，并且达到欧洲发达国家的现代环保标准，使生活在不佳生态环境中的居民比例从2007年的43%下降到2020年的14%，同时使发生生态危机地区的生态环境恢复到安全线以内。第五是主权民主建设富有效力。有效保护公民权利和自由；各级国家权力机构和地方自治机构在决策时，所设定的程序和规则应该权衡并体现各个社会群体的利益，并且应该对决议的实施效果负责；在有关俄罗斯发展的主要问题上形成广泛的社会共识，社会组织、经营主体和国家在有关社会发展的关键问题上进行平等对话，并且日后所通过的法规应当以对话的结果为基础；建立公民对国家和社会制度的高度信任。2008年金融危机后，俄罗斯于2010年开始组织专家小组对《2020战略》进行修订，当前，正在修订中的《2020战略》已更名为《新增长模式－新民生政策》，凸显了俄罗斯以民生政策为基础促进经济增长的战略构想。

## 二　注重夯实民生保障制度的法律基础

改善民生是一项艰巨而又复杂的系统工程，需要完善的制度体系作为保障，而制度建立则需要相应的法律作为坚实的基础。因此，构建与市场经济相适应的民生制度法律体系是重中之重。20 世纪 90 年代，俄罗斯推出了大量与民生保障有关的联邦法。其中主要包括：《俄罗斯联邦养老基金法》（1991年）、《俄罗斯联邦公民医疗保险法》（1991 年）、《俄罗斯联邦教育法》（1992年）、《老年和残疾公民社会服务法》（1995 年）、《老战士法》（1995 年）、《俄罗斯联邦强制养老保险体系个人账户法》（1996 年）、《俄罗斯联邦公民强制性医疗保险法》（1996 年）、《家庭和儿童社会服务法》（1997 年）、《俄罗斯联邦婴儿权力保障基础法》（1998 年）、《俄罗斯联邦不动产抵押法》（1998年）、《俄罗斯联邦非国家养老基金法》（1998 年）、《国家社会救助法》（1999年）等。2001 年至今，俄罗斯通过推出新的法律法规和对相关法律法规进行修订，继续加强和完善有关民生保障的法律体系。其中，养老保障制度改革领域的法律法规有：《俄罗斯联邦强制养老保险法》（2001 年）、《俄罗斯联邦劳动退休金法》（2001 年）、《俄罗斯联邦国家退休保障法》（2001 年）、《俄罗斯联邦强制养老保险法》（2001 年）、《俄罗斯联邦税法及关于税收和保险缴费规定的增补与修正》（2001 年）、《养老储蓄金补充保险缴费和国家支持设立养老储蓄金法》（2008 年）、《俄罗斯联邦养老储蓄金投资法》（2009 年）等。医疗保障制度改革领域，主要的法律法规有：《俄罗斯联邦药品流通法》（2010 年）、《强制医疗保险法》（2011 年修订）、《俄罗斯联邦公民健康保护基础法》（2011 年）、《俄罗斯联邦保护公民免受烟草烟雾及烟草制品危害法》（2013 年）。住房制度改革领域的主要法律有：《住宅法典》（2004 年）、《城市建设法典》（2004 年）、《参与集资建造公寓和其他不动产及相关法规修订》（2004 年）。在教育改革领域，分别于 2004 年和 2012 年对《俄罗斯联邦教育法》进行修订。

正是以上述法律法规体系为基础，俄罗斯基本完成了民生制度的顶层设计。在养老保障领域，建立了"三支柱"养老保障体系：即国家养老保障、劳动养老保障和私人养老保险"三位一体"的养老保障体系；在医疗保障领域，在维持国家医疗保障义务和鼓励创建私人医疗体系的基础上，着重发展强制医疗保险制度；在住房领域，坚持住房私有化，强化国家对低收入者和特定人群的住房保障义务，力促住房市场健康发展；在教育领域，改革思路从改革初期追求急速市场化，到市场性与福利性兼顾，并且把发展教育视为提高劳动生产率，实现经济创新发展的主要途径之一，侧重教育战略、教育管理体制、教育经费和高等教育改革。俄罗斯民生制度顶层设计的目标是形成以基础保障为基石、满足多元化需求、全社会参与的民生保障体系。

## 三　民生保障水平必须与国家经济发展水平和财政承受能力相适应

经济发展水平决定民生保障水平。如果民生保障目标设定过高，经济发展实力不仅难以支撑民生保障水平的稳步提升，而且有可能抑制创新，降低经济发展活力，给经济发展带来负面影响。俄罗斯资源依赖型发展模式决定其经济发展受国际市场资源产品价格影响较大，因而波动性也较强。经济发展状况良好时，增加民生保障投入，提高居民福利水平相对比较容易。但在经济情况不佳时，民生保障措施往往难以落到实处，民生目标有可能落空。2014 年年初，俄罗斯审计署发现，部分地方政府财力不足，难以兑现 2013 年 5 月普京竞选总统时做出的民生保障承诺，特别是住房保障方面的承诺。因对经济发展前景预期不佳，2014 ~ 2016 年俄联邦预算草案中，医疗支出被削减。其中，2014 年与 2013 年相比，联邦预算医疗支出和强制医疗保险基金支出，按名义值计算，将减少 8.6 个百分点，按实际值计算，降幅将达 13%。2016 年三年预算期结束时，与 2013 年相比，名义值将下降 18.2 百分点，实际值将降低 29 个百分点。但各级预算医疗支出在 GDP 中所占比重仍将维持在 3.3% ~ 3.5% 的水平（见表 6 - 2）。

表 6 - 2　各级预算医疗支出（在 GDP 中占比，%）

| 各级预算/年份 | 2011 | 2012 | 2013 | 2014 | 2015 | 2016 |
|---|---|---|---|---|---|---|
| 联邦主体联合预算(不包括医疗保险基金资金) | 2.6 | 1.5 | 1.5 | 1.3 | 1.1 | 1.2 |
| 强制医疗保险基金 | 0 | 1.4 | 1.5 | 1.7 | 1.8 | 1.7 |
| 联邦预算(不包括预算间转移支付) | 0.9 | 0.7 | 0.6 | 0.5 | 0.4 | 0.4 |
| 总　　计 | 3.5 | 3.6 | 3.6 | 3.5 | 3.3 | 3.3 |

数据来源：根据俄罗斯财政部数据整理。

当然，在借鉴俄罗斯经验的同时，也应当考虑中俄两国国情的异同。中俄两国的共同点是同为转型经济国家，面临两个共性问题：一是必须立足市场，在市场经济基础之上进行民生制度的重构与完善，但在注重效率的同时又必须兼顾公平，体现国家的人文关怀；二是必须面临新旧制度的衔接问题。

与此同时，中俄两国在民生制度设计中又必须针对各自的不同国情。首先，两国人口状况不同。截至2010年，中国60岁及以上老年人口占总人口的13.26%，而俄罗斯60岁以上人口占总人口的22.2%。可见，中国尚处于人口红利期，俄罗斯人口老龄化问题已经比较严重。其次，两国的城市化水平不同。截至2010年，俄罗斯城市人口占73.7%，俄罗斯的城市化进程已基本结束，个别地区的"逆城市化"初露端倪；中国城市人口占49.68%，城市化尚在急速推进过程中，城乡二元结构在短期内难以根本改变。再次，两国经济结构不同。俄罗斯经济是资源型经济，经济社会发展受国际市场能源资源价格变化的影响较大，实施民生政策的预算支出基础在很大程度上受外部因素变化的影响较大，中国经济建立在劳动密集型和资源密集型基础之上，正从以牺牲环境为代价的制造业向创新经济过渡，从未来发展看，中国经济对民生政策的支撑潜力较为坚实。

由此可见，俄罗斯的经验仅在某种程度上对中国具有借鉴作用。

但无论如何，各国的民生制度设计更多是出于解决公平问题的需要，但绝对的公平在现实中不存在，绝对完善的制度也不存在。中俄两国在完善民生制度问题上尚需继续努力，值得期待，但或许期望值也不宜过高。引用俄罗斯思想家别尔嘉耶夫的一句话作为本书的结束语：国家的存在不是要把人间变成天堂，而是使其不至于沦为地狱。

# 参考文献

## 俄文部分

1. *А. Аганбегян*, Строительство жилья-локомотив социально-экономического развития страны//Вопросы экономики. 2012. №5.

2. *А. Балакина*, Высшее образование современной России, ВГНА Минфина России//«Экономика». 2012.

3. *А. Балашов*, Формирование механизма устойчивого развития фармацевтической отрасли: теория и методология, СПб.: Издательство СПбГУЭФ, 2012.

4. *А. Баранов*, *А. Щеплягина*, *Ф. Ильин*, *В. Кучма*, Состояние здоровья детей как фактор национальной безопасности//Росйский педиатрический журнал, 2005.

5. *А. Вишневский*, *М. Денисенко*, *Н. Мкртчян*, *Е. Тюрюканова*, Демографические изменения и экономика//Демоскоп Weekly. 2010. № 431 – 432/http://demoscope.ru/weekly/2010/0431/tema01.php.

6. *А. Вишневский*, *Е. Кваша*, *Т. Харькова*, *Е. Щербакова*, Российское село в демографическом измерении//Мир России. 2007. №1.

7. *А. Вишневский*, Население России 2009. Семнадцатый ежегодный демографический доклад. М.: Издательство Высшей школы экономики, 2012.

8. *А. Егоршин*, Управление российским образованием. М.: НИМБ, 2012.

9. *А. Кудрин*，*Е. Гурвич*，Старение населения и угроза бюджетного кризиса//Вопросы экономики. 2012. № 3.

10. *А. Ольховский*，*С. Тихонов*，Здравоохранение России：20 лет реформ，которых не было. СПб. ：Нестор-История，2010.

11. *А. Разумов*，Российская бедность и государственная социальная политика по ее преодолению в послекризисный период//Вестник научно-исследовательского института труда и социального страхования. 2010. №2 – 3 （3 – 4） .

12. *А. Разумов*，Российская бедность и государственная социальная политика по ее преодолению в послекризисный период//Вестник научно-исследовательского института труда и социального страхования/http：//uisrussia. msu. ru/docs/nov/sr_ econ/2011/1/7_ 2011_ 1. pdf.

13. *А. Соловьев*，Актуальный прогноз долгосрочного развития пенсионной системы России//Экономист. 2012. №6.

14. *А. Соловьев*，Макроэкономический анализ пенсионной системы//Экономист. 2013. №3.

15. *А. Соловьев*，Социально-экономические результаты пенсионной реформы в России//SPERO. 2010. № 12.

16. *А. Шевяков*，*А. Кирута*，Неравенство，экономический рост и демография：неисследованные взаимосвязи. М. ：Институт социально-экономических проблем народонаселения РАН，М-Студио，2009.

17. *А. Шевяков*，Мифы и реалии социальной политики. М. ：Институт социально-экономических проблем народонаселения РАН，2011.

18. *А. Шевяков*，Неравенство доходов как фактор экономической и демографической динамики，М. ：Институт социально-экономических проблем народонаселения РАН，2010.

19. *В. Гимпельсон*，*Р. Капелюшников*，Российский работник：образование，професся，публикация. М. ：Издательский дом ВШЭ，2011.

20. *В. Белкин*，*В. Стороженко*，Жилищное строительство как фактор демографической динамики//Вопросы экономики. 2009. №10.

21. *В. Галкин*, Модернизация российского образования: вызовы нового десятилетия. М.: Издательство «дело» РАНХ, 2010.

22. *В. Мау*, Человеческий капитал: вызовы для России, Вопросы экономики, №7, 2012.

23. *В. Мау и др.*, Российское образование: тенденции и вызовы. М.: Издательство «дело», 2009.

24. *В. Назаров*, Будущее пенсионной системы: параметрические реформы или смена парадигмы? //Вопросы экономики. 2012. №9.

25. *В. Назаров*, *С. Мурылев*, О стратегии совершенствования российской пенсионной системы/http://www.iet.ru/files/text/other/nazarov – sinelnikov.pdf.

26. *В. Путин*, Строительство справедливости, социальная политика для России//Комсомольская правда. 13 фев. 2012.

27. *В. Роик*, К формированию в стране современного института обязательного пенсионного страхования//Российский экономический журнал. 2009. №1 – 2.

28. *В. Стародубров*, *А. Иванова*, Анализ изменений и прогноз смертности населения в связи с мерами демографической политики//Социальные аспекты здоровья населения. 2009. №1.

29. *Г. Андрущак*, *М. Добрякова*, Прием в российские государственные вузы в 2010: увидеть, чтобы задуматься//Вопросы образования. 2010. №4.

30. *Г. Андрущак*, *М. Юдкевич*, Высшее образование в России: заработная плата и контракты. Как платят профессорам. Глобальное сравнение систем вознаграждения и контрактов. Под. ред. *Ф. Альтбаха и др.* М.: Издательский. дом ВШЭ, 2011.

31. *Г. Улумбекова*, Здравоохранение России. Что надо делать: научное обоснование "Стратегии развития здравоохранения РФ до 2020 года". М.: ГЭОТАР-Медиа, 2010.

32. *Е. Тюрюканова*, доклад на тему «Миграция — двусторонний процесс» на

юбилейной конференции АНЦЭА . 1 октября 2010.

33. *Е. Андреев*, *Л. Дарский*, *Т. Харькова*, Демографическая история России: 1927 – 1959. М. : «Информатика», 1998.

34. *Е. Андрюшина*, *В. Катков*, *И. Каткова*, Современные стратегии охраны здоровья населения России и реформирования здравоохранения// Народонаселение. 2008. № 3.

35. *Е. Бреева*, *Н. Римашевская*, *А. Шабунова*, Здоровье детей: тенденции и перспективы//Народонаселение. 2008. № 3.

36. *Е. Бреева*, Здоровье-важнейшая качественная характеристика населения// Проблемы экономики. 2008. № 5.

37. *Е. Гонтмахер*, Российская пенсионная система после реформы 2002 года: проблемы и перспективы//Журнал Новой экономической ассоциации. 2009. №3 – 4.

38. *Е. Гонтмахер*, Российские социальные неравенства как фактор общественно-политической стабильности//Вопросы экономики. 2013. №4.

39. *Е. Гурвич*, Принципы новой пенсионной реформы//Вопросы экономики. 2011. №4.

40. *Е. Гурвич*, Приоритеты нового этапа пенсионной реформы//SPERO. 2008. № 8.

41. *Е. Гурвич*, Реформа 2010 года: решены ли долгосрочные проблемы пенсионной системы//Журнал Новой экономической ассоциации. 2010. №6.

42. *Е. Гурвич*, *Ю. Сонина*, Микроанализ российской пенсионной системы// Вопросы экономики. 2012. №2.

43. *Е. Савицкая*, *Д. Чертыковцева*, Финансирование и качество школьного образования: экономический подход//Вопросы экономики. 2013. №4.

44. *Е. Тюрюканова и др.*, Предотвращение и противодействие распространению торговли людьми в Российской Федерации. Итоговый доклад по исследовательской части проекта Европейского Союза, реализуемого Бюро

Международной организации по миграции (МОМ) в РФ «Предотвращение торговли людьми в Российской Федерации», Общ. научн. рукводсгово *Е. Тюрюкановой*. МОМ – МОТ – ЕС: Импала, 2008.

45. *Е. Ясин, Г. Андрущак, А. Ивантер, Н. Косарева, Л. Овчарова, А. Пономаренко, В. Фадеев*, Социальные итоги трансформации, или двадцать лет спустя// Вопросы экономики. 2011. № 8.

46. *Ж. Зайончковская, Н. Мкртчян*, Внутренняя миграция в России: правовая практика. М.: центр миграционных исследований институт народнохозяйственного прогнозирования РАН. 2007.

47. *Ж. Зайончковская, Н. Мкртчян*, Внутренняя миграция в России: правовая практика, центр миграционных исследований институт народнохозяйственного прогнозирования РАН, Москва, 2007.

48. *Ж. Зайочковская, Е. Тюрюканова, Ю. Флоринская*, Трудовая миграция в Россию: как двигаться дальше. М.: МАКС Пресс, 2011.

49. *И. Вирганская*, Уровень образования и продолжительность жизни// Советское здравоохранение. 1990. №8.

50. *И. Котляров, А. Балашов*, Противоречия госдударвтенной политики в области регулирования цен на лекарственные средства: проблемы и пути их решения//Вопросы экономики. 2011. №10.

51. *И. Наумов*, Государство экономит на здоровье граждан: Финансирование здравоохранения в России не соответствует уровню развитых стран/ http://www.ng.ru/economics/2011–06–02/4_ health.html. 02.06.2011.

52. *И. Розмаинский*, Почему капитал здоровья накапливается в развитых странах и «проедается» в постсоветской России? //Вопросы экономики. 2011, №10.

53. *И. Шейман, С. Шишкин*, Модернизация здравохранения: новая ситуация и новые задачи. М.: Издательство «Дело», РАНХ, 2010.

54. *Л. Давыдов*, Внутренняя миграция в России как путь к выравниванию уровней социально-экономического развития регионов//Профиль. 24

217

мая 2010 г.

55. *Л. Ефимова*, Продолжительность жизни в России: линамика и перспективы//Региональная экономика. 2012. 39 (270).

56. *Л. Полищук*, Коллективная репутация в высшей школе: анализ равновесной модели//Журнал Новой экономической ассоциации. 2010. №7.

57. *Л. Федорова*, К вопросу о действенности социальной политики//Экономист. 2013. №4.

58. *М. Агранович*, Интернационализация высшего образования: тенденции, стратегии, сценарии будущего. М. : Логос, 2010.

59. *М. Денисенко*, Миграция: тенденции и модернизация политики. М. : Институт демографии НИУ-ВШЭ на заседании 5 марта 2011 г.

60. *М. Денисенко*, О демографическом тренде и демографических прогнозах// Журнал новой экономической ассоциации. 2011. № 9.

61. *М. Денисенко*, Эмиграция из России в страны дальнего зарубежья// Демоскоп – Weekly. 2012. № 509 – 510/http: //demoscope. ru/weekly/ 2012/0513/demoscope513. pdf.

62. *М. Дмитриев*, *С. Дробышевский*, *Л. Михайлов*, *Т. Омельчук*, *Л. Сычева*, Можно ли повысить пенсии до 40% зароботной платы//Экономическая политика. 2008. № 3.

63. *М. Карпенко*, Образовательная геодемография России. М. : Издательство СГУ, 2011.

64. *М. Римашевская*, *В. Бочкаревав*, Региональные особенности уровня и качества жизни. М. : ООО «М-Студио», 2012.

65. *М. Юдкевич*, Российская академическая профессия и построение передовых университетов//Отечественные записки. 2013. № 4.

66. *Н. Мкртчян*, Из России в Россию: откуда и куда едут внутренние мигранты/http: //antropotok. archipelag. ru/text/a028. htm.

67. *Н. Денисов*, *Т. Коновалова*, Жилищная политика в современной ситуации// Экономист. 2009. №6.

68. *Н. Косарева*, *Т. Полиди*, *А. Пузанов*, Рынок жилищного строительства в России: современное состояние и перспективы развития//Вопросы экономики. 2013. №3.

69. *Н. Римашевская*, *Л. Зубова*, Российское послевузовское образование и Болонский процесс//Труд и социальные отношения. 2008. № 9.

70. *Н. Римашевская*, *Л. Мигранова*, *Е. Молчанова*, Факторы, влияющие на состояние здоровья населения России. Народонаселение. 2011. №1.

71. *Н. Римашевская*, Семья в демографических процессах//Народонаселение. 2008. № 4.

72. *Н. Русанова*, Репродуктивное здоровье детей-основа будущей рождаемости. Доклад, представленный на интерне-конференции/http: //ecsocman. edu. ru/db/msg/308041/print. html.

73. *О. Александрова*, Мотивы выбора образовательных стратегий на новом этапе реформы высшей школы//Высшее образование. 2008. № 9.

74. *О. Синявская*, Российская пенсионная система: куда идти дальше? // SPERO. 2010. №13.

75. *О. Чиркунов*, Управление мотивами в здравоохранении//Вопросы экономики. 2011. №10.

76. *П. Романов*, *Е. Ярская-Смирнова*, Социальная политика в современной России: реформы и повседневность. М.: ООО «Вариант», ЦСПГИ.

77. *Р. Капелюшников*, Спрос и предложение высококвалифицированной рабочей силы в России: кто бежал быстрее? Часть1 – 2//Вопросы экономики. 2012. № 2 – 3.

78. *С. Беляков и др.*, Экспорт образовательных услуг: анализ управленческих решений. М.: Издательство«Дело», 2011.

79. *С. Иванов*, Международная миграция в России: динамика, политика, прогноз//Вопросы экономики. 2011. №10.

80. *С. Рязанцев*, *Л. Рыбаковский*, *В. Безвербный*, Вопросы демографического развития России в президентских посланиях: влияние на эффективность

демографической политики, www. isprras. ru/pics/File/dem – q. pdf.

81. *С. Сиваев*, *Э. Трутнев*, *В. Прокофьев*, Государственная поддержка жилищного строительства и развития коммунальной инфраструктуры, М：Издательство《Дело》，2009.

82. *С. Шишкин*, Анализ различий в доступности медицинской помощи для населения России. М.：Независимый институт социальной политики. 2007.

83. *С. Шишкин*, *Л. Попович*, Анализ перспектив развития частного финансирования здравоохранения. М.：ИЭПП, 2009.

84. *Т. Малева*, *О. Синявская*, Пенсионная реформа в России：история, результаты перспективы. М.：Поматур, 2005.

85. *Т. Малева*, *О. Синявская*, Социальное и демографическое развитие России. Каирская программа действий：15 лет спустя. М.：ЮНФПА, 2010.

86. *Т. Омельчук*, Обеспечение долгосрочной устойчивости пенсионной системы России//Вопросы экономики. 2011. №11.

87. *Я. Волков*, Моделирование пенсионных реформ и оценка неявного пенсионного долга//Вопросы экономики. 2009. №4.

# 中文部分

1. 程亦军：《俄罗斯人口安全与社会发展》，经济管理出版社，2007。

2. 戴桂菊：《俄罗斯的人口问题和外来移民政策》，《东欧中亚研究》2004 年第 3 期。

3. 高晓慧、高际香：《俄罗斯住房制度改革及绩效》，《俄罗斯中亚东欧市场》2008 年第 8 期。

4. 顾昕：《"全民免费医疗"还是"全民医疗保险"》，《中国社会保障》2009 年第 8 期。

5. 郭连成主编《转型国家经济评论》，东北财经大学出版社，2011。

6. 郭连成主编《经济全球化与转轨国家经济发展及其互动效应》，经济科学出版社，2007。

7. 〔美〕亨特：《经济思想史：一种批判性的视角》，上海财经大学出版社，2007。

8. 李中海主编《普京八年：俄罗斯复兴之路》（经济卷），经济管理出版社，2008。

9. 李建民：《独联体国家投资环境研究》，社会科学文献出版社，2013。

10. 李福川：《俄罗斯反垄断政策》，社会科学文献出版社，2010。

11. 龙朝阳、申曙光：《中国城镇养老保险制度改革方向：基金积累制抑或名义账户制》，《经济学前沿》2011年第6期。

12. 陆南泉主编《俄罗斯经济二十年（1992~2011）》，社会科学文献出版社，2013。

13. 陆南泉等主编《苏联真相——对101个重要问题的思考》，新华出版社，2010。

14. 陆南泉、左凤荣、潘德礼、孔田平主编《苏东剧变之后——对119个问题的思考》，新华出版社，2012。

15. 陆南泉主编《苏联经济简明教程》，中国财政经济出版社，1991。

16. 申曙光、彭浩然：《全民医保的实现路径——基于公平视角的思考》，《中国人民大学学报》2009年第2期。

17. 王义祥：《俄罗斯的社会保障制度》，《东欧中亚研究》2001年第1期。

18. 邢广程、张建国主编《梅德韦杰夫和普京——最高权力的组合》，长春出版社，2008。

19. 阎坤：《国际养老保障模式及其对我国的启示》，《财政研究》1998年第7期。

20. 郑秉文：《养老保险"名义账户"制的制度渊源与理论基础》，《经济研究》2003年第4期。

21. 郑秉文：《OECD国家社会保障制度改革及其比较》，《经济社会体制比较》2004年第5期。

22. 朱晓中主编《中东欧转型20年》，社会科学文献出版社，2013。

23. 朱小蔓、H. 鲍列夫斯卡娅、B. 鲍利辛柯夫主编《20~21世纪之交中俄教育改革比较》，教育科学出版社，2006。

24. 高际香：《区域经济社会发展：俄罗斯的探索与实践》，社会科学文献出版社，2013。

25. 高际香：《俄罗斯住房市场分析》，《俄罗斯中亚东欧市场》2011年第9期。

26. 高际香：《俄罗斯新一轮养老保障制度改革解析》，《俄罗斯中亚东欧研究》2010年第4期。

27. 高际香：《俄罗斯外来移民与移民政策选择》，《俄罗斯中亚东欧市场》2012年第5期。

# 后　记

　　《俄罗斯民生制度：重构与完善》一书完成之际，已经是 2014 年北京莺飞草长的季节。这是一项研究多年的课题，伴随我从北京到莫斯科，又从莫斯科回到北京。我深知，民生制度涵盖的范围非常广泛，不仅涉及养老、医疗、住房、教育制度，还包括收入分配、就业、环境保护、社会管理等诸多领域，本书仅是对俄罗斯民生制度研究的一个阶段性成果，书稿付梓并非研究的终点，而是后续深入研究的起点。

　　感谢李辉大使为本书做序，感谢吴恩远教授和李永全教授对研究构想的鼓励和建议，感谢李建民教授和程亦军教授在框架结构设定方面的指导，感谢朱晓中教授将民生制度研究置于转轨背景之下的启迪，感谢郭连成教授的鼓励和帮助，感谢冯育民老师的解惑与指导，感谢出版社祝得彬主任和张苏琴编辑对本书出版所做的繁复工作，感谢在研究陷入瓶颈和困惑时给予我支持和帮助的师友。

高际香

2014 年春于北京

**图书在版编目（CIP）数据**

俄罗斯民生制度：重构与完善/高际香著. —北京：社会科学
文献出版社，2014.4
　　（当代俄罗斯东欧中亚研究丛书）
　　ISBN 978 - 7 - 5097 - 5908 - 0

　　Ⅰ.①俄…　Ⅱ.①高…　Ⅲ.①社会保障制度 - 研究 - 俄罗斯
Ⅳ.①D751.27

　　中国版本图书馆 CIP 数据核字（2014）第 073473 号

·当代俄罗斯东欧中亚研究丛书·
**俄罗斯民生制度：重构与完善**

著　　者／高际香

出 版 人／谢寿光
出 版 者／社会科学文献出版社
地　　址／北京市西城区北三环中路甲 29 号院 3 号楼华龙大厦
邮政编码／100029

责任部门／全球与地区问题出版中心（010）59367004　责任编辑／张苏琴
电子信箱／bianyibu@ ssap. cn　　　　　　　　　　责任校对／姬春燕
项目统筹／祝得彬　　　　　　　　　　　　　　　　责任印制／岳　阳
经　　销／社会科学文献出版社市场营销中心（010）59367081　59367089
读者服务／读者服务中心（010）59367028

印　　装／北京季蜂印刷有限公司
开　　本／787mm×1092mm　1/16　　　　　印　　张／15
版　　次／2014 年 4 月第 1 版　　　　　　　字　　数／245 千字
印　　次／2014 年 4 月第 1 次印刷
书　　号／ISBN 978 - 7 - 5097 - 5908 - 0
定　　价／49.00 元